郑州大学当代资本主义研究中心资助

郑州大学政治学丛书

Zhengzhou University Political Science Series

女性与社会发展

蒋美华 / 著

中国社会科学出版社

图书在版编目(CIP)数据

女性与社会发展／蒋美华著. —北京：中国社会科学出版社，2020.12
（郑州大学政治学丛书）
ISBN 978 – 7 – 5203 – 6066 – 1

Ⅰ.①女… Ⅱ.①蒋… Ⅲ.①妇女地位—研究—中国—近现代
Ⅳ.①D442.7

中国版本图书馆 CIP 数据核字（2020）第 034682 号

出 版 人	赵剑英
责任编辑	赵　丽
责任校对	李　莉
责任印制	王　超

出　　版	中国社会科学出版社
社　　址	北京鼓楼西大街甲 158 号
邮　　编	100720
网　　址	http://www.csspw.cn
发 行 部	010 – 84083685
门 市 部	010 – 84029450
经　　销	新华书店及其他书店

印　　刷	北京明恒达印务有限公司
装　　订	廊坊市广阳区广增装订厂
版　　次	2020 年 12 月第 1 版
印　　次	2020 年 12 月第 1 次印刷

开　　本	710 × 1000　1/16
印　　张	22
字　　数	318 千字
定　　价	119.00 元

总 序 一

2016 年 5 月 16 日，习近平总书记在哲学社会科学工作座谈会上的重要讲话中呼吁包括政治学在内的哲学社会科学创新，这对充分体现新时代中国特色、中国风格、中国气派的政治学的发展，提出了新的更高的要求。

什么是政治学？在弄清什么是政治学之前，需要先弄清什么是政治。早在 1940 年，毛泽东在《新民主主义论》中就指出："一定的文化（当作观念形态的文化）是一定社会的政治和经济的反映，又给予伟大影响和作用于一定社会的政治和经济；而经济是基础，政治则是经济的集中的表现。这是我们对于文化和政治、经济的关系及政治和经济的关系的基本观点。那末，一定形态的政治和经济是首先决定那一定形态的文化的；然后，那一定形态的文化又才给予影响和作用于一定形态的政治和经济。"毛泽东这段著名论述告诉我们，一个大社会，是由经济、政治、文化三个部分组成。经济是基础，经济基础决定上层建筑，不仅决定政治的上层建筑，而且进而决定文化的上层建筑。但政治是经济的集中表现，在一定条件下，政治对经济、政治的上层建筑对经济基础又起着决定性的反作用。一定形态的政治又与一定形态的经济一道首先决定一定形态的文化。所以，一定的政治在一定的社会形态中，占有十分重要的不可替代的作用。

为了进一步弄清什么是政治学，让我们进一步从习近平总书记"5·17"讲话中寻找答案。习近平总书记指出："马克思主义理论体系和知识体系博大精深"，"涉及历史、经济、政治、文化、社会、生态、科技、军事、党建等各个方面";"中国特色哲学社会科学"应该"体现系统性、专业性。中国特色哲学社会科学应该涵盖历史、经济、政治、文化、社会、生态、军事、党建等各领域,囊括传统学科、新兴学科、前沿学科、交叉学科、冷门学科等诸多学科,不断推进学科体系、学术体系、话语体系建设和创新,努力构建一个全方位、全领域、全要素的哲学社会科学体系"。在列举的所有学科中,习近平总书记没有直接讲到法学,这决不是总书记的疏漏。法学本身不是一个领域,它仅是渗透到社会各个领域的一个工具,是阶级斗争的工具,是阶级意志的体现。法学也十分重要。但在总书记的讲话中,法学在哪,我个人理解,法学涵盖在政治学的之中。

无论从毛泽东的论述,还是习近平的论述,都说明我们不能把政治学的内涵理解得过于狭窄甚至偏颇。政治学的研究领域十分广阔,其研究对象应该是经济、政治和文化这三者组成中的"政治"即也可以称之为"大政治",应是与历史、经济、文化、社会、生态、军事、党建等各个领域相并列的政治领域,而不是仅仅限定于公共政策、公共管理、人事管理、社会调查与社会统计等方面的"小政治"。具体而言,政治学就是研究群众、阶级、领袖、政党、国家、政府、军队、法律以及统一战线、战略策略等方方面面发展变化着的活动及其联系并上升到规律和本质的学问。仅仅研究公共政策、公共管理、人事管理、社会调查与社会统计等方面的"小政治"学,既不能有效地为坚持和发展中国特色社会主义服务,也不利于中国特色、中国风格、中国气派政治学的创新发展。

政治学作为治国理政的学问,其研究应当顺应历史趋势、围绕时代主题、坚持问题导向、满足人民期待。新时代中国政治学的创新需要适应新形势新任务的要求,紧随时代步伐,站在历史高度,坚持正确的政治方向、理论方向和学术方向,从理论与实践的结合上总结和提升马克思主义中国化的经验,在与政治建设和政治发展的互动中繁荣发展中国特色、中国风格、中国气派的政治学。

中国政治学研究的根本任务是为坚持和发展中国特色社会主义政

治制度服务，把马克思主义的基本原理与当今世情、国情、党情相结合，不断解决坚持中国特色社会主义政治制度和依法治国中的重大理论问题和实践问题。在经济全球化、政治多极化、文化多样化、社会信息化的当今世界，在改革开放和中国特色社会主义现代化建设的关键时刻，政治学研究者应该进一步增强责任感和使命感，坚定马克思主义信仰、坚定正确的政治立场、坚持理论与实践相结合，把政治学放到世界和中国发展大历史中去创新，着力建构中国特色社会主义的政治学。

郑州大学政治学团队正是立足"大政治学"的研究视野，服务国家和区域经济社会发展，着力研究"互联网国际政治学""政治安全学""文化政治学"，并取得了阶段性的丰硕成果。其中，余丽教授经过多年潜心研究出版了一部开创性学术著作《互联网国际政治学》，并入选 2016 年度"国家哲学社会科学成果文库"，这在一定程度上填补了业界空白，对我国国际政治学科的建设和发展都具有较为重要的作用。在郑州大学政治学学科荣获河南省重点学科之际，郑州大学政治学学科团队出版"郑州大学政治学丛书"，助力推进郑州大学"双一流"建设。

李慎明

2019 年 7 月于北京

总 序 二

  政治学是研究社会政治关系及其发展规律的学问，改革开放四十年来，在党和政府领导下，在前辈学者开拓和建设的基础上，在政治学同人的共同努力下，政治学已经成为我国哲学社会科学领域的重要学科，成为我国治理现代化建设的支撑学科，培养了一大批治国理政和政治学学术人才。

  在习近平新时代中国特色社会主义思想指引下，构建具有科学性、民族性、原创性、时代性和专业性的中国特色社会主义政治学学科体系，建设具有中国特色、世界水平的一流政治学学科，是新时代政治学学科发展和建设的目标之所在。

  同时，我们清醒认识到，我国政治学学科发展和建设面临的任务相当艰巨，所涉及的内容和范围也十分广泛。从宏观来看，按照社会科学发展的基本规律，任何一门社会科学学科的发展，首先集中在学科基本理论的发展和突破、研究方法的更新和扩展、重要研究领域的选择和深化这三个方面。按照这一基本规定性，可以认为，我国政治学的学科发展，应该把着眼点放在基础理论的深化发展、研究视角和方法的拓展以及具有重大现实和实践价值的领域确定和研究方面。这就要求我们首先要基于时代的发展和政治实践的进步，深入研究政治学的基本理论问题，以期在政治学基本理论研究方面取得突破性进展，进而形成具有相对成熟和科学的政治学基本理论。其次，在马克思主义政治理论和方法指导下，围绕政治学基本理论问题，结合时代和实践，针对新时代中国特色社会主义现代化和改革开放事业发展提出的重大实践问题，展开深入研究，力求获得重大突破。最后，需要对中国特色社会主义政治实践形成的经验加以总结提炼，上升为政治学的理论形态。

政治学本质上是经世致用之学。政治学的生命力不仅在于其学术价值和理论价值，更在于其实际应用价值，这是政治学研究保持强大生命力的原动力。在这其中，尤为重要的是，我国政治学研究应该特别关注中国社会和政治发展的独特性。中国作为具有五千年文化传统的东方文明古国，作为中国共产党领导人民在半殖民地半封建社会基础上建设起来的社会主义国家，作为从传统计划经济转向社会主义市场经济的国家，它的社会、政治、经济、文化诸方面都具有自身的特殊属性，其发展和变革在人类社会文明发展史上亦具有独特之处，其在发展和变革过程中面临的许多问题，更是史无前例。这些独特之处，既是我国政治学学科发展和建设的巨大挑战，又为政治学科的发展和建设带来了独特机遇。

中国特色社会主义发展的新时代，为我国政治学人提供了前所未有的广阔舞台，也呼唤着政治学研究者的新探索、新理论、新创造和新贡献。作为习近平新时代中国特色社会主义事业发展的纲领性文件，党的十九大报告具有鲜明的政治特性，集中展现了中国共产党人新时代锐意开拓发展的中国立场、中国气派、中国风格和中国智慧，周详阐述了新时代中国特色社会主义政治建设和发展的目标任务、总体布局、战略布局、发展方向、方式动力和实际步骤，是新时代中国政治学发展前行的航标和指南针，确立了中国政治学研究的历史方位、根本依据、指导思想、人民属性、主要命题、总体目标、核心精髓以及重大使命。

在新时代的历史方位下，我国政治学人应该坚持辩证唯物主义和历史唯物主义，以人类社会历史发展为宏远视野，以习近平新时代中国特色社会主义思想为指导，根据中国社会主义经济政治社会的历史发展变化，深入研究共产党执政规律、社会主义社会政治建设规律和人类社会政治发展规律，紧紧把握"新时代治理什么样的国家和怎样治理这样的国家"这一重大时代和实践课题，从政治意义上分析和定性新时期、新阶段和新时代的各种矛盾，推进人民民主与国家治理的有机结合，为深入研究中国特色社会主义新时代的治理模式和深入探索中国特色社会主义政治发展道路贡献智慧和力量。

郑州大学政治学团队坚持本土化与国际化相结合，立足扎根中国的深厚土壤，以中国的实际问题为首要关切，着力研究"互联网国际政治学""政治安全学""文化政治学"，已经取得了阶段性成果。其中尤其值得一提的是，本学科带头人余丽教授的专著《互联网国际政治学》入选2016年度"国家哲学社会科学成果文库"，对学术前沿问题互联网国际政治学、网络空间政治安全管理进行了探索性、战略性、前瞻性的基础理论研究和应用研究，研究报告多次被中共中央和国务院相关部门采纳。

在郑州大学政治学学科荣获河南省重点学科之际，郑州大学政治学学科团队出版"郑州大学政治学丛书"，相信必将助力推进郑州大学的"双一流"建设，必将助力我国政治学科的发展和建设。为此，特联系我国政治学科发展的时代和实践使命，以序志贺，并且与全国政治学界同人共勉！

王浦劬

2019年8月于北京

目　　录

专题一　女性角色变迁

专题二　女性职业变动

专题三　女性社会参与

专题四　女性社会问题

专题五　妇女社会工作

专题一　女性角色变迁

略论辛亥革命时期
知识妇女群的解放心态[*]

辛亥革命时期，在欧风美雨的催化下，中国的女权运动进入了近代化的新时期。此间出现的知识妇女群，以前所未有的姿态登上了历史的演讲台，向世人昭示着她们的解放心态。

一 谋求知识、出洋留学的自立精神

19 世纪末，以康有为、梁启超为代表的维新志士，从戒缠足、兴女学两方面，营造出女性重塑自我角色的社会氛围。待到辛亥革命时期，谋求知识、出洋留学的自立精神已在知识妇女群身上显山露水，构成了她们解放心态的深厚底蕴。辛亥知识女性已深切地认识到了谋求知识对于实现自我独立和国家自强的要义。秋瑾诚告全国姊妹"旧习最堪羞，女子竟同牛马偶，曙光新放文明候，独立占头筹。愿奴隶根除，智识学问历练就，责任上肩头，国民女杰期无负"。① 陈撷芬一针见血地指出："中国为什么不强？因为没有人材。为什么没有人材？因为女学不兴。"② 凸显出女学与救亡的紧密关系。《大公报》的吕兰清女士卓有见识地说："自强之道，须以开

＊ 原载《江海学刊》1998 年第 6 期，人大复印报刊资料《中国近代史》1999 年第 4 期全文转载，收录本书时有所修改。
① 鉴湖女侠：《勉女权》，《中国女报》1907 年第 2 期。
② 陈撷芬：《尽力》，上海《女学报》1903 年第 2 期。

女智、兴女权为根本。""女学之兴，有协力合群之效，有强国强种之益，有助于国家，无损于男子。"① 《中国新女界》杂志则放眼于中西对比，曰："欧洲诸强国深知其故，对于女界实行开明主义，与男子受同等之教育，其爱国之理想，国民之义务，久令灌注于脑筋。故其女国民惟孜孜以国事为己责，至于个人私利，虽牺牲之不惜。"② 此等言论反映出在救亡情结下，知识妇女群以兴学为起点的自立意识。

值得瞩目的是，辛亥知识女性的"学以自立观"并不是简单意义上的本土定位，而是具备了世界意向。革命党人何香凝就大声疾呼："然则天下兴亡，吾二万万同胞安能漠视哉!"号召广大妇女"其急湔除旧习，灌输新知，游学外国，成己成人，勿放弃责任，坐以待毙"。③ 秋瑾则"不屑牺牲个人之学业"，在沪、杭、绍之间"奔走呼号"，动员国内姊妹们"络绎东渡"，去日本留学，并亲自撰写了《实践女学校附属清国女子师范、工艺速成科略章启事》，分寄各地女子学校。④ 在得悉湖南第一女学堂受到顽固派的破坏时，她当即去信慰问，勉励师生们"切勿因此一挫自颓其志"，热情地动员她们去留学，自己愿为她们"照拂一切"。⑤ 在这种积极心态引领下，国内一时出现了兴办女学、负笈东瀛的新潮。

据统计，在1902—1912年，部分知识女性创办和参与创办了38所进步的、重视革命思想教育的新式女校。这些学校遍布上海、广州、南京、天津、浙江等省市。与此同时，一批知识女性则本着谋求自身解放和"觇其国情，以为吾国利病之比较"的目的踏上了留学东瀛的征程。从1901年起，沿海江浙一带即有女妹随父兄赴日留学者。日本的实践女校和东亚女校均附设招收中国女学生的速成师范。

---

① 吕兰清：《论提倡女学之宗旨》，《东方杂志》1904年第5期。
② 谈社英：《中国妇女运动通史》，妇女共鸣社1936年版，第15页。
③ 何香凝：《敬告我同胞姊妹》，《江苏》1903年第4期。
④ 《秋瑾集》，中华书局1960年版，第9页。
⑤ 同上书，第32页。

1905 年湖南有 20 名公费女留学生赴日读速成师范科，其中最小的仅 14 岁，而最年长的是 53 岁的老母亲，使日人"吃惊之余又感到出衷的敬佩"。① 另有包括秋瑾在内的 10 余位自费留学者。当时"中国女子在京（指东京）者百人许，而其最著名者共 30 人，就中长于英文者有吴弱男女士及陈撷分女士一流；长于汉文者有秋瑾女士、林宗素女士一流；长于数学、几何、代数者有陈光璇女士、黄振坤女士一流。长于音乐者有潘英女士一流"。② 1907 年，奉天女子师范学堂的 23 名学生亦远赴实践女校求学。接着，江西也有 10 名女学生进入该校。此时，江西还另往美国派遣了女留学生。这样，在 1907—1910 年，女子留学东洋形成了高峰。据不完全统计，1907 年为 139 名，1908 年 126 名，1909 年 149 名，1910 年 125 名。③

留日女学生在研读学问的同时，始终未曾忘记自己的女国民身份。她们在日本积极创办报刊、组织社团，参与反帝反封建斗争，并为女权运动摇旗呐喊，展现出一派爱国风姿。辛亥知识女性在日本共创办了《女学报》《女子魂》《中国新女界杂志》《留日女学会杂志》等 9 种杂志，组建过 4 个女留学生组织，即"共爱会""中国留日女学生会""女子复权会""留日女学生会"，围绕争取女权、挽救民族危亡展开斗争。特别是在 1903 年的拒俄运动中，"留日女学生闻俄事急。学生编成义勇队，亦开会商议协助。胡女士彬夏、林女士宗素、方女士懋、华女上柱、龚女士圆常、钱女士丰保、曹女士汝锦、王女士莲，皆含泪演说，呼誓死以报国，及签名军队"，④ 标志着女知识分子自立意识的提高与升华。凡此种种，均从一个侧面反映出辛亥知识女性谋求知识、出洋留学的自立新貌。

---

① 《实践女子学园八十年史》编纂委员会：《实践女子学园八十年史》，1981 年版，第 100 页。
② 日本东京调查员：《外国特别调查》，《女子世界》1905 年第 3 期。
③ 周一川：《清末留日学生中的女性》，《历史研究》1989 年第 6 期。
④ 《湖北学生界》"留学记录"第 4 期。

二 创办女刊、宣传解放的自救意识

辛亥知识女性业已具备了创办报刊、争取舆论的宣传意识。秋瑾认为，具左右舆论之势力，担监督国民之责任者，非办报不可。在这种心态的影响下，知识女性掀起了自办女刊的救亡运动。据不完全统计，1900—1911 年，海内外创办的各种女刊共 30 多种。颇具影响的有秋瑾创办的《中国女报》、陈撷芬创办的《女报》、燕斌创办的《中国新女界杂志》、张汉昭等人创办的《神州女报》等。这些报刊力图通过女界自己的声音来改变以往由男界代为立说的局面，标志着辛亥知识女性自救意识的日趋成熟。

辛亥女刊以批驳旧世界、描绘新世界为重心，并一以贯之对女性国民心态予以关注，高扬着解放妇女的主旨。女知识分子笔锋直指桎梏妇女的封建礼教。秋瑾以浅显易懂的文字，悲愤地写道："二万万的男子，是入了文明新世界，我的二万万女同胞，还依然黑暗沉沦在十八层地狱，一层也不想爬上来……身儿是柔柔顺顺的媚着，气虐儿是闷闷的受着，泪珠儿是常常的滴着，生活儿是巴巴结结的做着。一世的囚徒，半生的牛马。"① 可贵的是，知识女性对封建礼教的挞伐已与批判封建君权相结合，并以"与国家的关系"作为立论的基点。譬如，吴弱男就说"中国之萎靡，非自今日始。迨秦政起而实行压制，百姓俯首帖耳，牛马不若矣"。② 胡彬夏沉痛地指出："今日中国所以衰颓之故，莫不知由于女子之为废人"。③ 何香凝则饱含热情地号召"吁！我同胞，其勿以玩物自待，急宜破女子数千年之黑暗地狱，共谋社会之幸福，以光复我古国声名"。④ 基于此，女子报刊不遗余力地鼓吹"女国民"和"新女界"的观念。创办《中国新女界

---

① 秋瑾：《敬告姊妹们》，《中国女报》1907 年第 1 期。
② 吴弱男：《问中国如何能独立》，《女子世界》1904 年第 4 期。
③ 《胡彬夏在无锡"天足社"的演说辞》，《女子世界》1906 年第 4—5 期。
④ 何香凝：《敬告我同胞姊妹》，《江苏》1903 年第 4 期。

杂志》的燕斌在《社章录要》中就明确宣布,本杂志主义五条:发明关于女界最新学说;输入各国女界新文明;提倡道德,鼓吹教育;破旧沉迷,开新社会,结合感情,表彰幽遗①。其目的就在于建设一个"新女界"。

在知识女性看来,妇女要谋求解放,不能静待男子的施舍,而要树立自救意识,尽一份国民之责任,求一份国民之权利。陈撷芬撰文《女界之可危》曰:"国既为公共,宁能让彼男子独尽义务,而我女界漠不问耶?非但彼男子欲始终鄙我,不能平等,即彼男子以平等与我,我辈自由,问能无愧乎?"进而提出"须先争尽我辈之义务,则权利自平矣"!② 莫雄飞则勉励中国女性应以法国女革命家贞德为榜样,"为国舍身,撞独立之警钟,张自由之旗鼓。"③

当时的女子报刊不少专设"译林""译述""海外珍闻""人物传记"等栏,广泛宣传西方女权运动及其杰出的妇运领袖,力图为"女国民"找寻学习的榜样。在各种条件的制约下,女子刊物多为短寿。但其不惜笔墨陈述的解放妇女的思想,却引导着广大妇女不断地强化自救意识。

三 投身革命、共赴国难的爱国情结

辛亥革命时期,知识妇女群以炽热的爱国情结将妇女解放运动融入了广博的社会革命中,力求和男子共赴国难,以争得完整意义上的人格重塑和国家重建。据不完全统计,在辛亥革命时期有名可查的380多位精英女性中,女同盟会员就有54人,个中尤以何香凝、秋瑾、林宗素等为著。这些女性或不畏艰险,苦学技术,试制炸弹;或机智勇敢,伪饰结婚嫁娶,为起义队伍运送武器;或秘密组设机关,掩护革命党人;或参与暗杀活动,实践反清志向等。譬如,为掩护同

---

① 《中国新女界杂志》1907 年第 2 期。
② 陈撷芬:《女界之可危》,《中国日报》1904 年 4 月 26—27 日。
③ 松江女士莫雄飞:《女中华》,《女子世界》1904 年第 5 期。

盟会在东京筹组，何香凝特提供自己的寓所为通信联络点和集会场所，并肩负守卫工作及收发信件；为谋刺清政要员，以方君瑛为首的同盟会暗杀部多次冒险行动；为准备反清起义，秋瑾主持大通学堂，以培养革命力量，并组建了皖浙一带的"光复军"以为起事。此类事件，不胜枚举。

武昌起义爆发后，远在国外的女留学生心潮澎湃，纷纷踏上了归国之途。其心态一如女留学生吴墨兰所言，"妇女都在为革命尽力。我打算19日去武昌。回国后自然是参加可敬的苏氏姑娘组织的娘子军，为革命而战……假如不需要娘子军，那我就深入内地，或演说或做密使，决心为革命奉献自己的生命。"① 此处提及的苏氏姑娘是指东京女子医学校学生苏淑贞、苏洵贞姐妹俩。她们和林演存、林贯虹、唐群英等8人组成的女子红十字军，于1911年10月19日回国参战。此后，国内战场到处可见留学生的飒爽风姿，不少人逐渐成长为女界领袖。

与此同时，国内女界已在光复之役中大显身手。上海医院院长张竹君自筹药品，亲率赤十字会转战湖北前线两个月，救护伤员达2000人。上海爱国女校学生也勇赴南京助战。一时，投笔从戎成为知识女性的最新选择。这种心态一如吴淑卿在《从军文》中所言："观今之世界，当要人人努力自强，当要应尽国民之责任，若想热心爱国，非立起当兵之志不可。""愚生并非图日下之荣耀，只求其同军士去北地，吾愿舍身而赴敌地也，杀尽国奴。"② 吴不久就招募了一支约200人的娘子军，揭开了女子从军的序幕。上海妇女在武昌起义后，组织了5个北伐军事团体，即薛素贞发起的"女国民军"、陈婉衍发起的"女子北伐光复军"、葛敬华等发起的"女子军事团"、吴木兰发起的"同盟女子经武练习队"及沈佩贞发起的"女子尚武

---

① 《吴女士和叶女士》，《东京朝日》（日文），1911年11月15日。
② 《女革命军首领义侠吴淑卿全传》，转引自罗苏文《女性与近代中国社会》，上海人民出版社1996年版，第479页。

会"，武装力量约占上海的四分之一强。她们宣称："天赋人权男女本无一轩轾，人自为战，雌雄可立决须臾"，[①] 表达了誓灭清廷的革命决心。当时女子军事团体"军纪风纪肃然可观，巾帼须眉中外特色"。战斗时"勇猛异常，一洗柔弱之习"，[②] 赢得了社会各界的交口称赞。

辛亥革命时期，知识妇女群的备战心态渐趋完善。她们认为直接征战沙场还需以坚强的意志和健康的体魄为后盾。为此，"同盟女子经武练习队"确定了"练习武学，扶助民国"的宗旨。"女子尚武会"确定"以养成女子尚武精神，灌输军事学识为宗旨"。此外，知识女性还组建了各种革命后援团体。这些团体的募捐活动颇具声势。伍廷芳夫人率先发起"上海女界协赞会"，除由会员直接劝募外，还委托各学校各报馆代收捐款，很快为革命募得 2 万余元。同期，苏州、无锡等地均成立了女界协赞会。这时，留美女博士史凤宝、史凤珠在上海张园举办音乐演唱会，为北伐军募捐。上海竞化女学校长沈钦苓等人还组织了劝募手工御寒品会，动员苏、浙等地的女界人士或赶制或购买绒手套、围巾等，分送北征将士。唐群英、张汉英等人成立的女子后援会则一面派人往各处调护革命军受伤士兵，另一面在各省筹款。[③] 在知识女性爱国热情的感召下，全国形成了同仇敌忾的革命形势。

辛亥革命时期，知识妇女群投身革命、共赴国难的爱国情结受到了孙中山的高度肯认："女界多才，其入同盟会奔走国事百折不回者，已与各省志士媲美。至若勇敢从戎，同仇北伐，或投身赤十字会，不辞艰险；或慷慨助饷，鼓吹舆论，振起国民精神，更彰彰在人耳目。"[④] 此论委实不过。

---

① 《申报》1911 年 11 月 13 日。
② 《申报》1911 年 11 月 26 日。
③ 以上资料散见于上海社科院历史所编：《辛亥革命在上海史料选辑》，上海人民出版社 1981 年版。
④ 谈社英：《中国妇女运动通史》，妇女共鸣社 1936 年版，第 36 页。

四　组织社团、勇争参政的女权心境

辛亥革命时期，知识妇女群已开始形成了集结意识。秋瑾即曰："欲脱男子之范围，非自立不可；欲自立，非求学艺不可，非合群不可。"① 为达此目的，早在留日期间，秋瑾就同陈撷芬等对留学女生中的"共爱会"进行了重组，改名为"实行共爱会"，并自任"招待"，希冀将此会发展为"结二万万女子之团体"。② 回国以后，她又艰苦创办《中国女报》。除用以宣传外，亦欲据此来"联感情，结团体，并为他日创设中国妇人协会之基础"。③ 这些宏愿虽未能实现，却鲜明地表示出她对"合群"的渴望。张竹君亦指出"要而论之，欲言救国……女子所宜先者，则首自立自爱，次则肆力学问，厚结团体"。④ 吕碧城还专门著文《女子宜急结团体论》，阐述结群之要义，表达了"故吾深望同胞，急结成一完备坚固之大团体，一人倡而千百人附"的急切心愿。⑤

基于上述"合群"的心理认知，辛亥知识女性共组织了约 35 个妇女团体，大体上可以分为五类：1. 与政治运动有关的组织，如"共爱会""女界协赞会""女子参政同盟会"等。2. 与教育有关的组织，如"女子兴学保险会""留日女学生会""湖北女子教育会"等。3. 与谋职有关的组织，如"女界自立会""女界合群求进会""女子手工传习所"等。4. 与福利有关的组织，如"卫生讲习会""女子进行社""中华民国家庭改良会"等。5. 与社会运动有关的组织，如"女子后援会""女子劝捐会""劝募手工御寒品会"等。上述妇女团体遍布全国 8 省 4 市及日本东京，产生了广泛的社会效应。

---

① 《秋瑾集》，中华书局 1960 年版，第 32 页。
② 同上。
③ 同上书，第 10 页。
④ 《记张竹君女士演说》，《警钟日报》1904 年 5 月 2—3 日。
⑤ 吕碧城：《女子宜急结团体论》，《中国女报》1907 年第 2 期。

随着革命形势的日渐好转，女子参政问题凸显出来。一些知识女性深信妇女参政是解决妇女问题的先导，"欲弭社会革命之惨剧，必先求社会之平等；欲求社会之平等，必先求男女之平权；欲求男女之平权，非先与女子以参政权不可。"① 在她们看来，"女子之有参政权，为人类进化必至之阶级，今日不实行，必有他日；则与其留日后之争端，不若乘此时机立完全民权之模范。"② 于是，她们高举"天赋人权""男女平等""妇女参政"的旗帜，以妇女参政团体为依托，掀起了勇争参政的女权运动。

这一时期，女子参政团体如雨后春笋，竞相涌现。譬如在上海，1912 年 3 月，神州女界共和协济社宣告成立。"以联合全国女界，普及教育，研究政治、提倡实业，养成共和国完全高尚女国民为宗旨。"并创设女子完全法政学堂，以为参政做准备。4 月，上海女子参政同志会等联合其他各省的妇女政治团体组成女子参政同盟会。宣布宗旨为："普及女子之政治学识，养成女子之政治能力，期得国民完全参政权。"此期，以吴木兰为会长的女子同盟会也庄严宣布："本会之设以民国促进共和，发达女权参预政事为宗旨。"③ 此外，中华女子共和协进会等团体也纷纷崛起，进一步壮大了上海妇女参政队伍。在其他省份，妇女参政团体也颇具规模。如在湖南，女子参政同盟会湘省支部参加的有 800 多人，并办有《女权报》，以参政为目的，一时轰轰烈烈。④ 在湖北，陆国香、吴淑卿组织了女子参政同盟会，推举黎元洪夫人为会长，并成立法政学堂，"发扬女德，灌输女识，以为参政女子预备"。⑤ 此类团体，不一而足。

1912 年 3 月，南京临时政府制定约法期间，妇女参政团体多次上书参议院，言明妇女参政心声。唐群英等几十名妇女上书孙中山，坚

---

① 陈东原：《中国妇女生活史》，商务印书馆 1937 年版，第 359 页。
② 《杨季威致某报记者书》，《妇女时报》1912 年第 6 期。
③ 上海社科院历史所编：《辛亥革命在上海史料选辑》，第 910、916 页。
④ 《辛亥革命回忆录》（八），文史资料出版社 1982 年版，第 465 页。
⑤ 《盛京时报》1912 年 4 月 19 日。

决要求"将女子与男子权利一律平等明白规定于临时约法之中"，"以重法律，以申女权。"① 当临时约法排斥了妇女的参政权后，唐群英等人义愤填膺，于3月19日、20日、21日连续三天大闹参议院，踢倒卫兵，砸烂玻璃门窗，以过激行为表达了妇女勇争参政的强烈心愿。临时政府北迁后，知识妇女群紧追不放，联翩北上，并在女子参政同盟会的宣言中表达了誓死力争的决心："挟雷霆万钧之力以趋之，苟有障碍吾党之进行者，即吾党之公敌，吾党当共图之。"② 8月10日，在闻知《参议院议员选举权》和《众议院议员选举法》中又一次将妇女排除在外时，住在北京的60多名妇女浩浩荡荡涌入参议院，宣称以最激烈的手段对待。当参议院开会时，唐群英、沈佩贞等人不顾巡警的阻拦，入特别旁听席，用激烈的言辞与议员们辩论，表示"凡反对女子参政者将来必有最后之对待方法，即袁大总统不赞成女子参政权，亦不必承认袁者为大总统"。③ 她们还创办了以参政为主要内容的《女子白话报》，抨击袁政权"欺压女界实在太甚，所订的议院选举权，没有女子的选举权，便是将我二万多同胞一概抹煞了"。④ 呼吁妇女一次争不到，二次再争，二次争不到，三次四次，乃至无数次，不达目的绝不罢休。但在反对派的四面讨伐声中，妇女参政运动整体败北。然而她们的这种精神却鼓舞广大妇女不断为之奋斗。辛亥革命后，广东省议会章程就规定女议员为10名，庄汉翘、黎金庭、李佩兰等10人当选为女议员。其中，黎金庭还被任命为宝安县县长。这是辛亥知识女性冲刺政界的最初成果。

总之，辛亥革命时期，知识妇女群的解放心态贯穿着炽灼的爱国激情与强烈的忧患意识和使命感，贯穿着对"女国民"身份的深深追逐，贯穿着对既存的黑暗之道的大力挞伐。她们的心态已超越了传统女性的既定模式，代表了当时妇女的最高心理水准。在革命浪潮的

① 《时报》1912年3月23日。
② 上海社科院历史所编：《辛亥革命在上海史料选辑》，第916页。
③ 《女子参政者辱骂参议员》，《盛京时报》1912年12月12日。
④ 《辛亥革命时期期刊介绍》（第4册），人民出版社1986年版，第334页。

激荡下，辛亥知识女性已开始借用西方的"天赋人权"理论为妇女解放运动摇旗呐喊，并不失时机地向国人介绍西方女权发达之概貌，身体力行地求学异国，体现出前所未有的开放性，她们的心态亦显示出一定的成熟。她们已突破了狭隘的个人主义，注重走"合群"之路，动员妇女投身自救运动，但又不失与男子联手共赴国难的壮举。此外，在走向近代化的过程中，知识妇女群的心态始终伴随着战斗性。她们不光运用笔墨与反对派进行彻底的论战，而且以巾帼不让须眉的气概充作后援并征战沙场，为全国妇女树立了楷模。可以说，辛亥革命时期知识妇女群的解放心态已具备了多项近代化的因子，它昭示了女界思想意识的伟大变革，并为此后妇女运动的全面升华奠定了心理基础。

然而，限于当时的历史条件，辛亥妇女群的解放心态亦存在多层次性和不稳定性等总体缺憾。譬如在参政问题上，知识妇女群就有以唐群英为代表的激进派和以伍廷芳夫人为代表的温和派之分，表明知识女性即使在重大问题上心态也未能求得同一，削弱了整体战斗力。加之知识妇女群系突发形成，理论准备不足，且未能得到广大劳动妇女的热情支持，因而当反对派加强封建攻势时，其心态的不稳定性就表现得尤为彰显。譬如在袁世凯镇压二次革命后，各种妇女参政团体就开始烟消云散，其领袖人物在封建浪潮的席卷中，迅速分化瓦解。一些人革命心态不老，流亡海外继续斗争；一些人则丧失了革命意志，陷入悲观之境。其中不乏自杀者、抑郁而死者、遁入空门者、沦为妓女者，甚至有的叛变革命，如沈佩贞摇身而为"洪宪女臣"，吴淑卿蜕变为扑杀革命的鹰犬等。这不能不说是时代的悲剧。

辛亥革命时期女性角色变迁的特点[*]

戊戌维新运动以后，随着西学东渐和西力东侵的加速化，中国出现了风云际会的变迁时局。在此背景下，包括知识女性群在内的资产阶级改良派、革命派及无政府主义者等先进人士从不同角度对女子角色变迁提出了新的期待，进一步推动了女性角色模式的现代化变迁。可以说，辛亥革命时期是现代女性角色模式的萌生时期，女性角色的变迁主要从家庭角色的改革和社会角色的跃出两个方面展开，其变迁层面比以往更为宽泛，变迁力度比以往更为深厚，从中我们可以梳理出辛亥革命时期女性角色变迁的一些特点。

一 昂扬着救国主义的旋律

辛亥革命时期，女性角色变迁最为引人注目的莫过于女性对政治角色的追逐，它定格了女性其他角色变迁的主旋律。在强邻环逐、王朝衰微的国势下，救国成了一代知识女性为之张扬和实践的最高角色目标。何香凝大声疾呼："天下兴亡，匹夫有责！此固男子之义务，然与男子同视听，同官骸之女子独非人类乎？然则天下兴亡，吾二万万同胞安能漠视哉？"① 为了唤起女性投身革命的角色意识，《女子世界》特把"改铸女魂"作为宗旨，号召女性"撇脱贤母良妻的依赖

　＊ 原载《山西师大学报》（社会科学版）2006 年第 4 期，收录本书时有所修改。
　① 尚明轩、余炎光：《双清文集》（下），人民出版社 1985 年版，第 1 页。

性，靠自己一个人去做那惊天动地的事业。把身儿跳入政治界中，轰轰烈烈光复旧主权，建设新政府"。[①] 秋瑾在弹词《精卫石》中直呼胸臆："扫尽胡氛安社稷，由来男女要平权。人权天赋原无别，男女还须一例担。"[②] 诸如此类言论，均反映了先觉女性对女性参与革命斗争、拯救中国的浓浓期待。为了实践这一志向，先进女性出生入死地投身于反帝反清的革命运动洪流，不遗余力地争取参政权利，以求发挥自我救国才智和实现女性人格价值。在反帝反封建的革命斗争中，有资产阶级革命派领导的女性革命斗争，也有女性自发的革命斗争；有中上层知识女性的参战，也有下层农妇和女工的抗争；有国内女性的不屈奋斗，也有海外女留学生的遥相呼应；有激进派的女性直接参加革命斗争，也不乏温和派的女性以其他形式援助革命斗争；有女性革命社团的纷纷涌现，也有女子军的首次亮相；有辛亥革命前的女性战斗风姿，也有辛亥革命后女性政治斗争的延续……所有这一切都围绕着救亡图存的主线展开。

在 20 世纪初年的拒俄运动、反美拒约运动、保路运动、救蒙运动等救国运动中，先进女性巾帼不让须眉，怀抱救国大志，献身救国大志。如在 1901 年的拒俄运动中，青年女子薛锦琴等积极参加张园集会反抗沙俄霸占中国东北。[③] 1903 年，上海务本、爱国诸女校学生参加了千人大会，使拒俄运动走向高潮。东京的留日女学生组成了女界爱国团体——共爱会，"以拯救二万万之女子，复其固有之特权，使之各具国家之思想，以得自尽女国民之天职为宗旨"，[④] 积极投身拒俄运动。1904 年，上海宗孟女学创立了"对俄同志女会"，入会者近 200 人，以郑素伊、陈琬衍、童同雪为总议长。该校还创建"中国赤十字社"，对学生进行战时救护教育，以便战时参加抢救伤员活动。上海、东京的女子拒俄运动生动地诠释

---

① 莫雄飞：《女中华》，《女子世界》1904 年第 5 期。
② 秋瑾：《敬告姊妹们》，《中国女报》1907 年第 1 期。
③ 《薛氏演说》，《中外日报》1901 年 3 月 27 日。
④ 王时泽：《秋女士瑾略传》，转引自《湖南历史资料》（总第 11 辑）。

了女性的救国风采。

辛亥革命时期，女性的救国行动还体现在她们所参加的资产阶级革命派领导下的反清斗争上。激进的革命妇女大多以同盟会或光复会为依托，积极从事反清活动。据统计，参加同盟会的女会员总计约59人，包括何香凝、秋瑾、吴亚男、徐宗汉等人。① 光复会女会员有秋瑾、尹锐志、沈警音等27名女性。（有的女性兼有同盟会和光复会两个组织的会员身份）。② 在武昌起义前同盟会领导的10次武装起义中，先进女性不畏牺牲，勇敢地穿梭于枪林弹雨中，矢志反清。武昌起义爆发后，各地妇女积极组织女子军、北伐队、赤十字会和各种筹款团体，为革命尽己所能。她们的革命风姿受到了孙中山的高度赞誉："此次革命，女界亦与有功。"③ 女性在革命斗争中的救国角色成就奠定了她们日后参政的基础。

除此之外，辛亥革命时期，先进女性还本着教育救国、实业救国的心愿忘我地创办女学、女刊，兴办实业团体，为全国女性树立了救国的角色榜样。即使在生活角色这一层面，天足运动的顺次开展也无不闪烁出"母壮儿肥""强国强种"的救国意向。在对传统婚姻家庭的冲击上，秋瑾、黄扶庸等女士的离家出走行为也包含着浓郁的救国情结在内。

总的来看，辛亥革命时期，先进女性的救国情结和救国行动是以争女权、结团体为战斗底蕴的，推进了救国主旨实现的步伐。当时，由先进的知识女性引领的具有一定广泛性的女性角色变迁行进于这个救国期待四起的时代，不管她们本身是否有自觉的救国意向，却因那些先进知识女性以及男界志士的自觉引领，而不折不扣地抹染上一层女性角色整体变迁的救国主义色彩。

---

① 沈智：《妇女解放史问答》，浙江人民出版社1986年版，第63页。
② 《浙江辛亥革命回忆录》（续辑），浙江人民出版社1984年版，第159—181页。
③ 《孙中山全集》（第2卷），中华书局1982年版，第561页。

二 贯穿着"男性特色"的主线

与戊戌维新时期基本上由男性倡导女性角色变迁相比，辛亥革命时期成长起一批以留日学生为核心的知识女性群，她们多少改变了男子代为立说的局面，成为女界自己转换角色模式的中坚力量。但为数尚少的知识女性群还没有清醒的意识和足够的能力单独引导女性角色向"人"而非"男人"的主体回归。当时的知识女性把父权制下处于优势地位的男子当作角色追求的目标，她们希望摆脱自身的传统枷锁，做一个像男子那样生活的人。"男女平等"有时被误解成一切以男性为基准。当时不乏此类宣传女性解放的言论。这就使辛亥革命时期女性角色变迁从一开始就显露出了"男性特色"庇护下的"男强女弱"的端倪。就拿女界先觉秋瑾而言，她在心灵深处也要为自己的女儿身叹惜"我的二万万女同胞，还依然黑暗沉沦在十八层地狱，……足儿缠得小小的，头儿梳得光光的；花儿、朵儿、扎的、镶的、戴着；绸儿、缎儿、滚的、盘的、穿着；粉儿白白，脂儿红红的搽抹着。一生只晓得依傍男子，穿的、吃的全靠着男子。身儿是柔顺顺的媚着，气虐儿是闷闷的受着，泪珠是常常的滴着，生活是巴巴结结的做着，一世的囚徒，半生的牛马"。[①] 她厌恶女性这种生活模式，希望自己从外观到心灵都趋向男性。她说："我对男装有兴趣……在中国通行着男子强女子弱的观念来压迫妇女，我实在想具有男子那样坚强意志，为此，我想首先把外形扮作男子，然后直到心灵变成男子。"[②] 所以，着男装成了秋瑾回国后的一贯形象。当时，一批妇女解放的追求者也纷纷着男装。女尚男装成了20世纪初的一道独特风景。这种现象从一个侧面反映了辛亥革命时期女性角色变迁的男性特征。

---

① 秋瑾：《秋瑾集》，中华书局1960年版，第14页。
② 小野和子：《中国女性史——从太平天国到现在》，高大伦编译，四川大学出版社1987年版，第63页。

清末民初，在"拟男主义"风气下，女性解放者立志当"女国民""女豪杰"。她们脱去女装着戎装，纷纷从军，组织了"女子北伐队""女子军事团""同盟女子经武练习队"等武装团体。她们要求约法上规定男女平等，在目的未达的情况下，一伙跑到参议院，将窗户桌椅通通捣毁，演了一场英勇的武剧。女权运动的健将们，不光在政治角色上演绎男性，她们"从服装到行动到谈吐，没有一件不是效法男性。服装简朴的地方，行动矫捷的地方，谈吐豪放的地方，固然十分令人敬佩；可是她们因为学得太厉害，连男性的坏习惯也通通学来。譬如衣服是乱七八糟，不修边幅；谈吐是粗里粗气，开口骂人；行为是奇离古怪，吃花酒，进妓院，都来；这些却不免太过于幼稚。可是她们幼稚尽管幼稚，总还是立脚跟在解放的路上；她们把数千年来的女训、女诫，一脚踢在云外"。①

这一时期的女性角色变迁除了显示出拟男的"男性特色"，还有"靠男"的"男性特色"。当时，女性的角色变迁从总体上也依赖于男性进行宣传、倡导和组织，知识妇女群只是参与其事，更多地是发挥角色变迁的典范效应。比如女性政治角色的变迁是融贯于由男性领导的反帝、反清的民族民主革命斗争中的，其发展方向始终与民族民主革命斗争相一致。从这一点讲，辛亥革命时期女性政治角色的生成是一个具有鲜明"男性特色"的解放女性的过程，而不是女性解放过程。正因为如此，当武昌起义的隆隆炮声奏响了清王朝的挽歌之后，把握新政权的男性领导思想深处的大男子主义就有可能泛起，女性的革命贡献因之不能带来女性参政的必然结果。孙中山曾意味深长地对此评说："文之意，今日女界宜专由女子发起女子之团体，提倡教育，使女界知识普及，力量乃宏，然后始可与男子争权，则必能得胜也。"他还奉劝妇女"切勿倚赖男子代为出力，方不为男子所利用也"②。再说女性教育角色的成长也处处留下"男性特色"。20 世纪

---

① 碧遥：《廿四年来中国妇女运动走过的路程——1935 年 10 月 1 日》，《妇女生活》第 1 卷第 4 期。

② 陈立旭：《两性之争》，中国华侨出版社 1993 年版，第 159 页。

初，大量女学的兴办主要是倚重男子，由女子参与或独立兴办的女学毕竟还是少数。这就难免使女性教育角色的成长受到男子左右的政府或民间力量的控制。除了个别女校注重培养女性的主角地位，大部分女校是遵循"相夫教子""贤妻良母"的教育模式，而置女性于明显的配角地位。这也是"男性特色"下女性付出的教育角色的代价。此外，在家庭角色、经济角色等方面的变迁中也同样存在着女性不能"自己解放自己"和依靠男子的现象。这种特色与女性整体的自我意识不强有关，亦与女性千年沉积的整体文化素质低下及女性角色变迁刚刚揭开现代化的历程相关。

三　弥漫着欧风美雨的气息

清末民初，中国女性的角色变迁同时是以女权较为发达的西方女性角色模式为参照系的。在西力东侵的炮口下，欧风美雨逐渐浸润到中国大地。先进的中国人士纷纷译介西著，畅谈西方女性在家庭角色和社会角色方面已经取得的权利和地位，号召中国女性以她们为角色榜样，不仅应该而且能够获得甚至超越于西方女性的现有角色地位。当时有些刊物特别是女子刊物如《女子世界》《中国新女界杂志》《中国女报》等专门辟栏介绍外国妇女状况，发表的文章不胜枚举，如《世界妇女之将来》①《美国第一女大学校之建立》②《美国女医出外》③《英国妇人争选举权》④《近世第一女杰罗兰夫人传》⑤，等等。此类文章介绍了西方女性对自由婚姻的追求，对政治斗争的投入，对参政权的争取，以及从业、就学和拥有较为开放的生活方式等，读来不禁令人为之神往。迎合这种西式化的角色期

---

① 《世界妇女之将来》，《东方杂志》1909 年第 10 期。
② 《美国第一女大学校之建立》，《万国公报》1906 年 4 月号。
③ 《万国公报》，光绪二十年 3 月号，第 25 页。
④ 兰坤：《英国妇人争选举权》，《中国新女界杂志》1907 年第 2 期。
⑤ 梁启超：《近世第一女杰罗兰夫人传》，《新民丛报》1902 年 9 月 11 日、9 月 15 日。

待，中国女性的角色变迁明显地打上了西化的烙印。就当时激进女性的参政角色行为而言，显然受了英国"战斗的参政派"的影响。英国"战斗的参政派"出现于1903年。1912年前后，这一激进派开始采取一系列激烈的手段，如拒绝纳税、捣毁会场、焚烧车站、毁坏商店橱窗、焚砸邮筒等，以争取妇女参政。这就为中国以唐群英为首的女性参政激进派树立了角色榜样。1912年，唐群英大闹参议院，打碎玻璃窗，踢倒卫兵，并在同盟会改组会上殴打宋教仁等事件，无疑是受了英国的"战斗的参政派"的启迪而发的，堪称中国女性学习西方女性角色行为的一个结果。再说民初女性的生活角色，更是"洋"气十足。女性服饰的西洋化最直观地反映了这一事实。再如清末民初的婚姻角色也融进了西式风味。"洋化"的女青年们醉心于自由恋爱，婚礼由家庭改公所，婚服由绸缎改西服，改跪拜为鞠躬，交换结婚戒指，唱文明结婚歌，称夫婿为新郎等，都是这种去土求洋、西风浸染的具体表现。总之，清末民初的中国女性是沐浴着欧风美雨而进行角色变化的。

四　交织着转型时期的特征

辛亥革命时期是中国社会从传统到现代的过渡时期，女性角色的变迁因之也具有这种过渡性特征，即一方面传统的角色规范仍顽固地盘踞不去，另一方面，新的角色规范则要艰难地夺取阵地，角色冲突随之发生，结果是新旧角色规范的杂糅并存。女性教育角色的兴发本是女性角色走向现代化的一大成果，但在辛亥革命时期，女性的教育角色整体被限于"贤妻良母"式的范围内，不能自由地进行角色发展。甚者如湖北黄陂县于1909年创办的木兰女子学校之情景。为了不触犯当时的封建教化，创办者竟将校址设在"铁锁龙潭的中心处，碧水环绕，人烟稀少，偏野僻静，还多处筑篱构墙，戒备森严，只一门与外相通，几乎与世隔绝的禁闭之地，修身课讲的则都是当时要女子们必须服从和照办'三从四德'等等封建道德的旧观念"①。这样的女学恐怕只能教化出清心寡志的所谓"新女性"了。再者像当时出现的介于包办婚姻与自由婚姻之间的"允诺婚"，即于父母之外，征得子女认可始通媒妁的婚姻形式，也显现出女性婚姻角色的过渡色彩。类似现象不胜枚举。

辛亥革命时期，女性角色模式的变迁具有不平衡性。就地域而言，女性角色的变迁主要发生于沿海地区和一些大中城市。偏远的内陆和广袤的农村，特别是少数民族地区缺乏启动女性角色变迁的因素，因而少有变迁；就阶层而言，置身城市的青年知识女性及涌入城市就业的女工是发生变迁的主体，栖居乡村的广大妇女尤其是中老年妇女的角色模式基本没有变化；就数量而言，发生角色变迁的女性与两亿女性相比，实在是区区少数。如女子参政运动虽然闹腾了一年多，但积极参加活动的"女子参政者不过数十人而已。其趾高气扬，不过上海南京而已"②。活跃于反帝反清斗争中的女性也不过几百余人。女性对教育角色的获得在这一时期可算成绩斐然。但到1913年，全国中等学校中女学生人数不过11068人，占全体中学生仅9.43%。③ 1907年全国男小学生928775人，女小学生仅占约1/60。④

此外，转型社会的巨大落差造就了女性角色变迁的受阻性和不稳定性。历史的积淀往往是要以滞后面貌对新事物加以抗拒。中国伟大的传统更加重了已失落几千年的女性角色回归的艰巨性。比如，在参政运动中，女性的参政行为受到了群起攻击。1912年2月，《民立报》记者空海发表《对女子参政权之怀疑》，挑起了对垒态势。张纫兰紧随其后，发文断言女子不宜参政。章兆彦、章兆廉则在上海创办"女子进德会"，把禁绝女子做官、当议员列为条例。这些言论四处充溢，造成了女性参政角色的巨大压力，直至最后失败。再如，女子

① 易绍菊、彭准口述：《黄陂等一所女子学校——木兰学校》，转引自《武汉文史资料》（第2辑）1985年。
② 《美国前大总统罗斯福妇人参政平议》，《东方杂志》卷8第11号。
③ 罗苏文：《女性与近代中国社会》，上海人民出版社1996年版，第354页。
④ 廖秀真：《清末女学在学制上的演进及女子小学教育的发展（1897—1911年）》，转引自李又宁、张玉法《中国妇女史论文集》（第2辑），（台湾）商务印书馆，第229页。

剪发在当时普遍受到政府与家庭的阻止。湖南长沙衡粹女中的学生周永祺，在辛亥革命后自行剪发，并联络几个妇女组成了"妇女剪发会"，呈请湖南省政府立案推行。结果被斥为"不中不西不男不女之怪现象"，不但不准立案，周永祺还被勒令蓄发，恢复本来面目。①在这种情况下，女子剪发因缺乏角色认同的市场不能顺利推行。

女性的角色变迁是与社会结构的变动紧密相关的。转型社会政局的动荡和经济、文化模式的过渡特性造成了女性力争塑造新角色的不稳定性。民初，随着女子军的解散、女子参政运动的失败和女子实业活动的不振等境况的出现，女性曾为之努力和争取到的角色受到了巨大的冲击。活跃一时的女界精英出现了角色分化。一些人革命心态不老，流亡海外继续斗争；一些人则丧失了革命意志，陷入悲观之境。个中不乏自杀者，抑郁而死者，遁入空门者，沦为妓女者，甚至有叛变革命者。如清末抗婚参加革命的黄扶庸辛亥革命后回到家中，面对的仍是家庭包办婚姻。黄扶庸失望地告诉友人："家庭专制，无可革命，只可远离，以避其锋。"她只好再度逃离家庭。"二次革命"失败后，她流落港澳，无家可归。家庭角色和政治角色的失败使她心灰意冷，1914 年她竟和曾为"女子北伐队"队员的邓慕芳一同跳湖自杀②，以角色的终结宣告了一个时代的悲剧。另有曾组建过上海女子国民军和创办过女子植权物产公司的林宗雪、张馥真两姐妹在政治、经济角色受挫后而消沉下去。林宗雪因精神苦闷而一病不起，张馥真则与女子北伐队丁志谦往杭州遁入空门。梁荃芳在北伐后，无以为生，流落到香港当了妓女。沈佩贞、吴淑卿等一代女杰则发生了角色蜕变，她们一个成了"洪宪女臣"，一个成了扑杀革命的鹰犬。从这些上层知识女性的走向可见当时女性角色变迁的不稳定状态。

当然，转型社会女性角色的变迁虽然积几千年的厚力而一变，但

---

① 陶菊隐：《长沙响应起义见闻》，转引自《辛亥革命回忆录》（第 2 集），中华书局 1962 年版，第 195 页。

② 赵连城：《同盟会在港澳的活动和广东妇女界参加革命的回忆》，转引自《辛亥革命回忆录》（第 2 集），中华书局 1962 年版，第 321 页。

新的角色形象取代旧的角色形象不可能一蹴而就，它有一个从外表到心灵的内化过程，有一个从少数人到多数人扩散的过程，有一个九曲回肠向东流的过程。中国社会转型的长期性也决定了女性角色变迁的长期性。这个课题在五四时期又一次被女性们进行了演绎。

辛亥革命时期女性经济角色的变迁[*]

辛亥革命时期，有识的先进男性和知识女性热切关注并身体力行地改造中国传统女性经济角色，从而使中国女性出现了向社会求职乃至创业的新型经济角色，开创了中国女性经济角色变迁的先声。

一 角色期待：恢复"营业之权利"

在女性角色问题日益突显的情势下，辛亥革命知识界已着力阐释女性经济角色的独立对于女性角色解放的重要性。1903 年，金天翮在《女界钟》一书中提出了恢复女性"营业之权利"的吁请，引发了时人对女性经济角色的重视。[①] 秋瑾则认为女性奴隶地位的要因即在于"不能自己挣钱，又没有本事，于是一生荣辱必然要依靠丈夫"。[②] 若女子学得科学工艺，将来即可从业于社会，拥有独立的经济角色。林士英也认为要使中国女性获得角色解放，须从女子有"独立性质"始。"其下手功夫，以气节为先，教育、工艺副之"。只要女子有一技之长，虽"致富不足"也"独立有余"。[③] 一些报刊也认识到女性经济不独立是失去人格独立的关键，女性"不能自食，必食

---

* 原载《中华女子学院山东分院学报》2005 年第 4 期，收录本书时有所修改。

① 金天翮：《女界钟》。
② 秋瑾：《敬告姊妹们》，《秋瑾集》，第 15 页。
③ 《论女子当具独立性质》，《留日学生会杂志》第 1 期。

于人；不能自衣，必衣于人"。① 只有经济独立，才能摆脱对男子的依赖，这是实现男女平等的第一步。这种以经济角色的变动带动整体角色转变的认知，反映出辛亥思想界对女性问题的认识深度。这一时期，有志之士已能从强国安民的高度引领女性谋求职业，实现经济自立。恰如《论女工》一文所言："诚使通国妇女，皆有所执业，则男子之仔肩，有人分任，不必以谋生为苦，内顾为忧矣！且以生利之说衡之，通国利源，当增一倍，即国家敛入之税额，亦当增一倍。"② 此等言论，不一而足。

值得说明的是，20 世纪初，时人对女性经济角色的探讨已不是停留于女性必须就业这一问题上，而是随着社会的近代化转而解答女性怎样就业的问题。当时许多报刊，尤其是女刊对女性怎样谋职都有所涉及。《论女工》一文提出："然则欲兴女工，其道何由？曰：在于兴女学而已矣……惟就各地产出物品之可以制成熟货者，令妇女转相传习……皆使各习一门，暇时兼课以文学。"③ 秋瑾则深刻地指出，女子"欲脱男子之范围，非自立不可，欲自立，非求学艺不可，非合群不可"。④ 即"学艺"和"合群"是女性经济独立乃至人格独立的必经环节。在蔡湘看来，"夫手工女学校也，传习所也，凡此皆造成女界惟一普通之技能，而非高尚之技能也。惟其技普通，故其用能普及，亦惟普及，故能使我国女界，各能自谋其生活"。基于此，提出了"中国今日亟宜普设手工女学校及传习所"的主张。⑤ 当时的妇女刊物也以西方女性独立经济角色为参照系，积极宣扬对中国女性进行职业教育，以此作为构建新女性经济角色的基石。如《女子实业大概》和《美国女子职业谈》等文，即详细介绍了美国女子职业情况，并指出，"美国的女子都受过教育，都有职业"，能够独立，"自然可

---

① 《辛亥革命时期期刊介绍》（第 3 册），人民出版社 1983 年版，第 505 页。
② 《论女工》，《东方杂志》第 1 年第 8 期。
③ 同上。
④ 秋瑾：《致湖南第一女学堂书》，《秋瑾集》，第 32 页。
⑤ 蔡湘：《论中国今日亟宜普设手工女学校及传习所》，《女子世界》第 6 期。

与男子平等"，① 希望中国学习美国，对女子进行职业教育。这样一来，女性就具备了建设独立的经济角色的条件，进而可求得性别角色的平等化。此外，妇女刊物还介绍了北京联合女子工厂的情况，希望全国有更多的女子工厂出现，以解决女性经济自立问题。

民初，对女性经济独立角色的期待已包含了女性如何谋职和如何兴办实业两个方面。张姚蕙景苏提出用学堂与公司相结合的办法来兴办女子实业，谋求女性经济独立，即"悉由女子合并交错而组成之，有何种学堂，必特设何种公司，有何等公司，必预立何等学堂，科皆出于专门，材不取诸异地，此其上也；有学堂而未设公司者，则与某公司为一组，有公司而未立学堂者，则与某学堂为一组，通其变以不倦，定其数而有常，抑其次也"。并断定，"审若是，是女子实业之发展，又将以觇民国之富强焉"。② 傅梦兰提出振兴实业与改良纺织业、茶叶业、蚕桑业，才是"促进女界之进步，谋女界之生计"，发达女界实业的唯一的好方法。③ 何张亚振主张兴办女子实业，应根据女性当时的程度、魄力、性情来选定行业，认为只有"缫丝绩纱，育蚕执桑，织布、织毛"4 类行业适合妇女的性情及程度，号召"吾诸姑姊妹劳其身志，饿其肌肤，以从事兹，改良固有，发明未来，国计民生，双方裨益"。④ 凡此种种，均包含着时人对女性经济角色近代化变迁的殷殷期望。

辛亥革命时期还出现了有关如何保障女性就业的议论。无政府主义者刘师培就提出了"实行公产""废女子雇工之制"⑤ 的激进改造方法。可见，辛亥革命时期有关女性经济角色的期待已涉及了女性就业的诸多方面，形成了一定的舆论环境，并为女性就业昭示出前进方向，其作用不言自明。

---

① 《女子白话报》第 8—9 期。
② 张姚蕙景苏：《女子实业谈》，《神州女报》第 7 期。
③ 傅梦兰：《妇女实业速筹改良之方法论》，《妇女时报》（第 10 号）1913 年 5 月。
④ 何张亚振：《妇女时报》（第 9 号）1913 年 2 月。
⑤ 畏公（刘师培）：《女子劳动问题》，《天义》第 6 卷。

二 角色建设：女性就业与女性创业

20 世纪初，在一片呼吁女性实现经济社会人的声浪中，中国女性步履维艰地开始了经济角色建设的实践活动。她们或入主原男子独占的职业领域，或自办女性经济团体，形成了颇具声势的职业进军图景。

随着资本主义势力的侵入，传统的中国经济格局被打破。女工就是在这种经济转型中形成的女性职业角色群体。她们是为金钱所迫而不得不入厂工作，客观上却为自己争得了经济发展的空间。1894 年前，全国女工约 3.5 万人，占当时产业工人总数的 35% 左右。到 1914 年前，女工人数已达 23 万人，占全国产业工人（不含矿山）的 37%。她们主要分布于几个省几个大中城市的百余个大厂中，[1] 在纺织工业、缫丝工业、烟草、火柴、造纸等轻工业部门做工，其中尤以棉纺织业为最。当时女工们的工作条件恶劣，工作时间超长，工资低廉，并受到男女同工不同酬等不平等待遇。如 1905 年前后，华人与外国人办的企业关于工人（包括女工）的劳动时间规定虽不尽相同，"然一般多为每日 12 时间乃至 14 时间。最普通者，则朝 6 时登场，自午前 11 时至 12 时，则为休憩之时，自零时再就业至午后 6 时退散；若在夏天则自朝 5 时始"。[2] 1910 年 3 月 5 日出版的《商务官报》第 5 期统计中国织造女工的日劳动时间为 10—14 小时，而日工资仅为 0.06—0.09 元。此时男工的日工资则为 0.10—0.12 元。1912—1916 年，我国各省男女工人的日工资仍呈明显的不等状态。如日工资最高的江苏省，男工日工资介于 0.23—0.53 元，女工日工资则介于 0.28—0.35 元。日工资最低的省份贵州省，男工日工资为 0.11—0.16 元，女工日工资为 0.05—0.07 元。[3] 此外，女工的工作条件极

---

① 郑永福：《中国近代产业女工的历史考察》，《郑州大学学报》1992 年第 4 期。

② 汪敬虞：《中国近代工业史资料》（第 2 辑下册），科学出版社 1957 年版，第 1198—1204 页。

③ 陈真、姚洛：《中国近代工业史资料》（第 1 辑），生活·读书·新知三联书店 1957 年版，第 22 页。

其恶劣，缺乏必要的劳动保障措施。例如，在女工相对集中的纺纱厂，为了忌风，不管天气多么炎热，车间门窗都紧闭，使得工作场所热浪冲天，灰尘飞舞，纤维障目，严重损伤着女工的身心健康。女工还常遭工头的调戏，而且在怀孕、分娩、哺乳、患病期，也得不到最起码的劳动保障。可见，20世纪初，女工是以高昂的人生和性别代价才换取了边缘的经济角色。为了改善自我的经济角色成长环境，女工们以罢工抗议厂方。譬如，在1911年8月7日，上海闸北发生晋昌、长纶、锦华、协和4家丝厂为增加工资举行的同盟罢工，2000多名女工参与了罢工。一周后，经上海丝厂茧业总工所议定，女工每人工资自八月初一日起加洋1分，① 取得了改善职业待遇的初步胜利。据不完全统计，1895—1913年，上海罢工共70次，其中女工罢工就达39次。② 但这些罢工基本囿于经济斗争的范围内，且罢工的有效性也不高，反映出女工经济角色抗争的有限性。这一时期，除了存在女工为代表的生活的职业女性外，还出现了一批觉悟的职业女性。她们多为中产阶级的子女，本可以受家庭的豢养，不必自己去谋生，但因觉得受了豢养，不光丧失了经济独立角色，也丧失了自身人格。于是她们毅然打破家庭的樊笼，从事多种职业，以为自立的表示。她们深入商业、医务、教学、新闻等行业，成为向脑力劳动进军的女商人、女医生、女护士、女教师、女编辑等，成为有别于单纯进行体力劳动的女工的高层职业群体，更大程度上实现了自我经济角色的独立性。她们中的佼佼者还一方面对女性就业进行理论宣传，另一方面和男界有识之士并肩引导女性进军企业界、商界等。民国以前，她们主要创办各种女性自立团体和女子工艺厂、女子手工传习所等。譬如，1906年，张雄西在北京创立女界自立会，"以拯救女界困苦，使女界人人能自立为宗旨。"③ 1909年，谢长达和沈孟渊创设女工崇实会并发表

---

① 刘明逵：《中国工人阶级历史状况》（第1卷第2册），中共中央党校出版社1993年版，第109页。

② 汪敬虞：《中国近代工业史资料附录统计》（第2辑），科学出版社1957年版。

③ 云南，《杂志创刊号》。

《女工崇实会启》，号召女性重视职业，开办女工厂和从事商业活动。她们设想建立公司，经营商店，开办工厂售卖或制造女性必需品，"为我女界谋生存之幸福"，"为国家保无穷之利源"。① 但由于条件限制，她们发展民族工商业的良好愿望并未促成女性商店或工厂的诞生。除此之外，当时较有名的女性自立团体尚有共爱会、女子进行社等。此外，1904 年张竹君于上海、河南创办了女工艺厂，招收女工120 人，分期教学工织物，织笠衫线袜、织顾绣等物。② 这一时期，京师第一女工厂办得较为出色。该厂设有织布、毛巾、缝纫、造花、编物、图画、刺绣等科，"并教以修身、家政、国文、算术，使毕业后自精一艺，能任女工厂教师，籍以广谋生计为宗旨"。③ 1909 年，该厂速成班的女徒毕业后，将所生产产品进行展览，颇得社会好评，获利尚好。此间，有的女工厂的产品制造精美，受到社会欢迎。如上海制帽公司："货物本系本国天产，或样式合社会心理，价格又较外货为廉"，故此，"学界、商界、军界、女界，以迄童子，用各色草帽四十余种，都已风行，南洋群岛一带，销路尤广"。④ 这无疑夯实了女性经济角色变迁的社会基础。

为提高女性经济角色能力，当时还出现了一些专为女子而设的职业学堂。如 1905 年前后的上海女子蚕业学堂，由娄县人史家修等集资捐办，以"扩充女子职业，挽回我国利权"为宗旨，分预科、本科、选科，另安排实习、手工。⑤ 此外，也诞生了一批专门性的医务学校，为输送女医生、女护士等做出了贡献。1905 年，李钟钰创办了上海女子西医学院，以贯通中西各科医学，专重女科，培养女医生为宗旨。学生毕业后，准其行医，或留校任教。⑥ 同期，北京女医学

---

① 《时报》1909 年 12 月 24 日。
② 《警钟日报》1904 年 3 月 1 日。
③ 《政治官报》宣统二年 7 月 14 日。
④ 《民立报》1911 年 9 月 4 日。
⑤ 朱有瓛：《中国近代学制史料》（第 2 辑下册），华东师范大学出版社 1987 年版，第 633—648 页。
⑥ 同上。

堂、天津的北洋女医学堂、杭州私立速成产科女学堂等均以此目的吸纳生员。此外，著名的女医生张竹君还先后募资创办了福医院和南福医院，成为女界进军医务领域的角色典范。

但总的来说，创办女性经济自立团体和女工艺厂等活动的成效性较低，有的只存在几天、几个月，有的甚至只是登记了个成立广告而已。如女工崇实会和女界自立会即如此。切实能为女性就业开辟场所的尚为数不多。这反映出20世纪初女性经济角色成长的艰难性。

民国建立以后，女界又掀起了女子实业运动，向工艺、农业、商业、金融等方面进军。

第一，筹设女子工艺厂。1912年3月，沈佩贞倡议在南京设中央女子工艺厂。其招股简章规定："本厂为扩充女界工商业务，规画女子独立生活而设。"① 同年4月，先设中央女子工艺学堂，为女子工艺厂造就专门人才。学堂开设养蚕、制丝、纺织、染色、国文、算学、化妆等科目。学生毕业后入厂尽义务一年，然后由本厂推荐工作。同年3月，湖南的王扬庄将女子游艺社扩建为女子工艺厂，专注美术工艺，所制刺绣、轧花、花巾等用品均十分精美。同年6月，北京女学界人士孔劳湘、刘世宜、张筠等创办了女子工艺研究所，并准备筹建贫女工厂。这时，女子缝纫社、女界西装缝剪传习社等女子实业团体在一些大城市相继出现，也为造就女性经济角色提供了场所。

第二，设立女子农业讲习所。1912年4月，张锡麟创办蚕桑讲习所，召集女子研究养蚕方法，培养蚕业人才。同期，陈鸿璧在上海建立女界蓄植试验所，赁地十亩，种植大豆、小麦等农作物，并设畜牧场，饲养羊、鸭、鸡等家禽，其目的是"振兴实业，扩充女界生计"。②

第三，兴办女子商业。1912年初，林宗雪、张馥贞、辛素贞等人在上海创办女子植权物产公司，出售丝织、棉织、化妆、陶瓷等国

---

① 《中央女子工艺厂出现矣》，《民声日报》1913年3月13日。
② 《神州女报》，1912年12月第4期。

货，维持了一二年，便告歇业。1912 年 12 月，俞植权在上海创办女子兴业公司，"以维持国货，提倡女子实业为宗旨"，① 该公司专售国货丝绸布匹以及家庭日用品等。继之又创设女子振兴公司，其经理、司事皆为女子，专营绸缎绣件。此外，陈鸿璧在上海还创办了爱华公司，也是专销国货，她们还用国产绸丝制作爱国女帽出售，寓爱国基调于经济角色中。

第四，设计中国女子国民银行。1912 年夏，张凤如呼吁女界将金银首饰等装饰品拿出来，筹办女国民银行。是年冬，张凤如草拟《筹备中华女国民银行缘起》和《简章》，陈述创立女子国民银行的十大益处，设想先在上海建立中华女国民银行事务所，等资金积至数十万或百万后设总行于上海，然后渐次在各大城市添设分行，"期以十年，务达目的"。② 这种设想虽未能变成现实，但其经济远见足令时人另眼相看。

第五，兴办与实业相关的女性团体。1912 年 5 月，上海的汪赵润、费配元、陆震坤等 10 位女性发起中华女子实业进行会，"以振兴女子工艺，提倡女子经商，结合女工团体，俾我国实业大昌，以立富强之基础为宗旨"。③ 该会的主要任务就是进行捐款集资，兴办实业。该会首在上海创设暑假工艺补习所，"以预备开办手工传习所教员之选"。④ 次年，朱广明女士创设安庆中国女子实业进行会支部，会员发展到 300 人。1912 年 7 月，黄璧、赵权等于桂林发起女界合群求进会。该会专设劝业道署，"以改良风俗，振兴女子工业，谋求学术技艺，增进国民道德为宗旨"。⑤ 除了这些规模较大的团体，另有一些规模较小者。如李静珊女士于 1912 年在江苏武进设女子职业学校并组织女子职业团。"为年长失学之女子辟生计，求自立。设缝纫专科，

---

① 谈社英：《中国妇女运动通史》，妇女共鸣社 1936 年版，第 75 页。
② 《民立报》1912 年 6 月 1 日—12 月 2 日。
③ 《中华女子实业进行会简章》，《神州日报》1912 年 6 月 11 日。
④ 同上。
⑤ 谈社英：《中国妇女运动通史》，妇女共鸣社 1936 年版，第 74 页。

承制苏、沪、宁、常、镇、锡军警学生制服。穷困之家，多赖以生活，后闻花边工艺大有可为，亲赴上海浦东一带调查，归设传习所，制成之品，复为订定销路"。①

民初的女子实业运动，折射出城市中上层知识女性对自我经济角色的深深追逐。它包含着觉悟的职业女性实业救国的爱国情愫，展示着觉悟的职业女性互相呼应开创女性就业场所的气魄和才智。然而，在帝国主义和封建势力的侵扰下，在女性实业运动难以筹措资金和负担租税的情况下，缺乏管理经验的女性实业家多难以创立并长久维系勉强建立起来的经济实体。民初的女性实业活动在热情昂扬的创办声中相继宣告结束，也就结束了这一时期女性对经济独立角色的践行与解读。

总之，在辛亥革命时期，女性就业是以体力劳动为主，从事脑力劳动者还是少数。如1907年上海《字林报》有个对比："查上海租界年轻女子，共有六万四千人，其中在新学界读书者有一千人，在各厂做工者有三万人。"② 当时面向女性的脑力劳动岗位极少，如小学教员、护士、打字员等需求量很有限，能够入主报界、新闻界的女性更是寥寥可数。有些高层次行业如律师等，女性尚无缘涉足。此外，社会上还有妓女、舞女等边缘女性经济角色大量存在。放眼全国，当时居于农村的女性除少数流入城市做工外，大多仍囿于传统的家庭生活，并未求得社会就业角色。而处于地理优势位置的城市女性能够在社会上谋职的也没有多少。可以说，拥有社会就业角色的女性只占全国女性很少一部分，而且女性在同行业中与男子相比也是微不足道的（仅缫丝、棉纺等部门女工比例相对较大）。由于女性教育跟不上，就业妇女的素质整体偏低，从业中受过中等、高等教育的女性只是一小部分，而大量的工厂女工基本处于文盲状态，且女性就业环境得不到根本改善，女性就业处于不稳定状态。在这种情况下，女性为了就

① 《教育与职业》第41期。
② 汪敬虞：《中国近代工业史资料》（第2辑下册），科学出版社1957年版，第1192页。

业，不得不以健康为代价，其中有些女性因此晚婚，甚至不婚。女性就业分布很不均衡，城市和沿海地区女性就业机会相对多些，农村和内陆地区女性就业难上加难，基本没有在社会上就业的机会。可见，这一时期女性就业仍处于起步阶段，显示出女性求取经济角色之初的不足和偏差。尽管如此，部分女性尤其是城市女性对独立经济角色的领悟和实践毫无疑问地开辟了女性经济角色变迁的新纪元，使得女性经济角色从家庭的依附性走向社会的独立性，从社会的劳力领域向劳脑领域拓展，成为女性整体角色转换的强大推动力，昭示了女性经济角色变迁的现代化方向。

五四时期女性角色变迁述评*

五四时期是现代女性角色模式初步构建的历史时期。与辛亥革命时期相比，五四时期的女性角色变迁除继续留有欧风美雨吹拂的痕迹外，还注入了苏联模式的精华；除继续保持救国主义的传统外，还将这一主题升华到历史的高峰。以此为基础，五四时期的女性角色变迁呈现出以下一些特点：纵横伸展的角色变迁理论；发现自我的角色变迁历程；高亢昂扬的角色变迁精神；多元共存的角色变迁格局。这些特点体现了五四时期女性角色变迁的现代性水平。

一　纵横伸展的角色变迁理论

五四时期的新文化运动是一场声势壮伟的思想启蒙运动。女性角色变迁问题成为这场文化运动关注的一个焦点问题。五花八门的思想流派对女性的角色出路提出了异彩纷呈的方案，形成了复杂的理论体系。譬如对于新女性家庭角色的构设就出现了婚姻家庭革新方案和婚姻家庭毁弃方案两大主方案。其下又各自囊括层次各异、重点不同的小方案。它们彼此有交错重叠之处，有尖锐对立之处，形成了比辛亥革命时期更为复杂的理论交锋，更加凸显了女性角色变迁的时代紧迫感。再如对女性角色解放道路的探讨中，就有"女子心理解放派""女子教育派""女子职业派""儿童公育派""女子参政派""改组

　＊　原载《学术论坛》2005 年第 12 期，收录本书时有所修改。

家庭派""限制生育派"等资产阶级流派。另有"工读互助式"的小资产阶级空想社会主义方案以及兴起的马克思主义妇女解放理论。这些不同流派各陈己见，各设出路，深化了女性角色变迁理论。可以说，五四时期围绕妇女解放道路的探索远远超越了戊戌变法时期关于妇女人权的论争和辛亥革命时期重在妇女权利与责任的争论。在各种观点的冲突碰撞中，逐步形成的马克思主义妇女解放理论求得了广阔的发展空间和全新的生命力，找到了妇女角色解放的真正出路。具体来说，他们中有的人已能从经济基础、社会制度入手深入剖析妇女问题，抓住了问题的实质。譬如，李达就指出："如今要将女子解放，须先使她恢复物质上的自由。女子物质的自由的欲望，到达了最高点的时候，那精神的自由的欲望，自然而然的勃发起来。那时真正的自由，方可完全实现。这样的，才可算作真正的女子解放。"① 陆秋心提醒妇女们："现社会制度是怎样的？我可以抄马克思的几句话来做说明……这样，我们要改造彼，我们当用哪一种方法？五一是哪一种纪念？大家注意啊！努力！"② 字里行间中透露出推翻旧的社会制度的意蕴。有些人已初步认识到只有社会主义才能使妇女获得角色解放。陈独秀的《妇女问题与社会主义》可谓这方面的代表作。文章的核心即在于"女子问题，实离不开社会主义"③ 的论断。有些人在妇女角色解放的社会依靠的主体力量上把目光从"第三阶级"移向了"第四阶级"，即从中等阶级妇女移到劳动妇女上。陈望道指出："第三阶级女人运动，是女人对男人的人权运动；第四阶级女人运动，是劳动者对资本家的经济运动"。第三阶级女人运动纵使"完全达到目的，得到的也只是有产阶级里的男女平等，并不是'人类平等'"。"要得到'人类平等'，还需另外给一点注意在第四阶级女人运动，就是劳动者对资本家的运动上面"。④ 王剑虹在《女权运动的中心应

---

① 李达（署名李鹤鸣）:《女子解放论》,《解放与改造》1919 年 1 卷 3 号。
② 陆秋心:《五一》,《新妇女》1921 年第 1 期。
③ 陈独秀:《妇女问题与社会主义》,《广东群报》1921 年 1 月 31 日。
④ 陈望道:《我想》,《新妇女》1921 年第 4 期。

移到第四阶级》中直言不讳："我们要对女子运动的前途，特别提出一个警告。这警告就是：女权运动的中心，要移到无产阶级来。"①中国共产党诞生后，这些思想在它的几次代表大会上就表述得更为明白了。这就使得马克思主义妇女解放理论依托政党的力量很快外化为女性的角色实践，促发了女性角色变迁的革命意义的升华。

二　发现自我的角色变迁历程

五四时期是"人的发现"和"女性的发现"同时并提的时代。时论在重点突出前者的同时，对后者也有所涉及。"女性的发现"不仅强调女子和男子是同等的人，而且开始论及女子和男子是不同样的人。

女性们首先觉悟到"我也是人"。"当时到处上演《娜拉》，高叫着'不做玩物''要人格''要自由'的呼声"。②张扬个性解放的"易卜生主义"成为进步女性的行动指南。为了挣脱封建婚姻网络，她们中有自杀抗婚者、出走抗婚者、革命抗婚者。为了追求知识学问，她们中有的贫病交加而死，有的不堪丈夫羞辱而自杀，有的远涉重洋，实行勤工俭学。为了寻求人格解放，她们中有的不惧校方开除，毅然剪掉发辫；有的不避闲言，慨然与男子"合室办会"；有的勇挑重任，开办学校公司。凡此种种，不胜枚举。在思想深处，部分女性已有了全新的女权意识。她们公开申明："现在的我们都觉悟了。一部分的女子觉悟了。……我们运动的旨趣全在建立女权的基础上，这是很明显的。我们提及这一个女权的名字并不是自外于男子，也不是自侪于人权之外，在理男女同属人类，只有共同的人权，无所谓特殊的女权。不过在习惯上所谓人权已经被男子独占去了。我们须得纠正人权的意义，我们须得认识人权的真正价值，我们更须得要求这人

①　（王）剑虹：《女权运动的中心应移到第四阶级》，《妇女声》1921 年第 1 期。
②　中国社会科学院近代史研究所：《五四运动回忆录》下册，中国社会科学出版社1979 年版，第 1020 页。

权平分给女人。女权运动就是人权平分的运动。"① 在此基础上，她们呼吁用法律保障女性全方位的角色解放："凡是家庭里，社会上，政治方面，经济方面，女子和男子须得站在同一水平线上。这种平等地位的获得，我们要求法律的准许和保证。"她们宣称："我们不相信不打破男女两性的阶级，真正的民主主义能够存在，我们不相信社会上一半是压迫人，一半是被压迫的人间，会有真正的自由平等的幸福。"② 这样，女性们就在人类共同利益的基础上，在男女平等的原则下，发现了自我人权的含义，摸索着一条寻求角色解放的道路。

五四时期的女性不仅发现女子是和男女同等的人，也渐趋认识到女子和男子是不同样的人，力图走出"拟男"的怪圈。新文化运动的儒将们"极力灌输她们'人'的观念，灌输她们做独立的不受玩弄和压迫的'人'的观念，所以当时到处上演易卜生的'娜拉'"。③他们在告诉女性"娜拉"是"人"的同时，实际上已开始关注娜拉"女人"的身份。他们指出："女子若自己要解放，就应该早知自觉，先求精神上的独立。依自然的冲动，应付环境，本诸自己的知情意，作真正'人'的人生观宇宙观"。这就要打破过往"知识感情意志，全都模仿男子的，自己没有知情意，以男子的知情意为知情意，事事都向男子请教"的"男子中心的社会压迫"④。因而，妇女解放并不就是女子效仿男子的样子，男子做什么，女子就做什么，把男子的行为作为女子的楷模，男子不做家务，女子也不做，男子纳妾，女子也置小丈夫。⑤ 在解放女性的基调下，他们真诚地谈到了女性一些特性

① 谈社英：《中国妇女运动通史》，妇女共鸣社 1936 年版，第 105 页。

② 同上书，第 122 页。

③ 碧遥：《廿四年来中国妇女运动走过的路程——1935 年 10 月 1 日》，《妇女生活》1卷 4 期。

④ 李达（署名李鹤鸣）：《女子解放论》，《解放与改造》卷 3 号。

⑤ 全国妇女联合会妇女运动历史研究室：《五四时期妇女问题文选》，生活·读书·新知三联书店 1981 年版，第 61 页。

的优越性，比如"女子的和平、稳静、精细、有秩序、顾名誉、富于同情心……"① 有利于民治的实行，"而妇女的平和、美、爱的精神，将能感化由男性气质所造成的专暴专制社会，转变为平民的社会"。② 为此，女子也没必要一味模仿男子。甚至在女性角色变迁的目标上，《妇女评论》创刊宣言在更高的基点上强调不能持与男子等齐的观点。因为"我们觉得仅仅叫现在的女性做成和现在的男性一样的人，不是讨论妇女问题的根本办法。现在的男性，都（多）半不会得着'人的生活'……女性底要求如果仅仅限于取得和男性同样的现在已有的生活，这有什么大意思呢？……我们是主张解放了历来施于女性的种种束缚，让女性自由发展出伊们底能力来。凡思想、制度，能够成为新锁镣的，我们都要不容情地攻击"。③ 这是在超越男性的基础上根本求得女性自由的角色变迁思路，体现出时人号召女性自主地解放自己和解放人类的急切心情。

实际上，五四时期的中国女性已经以辛亥革命时期无法比拟的姿态实现着自我的人生价值。比如，在政治斗争中，由知识女性和女工组成的主体队伍或与男子联合行动，或独力挑起行动任务，以空前的规模和勇气为国家和民族利益呐喊，为女性的政治权利呐喊；在经济斗争中，她们为"母性"呼喊，要求伸张女权，要求制定保护女工法，凸显出女性独特的利益要求；在服饰选择中，她们也不再单纯地认着"男装"为美，更倾向于表现女人的味道。综观五四时期的女性角色变迁，可见她们已"不再抹杀自己，不再模仿男性，而以女性的资格，因为女性也是'人'的资格，去向男权求解放，向旧式婚姻求解放，向政治、职业等求解放"。④ 这就是女性发现自己的行动表象。

---

① 《独秀文存》卷一，安徽人民出版社1987年版，第258页。
② 《李大钊文集下册》，人民出版社1984年版，第605页。
③ 《宣言》，《妇女评论》1921年第1期。
④ 碧遥：《廿四年来中国妇女运动走过的路程——1935年10月1日》，《妇女生活》1卷4期。

三 高亢昂扬的角色变迁精神

空前的民族危机和新文化的洗礼孕育出五四女性高亢昂扬的角色变迁精神。为救亡图存，五四女性积极参加宣传演讲、游行示威和罢工请愿等爱国行动，有的血书明志，有的坐狱不悔，有的遭枪杀而亡，有的遭殴打致伤。渗透其间的是那种"彻底地不妥协地反帝国主义和彻底地不妥协地反封建主义"①的坚决姿态。为探索角色变迁道路，五四女性以高昂的热情加盟实验模式。缪伯英毅然放弃北京女高师的学业，赞助入主女子工读互助团。葛健豪以54岁的年纪决然加入女子留法勤工俭学队伍，鼓舞青年女性勇往直前。为开放大学女禁，邓春兰大胆上书北大校长，不远万里赴京圆梦。为开辟女界就业渠道，陈丽华、朱其慧等女性热心筹设女子实业团体，创业精神令人钦佩。在这些女界精英身上体现出的昂然自励精神恰是五四女性整体风貌的高度浓缩。

五四女性从辛亥女性角色变迁中吸取经验，将宣传和结群意识融化于昂扬的斗志中，增强了角色变迁精神的实现力度。她们除踊跃在各类报刊中发出求变之声外，还锐意创办妇女刊物20余种，为女性角色变迁提供理论阵地。1916—1921年，妇女刊物就有上海基督教妇女青年会办的《青年女报》、中华妇女学社办的《妇女旬刊》、北平女青年社办的《妇女》、女界联合会办的《新妇女》、直隶第一女师学生团办的《醒世》、天津女界爱国同志会办的《平民》、周南女校办的《女界钟》、北京女高师办的《女高师文艺会刊》和《女高师半月刊》、广东省立女师办的《省女师学生期刊》、上海女界联合会办的《女青年联合会旬刊》、觉悟社女性主办的《女星》和《妇女日报》、湖南第一女师办的《励进会旬刊》、浙江省立女师办的《进修

① 毛泽东：《新民主主义论》，《毛泽东选集》（第一卷），人民出版社1964年版，第660页。

团月刊》、开封女子同志会办的《女权》、上海务本女校办的《女界铎》和《新妇女》、上海中华女界联合会办的《妇女声》等。① 这些刊物广为宣传有关女性角色变迁的各种理论，成为妇女问题的真正论坛。

为壮大女性角色变迁的群体力量，她们除广泛动员社会各阶层妇女投入实际行动外，还纷纷创办了各类女子团体。例如，各地的女界联合会（包括上海女界联合会、广东女界联合会、全浙女界联合会、湖南女界联合会、四川女界联合会、江西女界联合会等）、各地的女子参政协进会（包括北京女子参政协进会、上海女子参政协进会、江西女子参政协进会、河南女子参政协进会等）、各地的女权运动同盟会（包括北京女权运动同盟总会、浙江女界运动同盟会、上海女界运动同盟会、女权运动同盟会直隶支部等）、各地的女学生联合会（包括北京女学界联合会、长沙女学生联合会、山东女学生联合会、天津女学生联合会、上海学联各女校分会等）及女工集中地带的女工会之类团体（包括女子工业进德会、上海丝纱女工协会、上海丝茧女工团等）。除了上述各类女子团体，尚有天津女界爱国同志会、天津女星社、女界家庭联合会、女子工读互助团、北京女子救亡会、武汉的"女子国货会"、宁波女界的"社会服务社"、上海的中华女子救国会、湖南女子留法勤工俭学会等多种性质的女子团体。此外，五四女性的集结意识并不仅限于女性内部的整合，她们还和男界广为结盟，在男女共同求变中发展自我角色。五四运动中出现的各界联合会、工会组织以及学生联合会等即为男女合二为一的组织。特别是诞生了像新民学会和觉悟社之类男女高度整合的进步社团。随着共产党和社会主义青年团的出现，激进女性纷纷加入这些革命组织内，扩大了角色联盟的阵线。与辛亥女性相比，我们不难看出五四女性所具有的高亢昂扬的角色变迁精神。

---

① 马庚存：《中国近代妇女史》，青岛出版社 1995 年版，第 163—164 页；中华全国妇女联合会：《中国妇女运动史》（新民主主义时期），春秋出版社 1989 年版，第 115—116 页。

四 多元共存的角色变迁格局

女性角色的现代化是五四时期女性生活的基本趋向。但在社会政治、经济、文化等结构发生剧烈变动的转型情势下，不同地区的不同阶层女性对角色变迁的回应程度也不尽相同，从而使女性角色变迁呈现动态的多元格局。一般来说，女性角色的现代化程度是沿海高于内陆，城市高于乡村，知识女性高于女工和农妇。这就是地域的差异性和阶层的差异性。在此过程中，有些女性不但把现代精神注入家庭角色，而且得以在社会上就业，成为身兼双重角色的职业妇女群；有些女性在家庭角色上求得了某种程度的革新，但并未有机会在社会舞台上崭露头角；有些女性，特别是绝大多数农村妇女，仍然固执地坚守着传统的单一家庭角色，没有多少变迁意识和举动。这也是早期现代化特征在女性群体身上的反映。

在这种多元复杂性中，通过纵横对比，我们可略见女性角色变迁的进步性和局限性。进步性主要体现在女性家庭角色和社会角色的各自现代化走向上以及女性由单一的家庭角色向家庭—社会双重角色拓展的趋向上。其中婚姻自由、社交自由、男女同校权利的部分争得是五四女性角色变迁的直观成效。而以女工为主体的劳动妇女的角色变迁意识的初步觉醒和角色变迁地位的渐被认同则指引出女性革命式的角色变迁道路，实为五四女性角色变迁的长期效应。这些都是五四女性角色变迁超越于辛亥革命时期之处。

然而，正如同辛亥革命时期一样，五四女性角色变迁也存在着转型社会共有的局限性。就角色主体意识而言，这一时期真正具备女性人格思想的还仅是以知识女性为主的部分女性，广大女工和农妇自我解放意识尚有待发展。而女性整体的角色解放意识与完成角色全面解放的需要又相距甚远。因此说，女性解放意识的整体薄弱是掣肘女性角色变迁的一大因素。就女性角色变迁的成果而言，低效性和不平衡性仍是总体缺憾。比如在社会经济角色方面，除了聚居城镇的女性能够部分地进入劳动力市场，多数乡村妇女只能恪守简单的家庭劳作，不能发挥社会经济角色功能。在教育角色方面，五四女性堪谓取得了较大的成果。但入校女生不过仅占女性总人数的百分之几，女性教育多处于低度水平。即使在"教育改进，询有突飞之势"的1921年，女子教育仍缺憾种种。例如张默君主要针对省城的高中等女子教育所做的负面评价："甲，无论公私立高中女学校均感经济困难，故校务不克充分发展，所增设校数亦不多。乙，体育无特异进步，各女校尚无建设健身房者。丙，女校尚无规模较弘远，组织较完备之图书馆，理化试验室，音乐室，改造画室及交际室。丁，学生尚有未了解自由及自治之真谛，而能于进德修业上下切实功夫者。戊，尚无女子专门大学，俾不愿男女同学者，得有受高等教育机会。己，招考新生时能实行注重心理，常识及体格诸测验以厘别各人体智之高下者尚少。庚，对于天才及低能女生尚无具体的教育组织。辛，幼稚师范学校及幼稚园过少，各省幼稚教育尚未普及。壬，各省女子职业教育尚未充分发展。"[①] 实际上，张默君的评价还尚未点出高中等女子教育普及面极小这一致命弱点。发展较好的高中等女子教育尚且处于早期现代化之境，那些零散于村落中的初等女子教育程度之低是不言而喻的。在女子社会生活角色方面，废娼运动喧嚣一时，但只是雷声大，雨点小，仅仅停留于舆论运作阶段而已，并未见成效。这方面的缺陷很多，不再一一道出。

---

① 张默君：《十年度之女子教育》，《新教育》1922年第5期。

五四时期女性经济角色的变迁[*]

五四时期，在新的历史文化情境下，中国女性的经济角色出现了现代转型，这主要从新的角色期待与新的角色扮演两个层面展开。在角色期待方面，先进时人围绕"经济独立"与"女性就业"展开深入的阐释。在角色扮演方面，五四时期女性就业出现了新面貌，贯穿其中的争取职业平等的斗争尤其值得称道。五四时期，女性经济角色的变迁承继并超越着辛亥革命时期的成果和路子，在改造社会的努力中初步构建着女性的现代经济角色模式。

一　角色期待：经济独立与女性就业

新文化运动兴起后，先进时人特别强调女性经济角色的重要性。鲁迅在《娜拉走后怎样》一文中指出："所以为娜拉计，钱——高雅的说罢，就是经济，是最要紧的了。"[①] 李大钊强调"妇女在社会上的地位随着经济状况变动"，"经济问题一旦解决，什么政治问题、法律问题、宗教制度问题、女子解放问题、工人问题都可以解决。"[②] 女子经济角色的重要性决定了女子要求得人身解放，先需求得经济独立。为此，李达提出"女子若想求得一个不卖力不卖淫可谋生活真正

---

* 原载《妇女研究论丛》2006 年第 4 期，收录本书时有所修改。

① 鲁迅：《娜拉走后怎样》，《鲁迅全集》（第 1 卷），人民文学出版社 1956 年版，第 269—271 页。

② 李大钊：《再论问题与主义》，《每周评论》1919 年第 35 号。

幸福，惟有发挥自己的经济能力，求经济的独立。"女子若"果能如此有经济独立的能力"，那么"男女间一切不平等的道德与条件，也可以无形消灭了"。① 沈钧儒也认为"妇人的经济独立，从各方面看来，实是妇人种种问题中之根本问题。"②

那么，如何获得经济独立呢？李汉俊认为，在当时经济制度下，"智识、技能、职业，并不是得到经济独立的要素"，女子"要得到经济独立，非打破这社会私有的经济制度不可"。这是一种"个个男女都有同等的生存权和劳动权，无论何人皆不能在生活上支配人或受人支配"的彻底的经济独立观。它与谋取职业并不等同，只视职业平等为女子经济独立的结果，而不是原因。③ 陈问涛则以为："女子若有了独立性的职业，便有了独立的经济。经济既能独立，虽不说社交公开，自然会社交公开，虽不说婚姻自由，自然会婚姻自由。"④ 这种经济独立观与谋取职业是等同的。它将女子在教育上、政治上、法律上平等权利的获得当成争取女子经济独立的重要保证，并把女子获得职业看成女子实行经济独立的必要手段。当时多数人持有的是后一种经济独立观。

对女性经济独立的重视和对女性就业关注是五四时期对女性经济角色的两重期待。先进时人对女性就业进行了多角度的阐释。在他们看来，女性就业势在必行。丁逢甲认为妇女无职业"亦民穷财尽之一大原因。"其弊端可以概括为："一、妇女依赖男子，无自立之能力，即失国民之资格。二、不能自立，而为男子之附属品，则所谓男女平权者，亦有名无实。三、男子太劳，女子太逸，非人道之平。四、生寡食众，必影响于家计，而有日贫之势。五、所倚赖之男子不幸失职，或逝世，即困乏无以自存，而现不堪设想之概况。是故振兴妇女

---

① 李达（署名李鹤鸣）：《女子解放论》，《解放与改造》1919 年卷 3 号。
② 沈钧儒：《家庭新论》，商务印书馆 1922 年版，第 20 页。
③ 李汉俊：《女子怎样才能得到经济独立》，《民国日报（副刊）妇女评论》1921 年 8 月 17 日。
④ 陈问涛：《提倡独立性的女子职业》，《妇女杂志》1921 年 7 卷 8 号。

职业，使各有自谋生活之技术，实今日至重要之事。"① 张菊姝指出："女子无职业，权利不能均，义务不能平"，所以"欲为女子谋幸福，孰者大于分业哉"。② 胡适放眼于中西对比，赞曰："美国妇女的社会事业，不但可以表示个人'自立'精神，并且可以表示美国女界扩张女权的实行方法"，③ 号召中国女性以之为角色榜样，自主择业。Y. D. 则在《职业与妇女》一文中全面阐释了职业对于妇女的人格、教育、社交、婚姻及政治的要义。认为职业可帮妇女"争回已丧失的人格"，并"得着应用的智识"和"职业上所需要的专门学问"。职业亦能使妇女"自然而然地达到社交公开的目的"，求得婚姻自主权和"摆脱不良的婚姻"。同时也为妇女"获得政治上的独立"奠定基础。④ 上述种种言论，从不同角度申明了女子职业的重要性，营造出女性必须就业的舆论氛围。

那么，女性到底该如何就业呢？这成为时论的重心所在。缪程淑仪认为只有既注重妇女旧有的职业，又着力开辟妇女新的职业，才有可能实现妇女的劳动就业。⑤ 胡怀琛指出，妇女"要有相当的职业，其一要有相当的学问技能，其二要打破男女限的谬见，其三要纠正各方面的恶劣习惯"。⑥ 《妇女评论》创刊宣告则提出："我们主张一切职业都要开放给女子，而且要和男子同等待遇。"彭季能对妇女就业进行指导，提出选择职业要考虑到"个人的性情""公共利益"和"社会情形"，并要打破"心理上对于职业的谬误点"，"不可为习俗所拘束"。⑦ 陈问涛主张成立"女子职业组合"，即"女子共作社"，"以团体的力量减少个人的畏缩心，增长互助的

---

① 丁逢甲：《我所见之本地妇女生活现状》，《妇女杂志》1915 年 1 卷 9 号。

② 张菊姝：《论男女之分工》，《妇女杂志》1915 年 1 卷 11 号。

③ 胡适：《美国的妇人》，《新青年》1919 年 5 卷 3 号。

④ Y. D.：《职业与妇女》，载梅生《中国妇女问题讨论集》（第 2 册），新文化书社 1923 年版，第 22—23 页。

⑤ 缪程淑仪：《妇女建设社会的责任》，《妇女杂志》1920 年 6 卷 8 号。

⑥ 胡怀琛：《女子职业问题》，《妇女杂志》1920 年 6 卷 10 号。

⑦ 彭季能：《妇女职业的指导》，《妇女杂志》1920 年 6 卷 4 号。

精神，并因而得到共同生活的训练"。① 张若名本着"女子义务不仅是生产，其他凡是人的职业大半都可以作的"观点，呼唤"女子全应当用革命的精神"，"打破男女职业不平等的观念"，以此求得经济权和自主权。② 这些要求男女职业平等的言论均反映出时人对女性怎样就业的深切关注。

　　妇女就业的保障问题，也为时论所及。罗溪提醒世人不能只寄希望于资本家的自动改良，而需"有志者加入他们的劳动界里，言论事实，双方并进"，且"要使女子大将联合起来，不让别人掠夺他们的剩余"，进而以此带动经济平等、教育平等及机会平等。③ Y. D. 则倡导学者们今后注重研究"在这资本主义之下，怎样减少妇女的劳动时间，怎样规定妇女最低工资额和生产疾病的休养时间"，"怎样救济现在职业妇女们的苦痛"，"怎样促进现在职业妇女的团结力，使她们在劳动运动的地位上战胜极大的势力"，④ 以期从学理上阐释妇女就业的保障问题。易家钺则以《妇女职业问题》一书对与此相关的问题进行探讨。他认为解决妇女就业的治标的方法应从三方面入手：第一在劳动权方面，应求取劳动机会和进行劳动组合。第二在生活权方面，应制定对产妇保护的规定。"产妇停止工作的时间，至少应有三个月，即产前一个月的休息，产中一个月的消费，产后一个月的调养。而在停止工作的期间，不独国家或社会应予以特别的保护和优待，而且有保障当她恢复体质时仍然有劳动机会的责任。"另外，要厉行废娼运动。最要紧的是"多设妇女工艺所一类的机关，教她们有一种工业上的技能，去谋独立的生活"。第三在教育权方面，要重视妇女职业教育，设女子职业学校和女子劳动学校。解决妇女就业的治本方法也有三个：第一从男性

---

　　① 陈问涛：《提倡独立性的女子职业》，《妇女杂志》1921 年 7 卷 8 号。
　　② 张若名：《"急先锋"的女子》，《解放与改造》1919 年 1 卷 3 号。
　　③ 罗溪：《女子职业问题》，载梅生《中国妇女问题讨论集》（第 2 册），新文化书社 1923 年版，第 30—32 页。
　　④ Y. D.：《职业与妇女》，载梅生《中国妇女问题讨论集》（第 2 册），新文化书社 1923 年版，第 22—23 页。

中心主义到两性平等主义。第二从政治改造到经济改造。第三从儿童私育到儿童公育。在第二点上，易家钺特别强调"在政治上、法律上的男女平等，都是一种有限制的平等，决不是绝对的平等"，"妇女要谋真正的全体解放，一言以蔽之曰，不可不改造现存的经济组织。"因为"现存的经济组织——资本主义的社会之害，已经到不能再坏的顶点，因此，我们不得不求旧组织的破坏，新制度的建设！"① 易家钺可谓妇女就业保障等问题的集大成者，他所设计的两种方法可以代表大部分先进时人的认识水平。

除了上述个人的论说，20世纪初，许多报刊如《解放画报》《妇女杂志》等也广为介绍西方妇女之职业，并向中国女性推荐适宜职业，如打字员、接线员、邮务员、新闻记者等，也起到了很好的职业角色宣传作用。

另外，北洋政府的法律对妇女自谋职业有了某种程度的认可。如《暂行民律草案》中规定，"妻之行为能力，不属于日常家事之行为，须经夫之允许方有效力，若未经夫之允许，则其行为得撤销之。故在职业上，妻须得夫之允许，方能独立为一种或数种营业"。在《商人通则》第2章第6条中规定："妇女欲自营商业，或于公司负担无限责任，须得法定代理人或其本夫的允许，且应取其允许凭证，并由本人及法定代理人或其本夫署名签押，呈报该管厅注册"。② 这些法律条款虽然赋予了家庭、丈夫对妇女就业的干预权利，但毕竟承认在有条件的前提下，女性可以经商或从事其他社会职业，多少显出进步之光。1923年北洋政府农商部还公布女子兴业奖章规则，对"女子积极振兴各种实业""投资各种实业事项及实业银行，或经手募集各种实业及实业银行资本者"给予奖励。③

中国共产党成立后，1922年明确提出要"努力为保护女劳动者

---

① 易家钺：《妇女职业问题》，上海泰东图书局1922年版，第115—137页。
② 中华全国妇女联合会：《中国妇女运动史》（新民主主义时期），春秋出版社1989年版，第101页。
③ 《女子兴业奖章规则》，《女子杂志》1923年9卷5号。

的利益而奋斗——如争得平等工价、制定妇孺劳动法等"。① 1923 年，
中国共产党号召工厂劳动要有"男女工资平等"口号，一般妇女运
动应有"男女职业平等""母性保护"等口号。② 说明中国共产党对
妇女就业特别是劳动妇女就业给予的重视。

上述有关女性经济角色的期待汇聚于一起，铺垫出女性谋求经济
独立和职业平等的舆论基础。

二 角色扮演：职业平等斗争与女性就业新貌

在社会上要求男女职业平等的呼吁声中，五四运动后，女权运动
者牵头发起了广泛的职业平等斗争。她们把斗争要求集中于就业机会
均等和同工同酬待遇平等上。广东女界联合会把"使妇女在生活上得
经济独立"作为宗旨之一，并特设妇女职业组，以"调查及统计妇
女职业状况，设法救济失业妇女，提高妇女职业地位"为任务。③ 湖
南女界联合会对省宪会提出"女子职业必须与男子同视不得歧视"
的要求。④ 上海中华女界联合会在 1921 年的改造中宣称："在男女权
利平等的理由上，我们要求社会上一切职业都许女子加入工作，并要
求工钱与男子同等"，"在人权平等的理由上，我们努力拥护女工及
童工的权利，为女工及童工所受非人道的待遇痛苦而奋斗"。⑤ 北京
女权运动同盟会总会在宣言中明确指出："我们认为职业上的平等是
取得经济独立的一条路径。并是暂时救济无产阶级姊妹们生活上苦痛
的一个方法。"进而提出了"依（同工同酬）及（保护母性）的原
则，制定保护女工法"的条款。⑥ 该会成立后，还在各大城市建立了

---

① 《中国共产党第二次全国代表大会关于妇女运动的决议》（1922 年 7 月 23 日），载
中央档案馆《中国共产党第二次至第六次全国代表大会文件汇编》1981 年版。
② 《中国共产党第三次全国代表大会劳动运动议决案》（1923 年 6 月），载中央档案馆
《中国共产党第二次至第六次全国代表大会文件汇编》1981 年版。
③ 谈社英：《中国妇女运动通史》，妇女共鸣社 1936 年版，第 97、102 页。
④ 同上书，第 107 页。
⑤ 《上海中华女界联合会改造宣言及章程》，《新青年》1921 年 9 卷 5 号。
⑥ 谈社英：《中国妇女运动通史》，妇女共鸣社 1936 年版，第 123—124 页。

分会，进行过一些对妇女就业有益的活动。如女权运动会直隶支部积极声援劳动妇女改良工制、实行八小时工作制等活动。上海女权运动同盟会在上北京参众两院请愿书中提出"现行商人条例第六条，限制妻之经商能力……均背男女平等之精神，应请一并修正"。① 此外，该会还要求交通部与邮政机关容纳女子，以开妇女职业之途径。②

除了上述女权组织外，基督教妇女组织也介入了女性就业问题。1921年，中华基督教女青年会委派干事程婉珍实地考察了上海工厂女工和童工的情况，写了《工厂卫生与避险问题》一文，向资方提出改善就业环境的建议。③ 1922年上海丝厂女工罢工后，女青年会联络其他妇女团体为女工呼吁。1923年，中华基督教女青年会在第一次全国代表大会上还讨论了妇女经济独立问题，会后开办女子职业介绍所。

在各种女权组织参与女性职业平权的斗争之际，社会上出现了女性职业斗争的专门组织。如1921年4月，邱丽英在上海组织女子职业联修会，会员包括女银行员、女教师、女新闻记者、女编译等三十余人。该会以争取职业妇女的待遇平等为任务，并于1923年决定"从事星期休业运动，并设法联络劳动妇女"。④

与知识女性的职业平等斗争相呼应，女工们也掀起要求同工同酬、改善劳动环境、提供劳动保护的罢工斗争。1922年女工罢工进入高潮。这一年，"女工罢工的工厂共60余个，罢工人数共3万余人，罢工次数共18次"。罢工的原因"不外要求增工资，减工时，承认工会"。⑤ 其中，规模较大的有上海日华纱厂罢工、上海丝厂女工同盟罢工、湖北英美香烟厂罢工等。譬如，1922年4月16—26日，上海日华纱厂三千八百余名工人（女工为3000人）因要求增加工资、

① 谈社英：《中国妇女运动通史》，妇女共鸣社1936年版，第128页。
② 同上书，第129页。
③ 《妇女评论》1922年第48期。
④ 《妇女团体调查》，《妇女杂志》1923年9卷6号。
⑤ 向警予：《中国最近妇女运动》，载全国妇女联合会妇女运动历史研究室《中国妇女运动历史资料（1921—1927）》，人民出版社1986年版，第85—89页。

承认团体交涉权等而罢工。经过一致努力，工人大获全胜；1922 年 8 月 15 日—9 月 14 日，上海 44 家丝厂二万余名女工举行罢工。提出了要求允许设立女子工业进德会；工作时间减少到每天 10 小时；照工厂规则，准许两周休息一次；不管冬夏不准任意延长劳动时间。结果首领被捕，大多数女工不能坚持，罢工失败。但在社会各界的压力下，各丝厂厂主被迫减少了女工 2 小时工时。其他罢工，不便尽举。到 1923 年，女工罢工走向低潮，小规模的女工罢工出现过 4 次。例如，健德丝袜女工因加资而罢工，取得胜利；上海装订工人一千多名（男女合计）要求加资一成罢工胜利结束；无锡丝厂男女工二千余人因加资罢工获胜。[①] 在女工罢工期间，工团发挥了较大的作用。如 1922 年，武汉英美烟草公司工人罢工之前，武汉工团联合会就通电全国，提出了改善工人生活待遇的要求其中包括体力女工产前产后休工 8 个星期，其他女工产前产后休工 6 个星期，均照常领取工资；禁止雇用 16 岁以下之男女童工等保护女工童工条款。此后，省工团联合会还协助英美烟草公司香烟厂成立了香烟工团，向资本家提出取缔各项虐待女工的厂规，如不准洋人打女工嘴巴，不准搜身，不准强迫女工游厂、挂黑牌等，[②] 并直接领导了这次罢工。

可见，五四时期女工的罢工出现了工团一类的领导组织，掀起过大规模的女工联厂同盟罢工的斗争高潮，实现了经济斗争与政治要求（如承认工会、保护工会权利等）的初步结合，开创出女工谋求职业平等的新局面。女工除了求得罢工带来的零星成果，还在 1923 年迎来了北京政府公布的《暂行工厂通则》。其中规定："女子未满十二岁，厂主不得雇用之；女子未满十八岁者为幼年工，幼年工只能从事轻便工业；厂主对于女工之产前产后，应各停止其工作五星期，并酌给以相当的扶助金；在机械运转中或传导动力装置之危险部分，不得

① 向警予：《中国最近妇女运动》，载全国妇女联合会妇女运动历史研究室《中国妇女运动历史资料（1921—1927）》，人民出版社 1986 年版，第 181 页。
② 中华全国妇女联合会：《中国妇女运动史》（新民主主义时期），春秋出版社 1989 年版，第 138 页。

令幼年工及女工从事扫除及注油，检查条理及带索之调整上御，并其它危险事务。"①

为开创妇女就业新貌，一些女性致力于发展女子实业，掀起了民初以来的又一次自辟职业道路的运动。1921 年秋，陈丽华、赵君默、张佩芬等人在北京发起中国女子商业储蓄银行。"成立之先，设立女子簿记讲习所，以资养成女行员，训练三十名，资格多中学或师范毕业，成绩极优。因而该行除最少数总揽行务者外，一切纯以女子担任，实开女子实行从事商业之先河"。该行组开业之初，就吸收存款三十余万元，成效颇好。② 有感于平民女子失业的严重态势，北京女界朱其慧、吴弱男、联合女高师染织系学生赵世德、王万廉、张人瑞等人发起女子平民工厂。其创办起缘为"收容贫苦的妇女，教以染织缝纫种种的方法，制造各种布匹地毯及他种物品。工作之外，教他们读书识字及生活常识。学成之后就可以自食其力，行之有效。继续招收，亦可解决一部分女子的经济问题"。③ 1923 年，上海女界严叔和、谭惠然等人发起上海女子商业银行，1924 年开业后，行员和投资者多数为女子，业务蒸蒸日上。④

除了上述规模较大、成绩较著的女子实业，当时还有许多小资本的女子实业。如上海有赵友兰创办的女子工艺社，天津有女子经营的华贞商业所，⑤ 另有妇女集资兴办的毕肖楼照相馆（九亩地）、女子商品物产部（南市）、女子植权公司（福州路）、女子香烟公司（北浙江路）、新友书社（崇明路）等。⑥ 湖南长沙有涵德女校师生积股金数千元创立的女子职业品发行所。该所建于 1920 年 4 月，出售本校学生缝制的单夹棉皮衣物、刺绣品、教育用品等，由学生经营。⑦

---

① 钟贵阳：《中国妇女劳动问题》，女子书店 1932 年版，第 130 页。
② 谈社英：《中国妇女运动通史》，妇女共鸣社 1936 年版，第 163—168 页。
③ 同上。
④ 同上。
⑤ 同上。
⑥ 《解放画报》1921 年第 8 期。
⑦ 《大公报》（长沙）1920 年 4 月 17 日。

广州有女师毕业生 1920 年创办的女子竞业商店。① 这些努力反映出那
个时代女性先觉者们对女性职业机会平等的追逐。

当时，一些女性还致力于创办女子传习所和职业学校，为妇女就
业作铺垫。如杭州袁民芳女士，用私蓄千金创办了贫民习艺所，收纳
贫家女子入所学习，后来经费支绌，袁四处请求资助，结果一无所
获。在绝望中，她愤而自杀。由此引起了杭州各界人士的赞助，使习
艺所得以维系，并改为县立学校。② 在湖南湘乡县白鹭湾村，1922 年
由罗氏进德会组织了女子职业社。"将各人所擅长之家庭工艺，互相
传授。另聘女教师担任各项学科教授。本互助合作之精神，增进女子
之知识技能。"③

在社会各界的努力下，女子职业教育发展较快。据不完全统计，
1923 年，乙种实业学校中女生占全体学生的 8.52%，甲种实业学校
女生占 7.13%，仅次于师范学校类女生所占比例，略高于初等小学、
高等小学和普通中学中女生所占比例。④ 对此，张默君在《十年度之
女子教育》一文中指出，在江苏省"每届举行毕业后，无论师范生
或幼稚师范生，省内外致聘纷乘，供不应求，可见社会需要渐大"。⑤
显而易见，女子实业教育的发展是有助于女性谋求职业的。此外，一
些女性还通过举办女子工读互助团来探索女性就业的新路。北京女子
工读互助团由北京女高师学生缪伯英、张人瑞等人筹建于 1920 年 1—
2 月。该团以"本互助之精神实行半工半读"为宗旨，规定"团员每
人每日必须工作五小时，若生活费用不能支持，得临时由团员公议加
增做工钟点"。工作种类分织袜、缝纫、刺绣、小工艺、赎卖商品
及书籍。工作所得，归团体公有。"团员生活必需之衣、食、住及

① 中华全国妇女联合会：《中国妇女运动史》（新民主主义时期），春秋出版社 1989
年版，第 100 页。
② 《妇女与职业》，《妇女杂志》1921 年 7 卷 8 号。
③ 《湘乡进德女子职业社》，《教育与职业》1923 年第 42 期。
④ 吕美颐、郑永福：《中国妇女运动（1840—1921）》，河南人民出版社 1990 年版，
第 334 页。
⑤ 张默君：《十年度之女子教育》，《新教育》1922 年 4 卷 5 期。

教育、医药、书籍等费，均由团体供给，惟书籍归团中公有。""凡团员得自由退出团体，惟须提出理由书"等。[①] 1920 年 3 月，北京女子工读互助团初步成立。有团员钱初雅、缪伯英、何琛瑗、韩德诰（韩国人）4 人，不久发展为 9 人。团员每天工作约 4 小时，进行缝纫、织袜、刺绣等劳动，其余时间求学。但这种空想的试验模式很快告以失败，到 1921 年 7 月团体宣告解散。北京女子工读互助团成立后，上海、广州加以效法。1920 年 5 月，天津女子师范毕业生平秀英联络几位同志，筹资 2000 元，拟在上海组织女子工读互助团。[②] 1920 年 6 月，广东女界联合会组织女子工读互助团，宗旨亦为"本互助之精神，实行半工半学，能使自谋生活及受普通教育"。[③] 这两个团体不久亦销声匿迹，说明了空想社会主义道路并不能使妇女就业获得解放。

经过种种努力，五四时期女性就业状况有所改善。女工和女教师已成为较大的两个职业群体。（见表 1、表 2）

表 1　　　　　　　1915—1920 年全国女工人数比较[④]

年份	职工数（人）	女工数（人）	比例（%）
1915	648524	245076	37.8
1916	576032	239954	41.7
1917	555592	237745	42.8
1918	488605	181285	37.1
1919	410278	183589	44.7
1920	413040	167367	40.5

---

① 《吾亲爱的姐妹们曷兴乎来!》，《晨报》1920 年 1 月 21 日。
② 《解放画报》1921 年第 1 期。
③ 《解放画报》1921 年第 2 期。
④ 王清彬等：《第一次中国劳动年鉴》，北平社会调查部 1928 年版，第 549 页。

表2　　　全国教职员工性别比较（1915 年 8 月—1916 年 7 月）①

教育级别	学校类别	教职员	
		男（人）	女（人）
初等教育	国民学校	108824	2558
	高等小学	11769	792
	乙种实业及其他	1340	115
中等教育	中学	2096	29
	师范	696	311
	农、工、商及其他	1117	68
高等教育	高等师范	154	—
	专门学校	769	—
	大学	161	—

此外，保育员、女护士、女医生等职业群体也得到发展。据《妇女杂志》1919 年统计，当时中国有 170 名女医学博士，其中约百人毕业于上海官立医院。女医生多从事妇科及小儿科专业，也有为家传的女中医。除此之外，在大中城市中还有不少妇女当佣人、奶妈、伴娘、小贩等。② 这一时期女性的就业领域开始扩展。1921 年春，广三铁路首开企业录用女职员的先河。他们采用考试的方法，吸纳了 40 名女子，分任售票、售货、收票、书记、购料、稽核等职。她们每日工作 6 小时，每月除星期日外另可请假 2 天。女职员待遇与男职员相同，每月工资 18 元至 50 元不等。20 世纪 20 年代初，上海沪南、闸北两个电话局落实了交通部的决议，传接电话改用女子充任。③ 此间，北京的新民储蓄银行设立了妇女储蓄部，录用了 3 名女职员，1 名练习生。北京五一百货公司，雇员以女性为主，共有 20 余名妇女担任会计、出纳及售货员。她们每天工作 12 小时，月薪 16 元（由公司管两餐饭）。此后，有的照相馆、邮务局等也开始任用女子。诚如时人

---

① 何黎萍：《中国近代妇女职业的起源》，《妇女研究论丛》1997 年第 3 期。
② 邓颖超：《中国妇女运动史》，春秋出版社 1989 年版，第 97—98 页。
③ 《解放画报》1921 年第 11 期。

所言，"十年前，除了教师及医生，只有少数人从事卑微的不熟练的劳动，现在却已有男子职业的一小部分向女子开放了，如银行员、铁路事务员、商店的店伙以及公司会社的职员……就是大学的教授以及官署中的官吏里，也颇有以女子充任的事情，这都是十年以前所没有的。"① 这些充分显示出女性职业角色的扩展。

　　五四时期不光是城市妇女积极谋业，就是农村妇女，她们的经营意识也能与时俱进。譬如天门的妇女"向之视为穷而无告之妇女所独有之职业者，小康之家亦多为之矣。富家之女亦渐知女红之不可或忽矣"。改变了过去"生活二字，遂专为穷而无告之妇女所独有矣"的状况;② 除此之外，女性的就业队伍、就业范围、就业环境都呈现出较好的发展态势。但由于传统观念和社会经济的制约，女性就业仍处于较低水准。广大农村女性除少数涌入城市就业外，大多还固守于家庭工艺，不能像大中城市那样，实现真正意义上的就业。1915年，罗淑和对"向不缠足"的大埔女子进行调查，显示该邑女子所从事工作为耕作、挑夫与佣工、小贩、采薪、织布等几项。③ 1921年，赵欲仁对浙江私立甲种女子职业学校的38位女生进行调查。这些女生的家乡妇女仍以织布、纺纱织袜、摇丝、刺绣、缝纫、织巾、育蚕、采茶、耕种等为业，④ 缺乏大埔女子的经营意识。实际上，中国多数农村女性固守于家庭中，无法与城市女性通过在社会中工作获取报酬相比，也就大多不能算作社会就业角色。譬如在山西，农妇的生活为：做一日三餐、缝补衣服、抚育孩子。另要喂猪、喂鸡、晒菜、磨麦、纺织等。"场上收获的时候，有几个去帮男人工作，但不多见。至于去地里同男人耕作，那是绝对没有的。因为缠足的妇女，虽经阎督军劝奖解放了。但是，从前已经缠坏了，步履维艰，不消说上地的事，更是做不到了"。⑤

---

① 陈友琴：《最近十年内的妇女界》，《妇女杂志》1924年10卷1号。
② 晓庵：《天门女红调查录》，《妇女杂志》1915年1卷12号。
③ 罗淑和：《大埔女子之状况》，《妇女杂志》1915年1卷7号。
④ 赵欲仁：《女生职业趋向的调查》，《教育与职业》1921年第30期。
⑤ 萧澄：《山西底正面一部分的社会现状》，《新青年》1920年7卷5号。

　　而在大中城市，女性的就业岗位仍极少，有的行业还明文规定不准女性涉足。如1916年，司法部公布的《修正律师暂行章程》规定律师应具备的条件之一是"中华民国之人民满二十岁以上之男子"。①可见，女性就业仍受到制度的限制。而女性要谋求独立的经济角色仍需不断斗争，特别是要从制度上根本解决这一问题。

---

① 罗苏文：《女性与近代中国社会》，上海人民出版社1996年版，第356页。

五四时期女性教育角色的变迁[*]

在中国女性教育角色走向现代化的进程中，五四时期是一个富有转折意义的重要历史时期。这一时期，各种引领女性教育角色向现代化方向变迁的角色期待相互冲撞、相互凝聚，男界的呼吁和女界的自觉形成了比辛亥革命时期更有声势、更有底蕴和战斗力的角色期待思潮。正是在此影响下，五四时期的女性教育角色变迁开始冲破北洋军阀统治下出现的逆流，承继并超越着辛亥革命时期女性教育角色变迁的成果和路子，展示出一些前所未有的现代化特征。

一　女性平等教育角色的鼓吹

在民主与科学的旗帜下，五四时期先进时人在新的起点上阐释女性平等教育角色的内涵。有些人把女子教育角色的获得视为女子角色解放的先决条件。王光祈就此说"必先使妇女的生活能够独立；要使妇女生活独立，必使妇女先有职业技能；要有职业技能，非受过教育不可"。^① 向警予也认为女子解放"归根结底，仍离不脱教育"。^② 有的人针对北洋政府的贤妻良母主义的教育观提出改良方案。胡适就批评了贤妻良母主义的狭小，号召中国女子教育以美国为榜样，趋重于

---

　　* 原载《郑州大学学报》（哲学社会科学版）2001 年第 2 期，作者：蒋美华、蒋英华，收录本书时有所修改。

　　① 王光祈：《大学开放女禁问题》，《少年中国》1919 年第 4 期。

　　② 《向警予给陶毅信》，《新民学会会员通讯集》（第二集）1919 年 12 月 20 日。

培养女性"超于良妻贤母"的人生观和"自立精神"。① 有些人则攻击不能使女子充分就学的"贵族式"的教育，提出完全包容女性的平民教育思想。他们认为要实现平民教育，"那么女子与男子在教育上当然须绝对的平等，要是不平等，就不得谓之'平民教育'"。② 为拓展女性教育视野，有人重申女子留学的必要。袁昌英认为人类社会本是由男女两性互助而成的，中国社会文化的进步必须借助于女性留学。女子到西洋读书，"可得一种活泼精神，一种合法合理的自由和独立精神"，可得"直接的智识"和"实地应用的知识"，对于个人角色发展亦有裨益。③ 一些女权主义团体也纷纷提出女性教育平等权的呼请。广东女界联合会在筹组中将"联络女界开启其自觉灌输其新知"和"多设各种职业专门以及大中小学校，并注重贫民妇女工业教育，使妇女得智识技能之解放"作为宗旨加以推行。湖南女界联合会制宪委员会提出"女子教育当与男子平等"。北京女权运动同盟会提出了包括"全国教育机关，一概为妇女开放"的纲领。④ 凡此种种，不一而足。

当时，先进时人把重心放在中学男女同校和大学开女禁两大问题上。对于男女同校问题，徐彦之提出"在理论上讲呢，教育是人的教育，男子是人，女子也是人，男子受教育，女子同样的受教育……男女共校，是当然应该的办法"。⑤ 黄璧魂女士认为"女子与男子要想有同等的知识技能，能够同操同等职业，除男女绝对的同校外，别无其他方法"。⑥ 罗家伦将男女同校的理由概括为五条：（1）要谋人类的平均发展，就有实行共同教育的必要；（2）男女共同教育，可以增高女子的地位；（3）为谋男女间正当的交际起见，不能不实行男女共同教育；（4）要谋成立真正良好的婚姻，也非实行男女共同教

---

① 胡适：《美国的妇人》，《新青年》1919 年 5 卷 3 号。
② 《五四时期期刊介绍》第 1 集，第 543 页。
③ 袁昌英：《论女子留学的必要》，《太平洋》1920 年 2 卷 8 号。
④ 谈社英：《中国妇女运动通史》，妇女共鸣社 1936 年版，第 96、107、124 页。
⑤ 徐彦之：《北京大学男女共校论》，《少年世界》1920 年 1 卷 7 期。
⑥ 《广东女子的教育运动》，《解放画报》1921 年第 11 期。

育；（5）由于中国妇女知识的落后，要谋妇女的解放，更非实行男女共同的教育不可。[①] 在这种认识下，男女同校的呼声日高一日，影响四方。

与男女同校相联系，先进时人震天价响地提出了大学开女禁的问题。甘肃女子邓春兰堪称开拓者。她上书北大校长蔡元培，要求在国立大学增设女生席，并在附设中学加女生班，进行入学前补习。待升到大学预科，就实行男女同班。她还拟定《告全国女子中小学毕业生同志书》，号召在京组织"大学解放女禁请愿团"，"以牺牲万有之精神，至百折不回之运动，务达我目的而后已"。[②] 蔡元培为此明确表示"即如北京大学明年招生时，倘有程度相合之女生，尽可投考。如程度及格，亦可录取也"。[③] 可见，蔡元培对女子的大学生角色是持欢迎态度的。《少年中国》发文《开放大学与解放妇女》，将大学开放女禁对于女性角色解放的作用概括为三：其一，可达男女教育平等。其二，可促动女性社会地位的提升和角色的全面平等。其三，可增强女性自我解放的成效和"速率"。对此，该杂志提醒女性"从现在情形看来，社会上有一股顽固派在那里大捣其鬼，大学一定不会自动开放的，所以要求妇女的自动。妇女自动地要开放，是开放大学，不是大学开放"。[④] 胡适还具体筹划了大学开放女禁的三步战略。"第一步，大学当延聘有学问的女教授，不论中国女子外国女子；第二步，大学当先收女了旁听生；第三步，学界的人应该研究现行的女子学制，把课程大加改革，总得使女子中学的课程与大学预科的入学程度相衔接，使高等师范的课程与大学预科相等。若能添办女子的大学预科，便更好了"。[⑤] 这些言论推动了大学开放女禁。

在民众改革女子教育角色的声浪中，教育当局和政府部门也推出

---

① 罗家伦：《妇女解放》，《新潮》1919 年 2 卷 1 号。
② 孟国芳、邓春兰：《吁请大学解除女禁》，《甘肃文史资料选辑》第 17 辑。
③ 徐彦之：《北京大学男女共校论》，《少年世界》1920 年 1 卷 7 期。
④ 《少年中国》1919 年 1 卷 4 期。
⑤ 胡适：《大学开放女禁的问题》，《少年中国》1919 年 1 卷 4 期。

了一些新教育条款。1919 年 5 月 24 日，教育部通知各省区"查现在各处女子高等小学毕业生，日见增多，本部现又就北京设立女子高等师范学校，女子中学校之设立，实系要图。各省区如未经设立女子中学校，应先就省区经费筹办省立或区立女子中学校，以宏造就。至已设立者，自应如原案所拟充实内容，力求进步"。① 1920 年 10 月，广东省府就广东高等师范学校实行男女同校，发出了肯定的官方文件："教育所以增进国民之程度，女子与男子同属国民，即应受同等之教育，不宜有畸轻畸重之分。……是高等师范男女同校，按诸文明国之先例，参以世界之潮流，考之近世教育家之议论，实属有利无弊，自应亟图实现，以符男女平等之义。"② 1921 年 7 月 12 日，教育部又训令速设女子中等学校，但"惟中等学校男女同校，现尚未便照准"。③ 这些有保留的训令和文件对于女子教育发展还是起到了一定的推动作用。

二 女性平等教育角色的扩张

（一）争取新型教育角色

五四前后，女性为争取平等的教育角色进行了不懈的努力。在五四新潮的鼓舞下，甘肃女子邓春兰于 1919 年 5 月 19 日上书北大校长蔡元培，提出了请开大学女禁的心愿。7 月 25 日，她与另 5 名考入北京女子师范的女学生为伴，乘牛皮筏顺黄河而下，中途改换船和火车，行程万余里，于 8 月 27 日抵京。随即进入北京女高师进行补习。④ 1919 年年底到 1920 年年初，女界 30 余人旅居天津，吁请北大实行男女同校。江苏籍女学生王兰，在母亲"不为人言所动"的支持下，第一个向北大教务长陶孟和提出到哲学系听课的要求。得到应

---

① 《教育杂志》1919 年 11 卷 7 号。
② 程谪凡：《现代女子教育史》，上海中华书局 1936 年版，第 107 页。
③ 《教育杂志》1921 年 13 卷 8 号
④ 孟国芳：《邓春兰吁请大学解除女禁》，《甘肃文史资料选辑》第 17 辑。

允后，1920 年春季开学，王兰、邓春兰、韩恂华、赵懋芸、赵懋华、杨寿璧、程勤若、奚浈、查晓园 9 名女生分别进入北大哲学系、国文系、英文系一年级旁听，开了中国女学生上大学的先例。1920 年 9 月，天津、北京各女校 500 余人到教育部对改革女子中学教育提出要求。即要保证中学的课程、经费与男校相同，使女生毕业后可直接报考大学等。邓颖超、韩恂华、黄英、王孝英 4 名代表向教育部交了请愿书，得到圆满答复。向警予也曾动员长沙周南女校校长结成团体到北京大学，要求北大设一个男女共学的中学班，"做全国中学的模范"。[①] 1921 年，广东女界联合会在省教育会讨论男女同学问题，一千多人与会。会后，黄璧魂、庄汉翘等 10 人作为代表前往省公署递交请愿书，得到了省长陈炯明的认可。这次运动，纯由女界自身运动，绝无男界参加，在广东的妇女运动，实为破天荒的第一声![②]

这一时期，女校师生掀起阵阵学潮，以求取民主的教育角色。这在五四运动期间表现得尤为突出。譬如，在五四运动中，北京女高师校长方还对学生外出游行蓄意阻拦，并迫使陈中凡、吕凤子两位进步老师辞职。为此，女高师学生于 1919 年 6 月下旬掀起了驱方高潮。冯沅君、高晓岚、罗静轩等代表学生们公布了驱方宣言和上教育部次长书。她们历数方还十大罪状，以传单的形式广为散发，大造驱方声势。7 月上旬，教育部无奈免去了方还校长职务。[③] 在山东济南女师，五四运动前，校长周干庭用封建专制文化压制女性教育角色，甚至宣布在×月×日要检查学生的贞操，请医生来校检查处女膜，如非处女，立即开除。女师学生为之愤慨。周干庭遂将有抗议行为的 8 名学生开除。女师学生因此实行总罢课，向省长公署请愿，提请撤销周干庭校长职务。周干庭吓得躲回了家。后李兰斋继任校长。学生们提出十大条件，如恢复被开除同学学籍、聘请较进步的教员、给学生代订报纸、设立图书馆等。李兰斋一一答应，并渐次实现。女师斗争以胜

---

①　向警予：《女子发展的计划》，《新民学会会员通讯集》（二）。

②　《广东女子的教育运动》，《解放画报》1921 年第 11 期。

③　吕美颐等：《中国妇女运动（1840—1921）》，河南人民出版社 1990 年版，第 294 页。

利结束。① 正是得益于学潮运动，女学生们才争得了一些民主的角色成长环境。

为探索女性角色的出路，五四时期出现了"半工半读"式的无政府主义的女子角色模式——女子工读互助团。团员们"脱离家庭关系，脱离婚姻关系，脱离学校关系"，以做工所得给养求学等费用。如北京女子工读互助团的团员，每日工读各约 4 小时，一面参加缝纫、织袜等工作，一面继续求学。有时到女高师等校旁听，有时聘请高师学生来讲课。但该团体维系不到半年就解体了，说明这种工读模式在中国行不通。

在新的追求中，五四时期的女性还积极参加赴法勤工俭学运动。1919 年下半年到 1920 年，中国有 40 余位女性远赴法国实行半工半读。其中以湖南留法女子为最多，且最有组织。1919 年 12 月，向警予、陶毅等在长沙周南女校成立"湖南女子留法勤工俭学会"。在简章中规定"所奉之信条为工读神圣，认人体力工作与脑力工作兼营并进，赴法勤工俭学，将来回国振兴实业教育为鹄的"。② 该会一共组织了两批女子赴法，包括范新琼、范新顺、向警予、蔡畅、李志新、熊季光、肖淑良、葛健豪等人。1920 年，魏璧、劳君展等人也赴法勤工俭学。诚如时论所言："女子勤工俭学实为前所未有，亦中国女界之创举。"③ 女子留学法国，一边辛勤工作，一边刻苦学习，塑造出崭新的女子教育角色。在那里，她们还展开了"要求生存权与求学权"的斗争，和留法男学生一道在巴黎举行游行示威。此外，组织了"开放海外大学女子请愿团"，要求里昂大学招收女生时给予平等待遇并特殊照顾。她们呼吁"海外大学解决运动，实为女子教育平等运动之发端，亦极重要之社会运动也。不独女子自身应实际从事，凡关心社会问题者……应组织团体，共图进行"。④ 但在各种条件的制约

---

① 隋灵璧等：《五四时期济南女师学生运动片断》，《山东省志资料》1959 年第 2 期。
② 《大公报》1919 年 12 月 3 日。
③ 《申报》1921 年 12 月 10 日。
④ 《晨报》1921 年 7 月 29 日。

下，女学生的要求并未达到。勤工俭学运动大受挫折，到 1925 年，宣告结束。在此过程中，赴法勤工俭学女生出现分流，一部分人如向警予、蔡畅、郭隆真、刘清扬等确立了"改造中国与世界"的志向，成长为中国妇运领袖。另一部分人如劳君展、魏璧等继续升华教育角色，后来成长为优秀的学人。可见，赴法勤工俭学在女子教育角色的发展史上具有不可忽略的影响。

在平民教育的呼声中，京、津、沪等大中城市知识女性办起了平民女校，以普及妇女教育。如北京女学界联合会于 1919 年 10 月创办平民职业女学校，招收平民妇女 60 人，每日讲授文化知识 2 小时，并指导她们学习缝纫、刺绣等技能。该校维系了两三年。上海学校成立"国民义务教育团"，各女校均利用暑假开办国民义务教育小学和各类职业学校，服务于平民妇女。女界联合会另办 2 所义务学校，为平民妇女带来福音。① 1923 年夏，天津女星社设立了女星第一补习学校。以"救济失学妇女，授以普通知识及浅近技能，使能自谋生活"为宗旨。② 这些由知识女性自办的平民女学，一方面反映出知识女性教育角色的平民化特色，另一方面也说明社会对平民女子给予的教育空间。

除此之外，20 年代初的平民女学和上海大学也是两所别具特色的教育机构。1922 年 2 月，中国共产党以中华女界联合会的名义，在上海创办了平民女学。它是"平民求学的地方"，是"有平民精神的女子养成所"，③ 也是我党为女了解放而办的第一所学校。其特点有三："一、为无力求学的女子设工作部，替伊们介绍工作，使取得工资维持自己的生活，实行工读互助主义。二、为年长失学的女子设专班教授，务使于最短时间，灌输最多智识。三、为一班不愿受机械的教育的女子设专班教授，使能自由完成个性。"④ 平民女学教师由

①　中华全国妇女联合会：《中国妇女运动史》（新民主主义时期），春秋出版社 1989 年版，第 93 页。

②　《天津女星第一补习学校简章》，《女星》1923 年第 8 期。

③　《妇女评论》1922 年第 25 期。

④　李达：《平民女学是到新社会的第一步》，《妇女声》1922 年第 6 期。

邵力子、沈雁冰等早期进步人士担任，"各教师所选的教本，都是适应新思潮，又合于平民的"。[①] 女校学生总计约 30 人，分为高级班和初级班。除了上课、听演讲、做工，平民女学的学生还支持上海女工罢工，并为女工办了平民夜校。1922 年年底，平民女校停办后，我党又将上海大学演变成一所新型革命学校。原平民女学的学生大部分转入上海大学继续学习，从中涌现出一批杰出的妇运骨干。

上述女性的种种角色行为，充分反映出平等、民主精神沐浴下的女性教育角色的扩张。

（二）发展中的女子教育

五四时期，女子教育的最大发展在于部分大学开放女禁和部分中学实现男女同校。五四运动以前，女子高等教育的机关仅有教会所办的北京协和女大、南京金陵女大和福州华南女大三处。北京女子师范在 1920 年改为女子高等师范。这是国立唯一的女子高等教育机关。当时的中高等学校中，仅有岭南大学等个别学校因在美国大学注册，招收少量女学生。在五四春潮的洗礼中，1920 年春，北京大学首开女禁，接收王兰、邓春兰等 9 人为旁听生。1920 年秋，北京大学正式对外招收 28 名女学生，高等教育的男女同校终获实现。同年秋，南京高等师范学校正式开放女禁，张佩英、李今英、陈梅保等 8 位女生被正式录取。另还招了 50 余位旁听生。同期，北京高等师范学校、广东高等师范学校等也开始招收女生。1921 年，上海的沪江大学也招收了蒋英、宋宝珍等 4 位女生。值此，北京已有 7 所公立大学招收女生，私立民国大学、新华大学也向女生打开大门。北京、上海、广州、厦门、天津、福建、山西等地公私立大学的招收女生促成了女子高等教育的新面貌。据中华教育改进社 1922—1923 年调查，全国大学女生数有 887 人，占各大学学生总数的 2.54%。[②] 这与辛亥革命时

---

① 王会悟：《入平民女学上课一星期之感想》，《妇女声》1922 年第 6 期。
② 俞庆棠：《三十五年来中国之女子教育》，转引自张玉法、李又宁《中国妇女史论文集》，（台湾）商务印书馆 1981 年版，第 364 页。

期相比，真正显示出了女性教育角色新的生命力。

大学开放女禁促进女子中等教育向前发展。部分中学实现男女同校成为一道新的景观。1921 年，长沙第一师范吸收了周南女校的转学生，岳云中学收纳了福湘女校的杨开慧、王佩琼等学生。到 1922 年，实行男女同校的中学除了上述两个，还有北京高师附中、广东执信学校、广州第一中学、上海吴淞中学、保定育德中学、南京暨南学校、东南大学附属中学补习班、江苏省立一中等。到 1923 年，招收女生的中学已达 25 所，女中学生为 3294 人，占中学生总数的 3.14%（不包括教会学校）。这大大突破了 1919 年以前政府设立之女子中学仅 9 所、学生 622 人的故态。①

女子体育的提倡是五四时期女性教育角色扩张的又一表现。为健全女性教育素质，"上海女青年会"于 1915 年设立"上海女青年会体育师范学校"，由陈英梅主办。这所学校后来培养出许多女子体育师资。此后，又出现了私立金陵女子文理学院体育系、上海爱国女学体育科、东南女子体育师范学校等女子体育教育机关。五四运动以后，先进时人认为女性解放要取决于"精神与身体是否健康"，号召女性"振作精神"，"人人实行尚武"。一时成立的女子体育组织颇多。这就有利于女性教育角色的健康成长。

除此之外，女子教育的其他各项指标也得以提升。就女子初等教育而言，1907 年，小学女生数为 11936 人，占全体小学生总数的2%；到 1919 年，初等小学女生 190882 人，占初等小学生总数的4.3%。高等小学女生 24744 人，占全体高小生的 5.54%；到 1923年，初小女生 368560 人，占全体初小生的 6.34%。高小女生 35182人，占全体高小生的 6.04%（教会学校学生未计算在内）。② 就女子留学情况而言，也比辛亥革命时期略有增加。以留美注册女生为例，1915 年为 17 人，1916 年为 19 人，1917 年为 21 人，1918 年为 26

---

① 俞庆棠：《三十五年来中国之女子教育》，转引自张玉法、李又宁《中国妇女史论文集》，（台湾）商务印书馆 1981 年版，第 354—357 页。

② 同上书，第 349—353 页。

人，1919 年为 20 人，1920 年为 26 人，1921 年为 40 人，1922 年为 49 人，1923 年为 32 人。[①] 依中华教育改进社 1923 年之调查，女子职业教育情况为：1922—1923 年，甲种职业学校中女生为 1452 人，占全体甲种学生总数的 7.13%。1919 年，乙种职业学校中女生为 1757 人，所占比例为 8.58%。[②] 1922 年中华教育改进社调查女子师范教育状况为：女子师范生为 6724 名，所占比例为 17.57%，[③] 这在女子教育中为重头戏。就女学生总数来说，1915 年为 177273 人，占全体学生总数的 4.34%，1922 年女学生总数达到 471820 人，所占比例升为 8.37%（教会学校学生未列入）。[④]

总体看来，五四时期女性教育角色比辛亥革命时期已有所发展。大学开放女禁和中学男女共校的部分实现，充分证明了教育的现代化走向。但横向来比，女子教育角色仍处于明显的不平等状态。女子受教育者在全体受教育者中所占的比例仅为百分之几。许多偏远地方缺失女子受教育者。据中华教育改进社 1922 年至 1923 年之调查，我国 1811 县中，无女子初等小学生者 423 县，无女子高等小学生者 1161 县。[⑤] 此外，女子教育仍受到性别分离观的制约。当时，男女同校还受到社会的阻隔，教育体制上另分设女子大学和女子中学，而且女子学校尚比男校多出家事、缝纫等显示性别意向的课程。上述现象反映出五四时期女性教育角色的早期现代化特征。

---

① 陈重光：《民国初期妇女地位演变》，硕士学位论文，（台湾）私立中国文化学院史学研究所，1972 年，第 31 页。

② 俞庆棠：《三十五年来中国之女子教育》，转引自张玉法、李又宁《中国妇女史论文集》，（台湾）商务印书馆 1981 年版，第 361 页。

③ 同上书，第 358 页。

④ 古梅：《妇女界之觉醒》，转引自张玉法、李又宁《中国妇女史论文集》，（台湾）商务印书馆 1981 年版，第 303—304 页。

⑤ 俞庆棠：《三十五年来中国之女子教育》，转引自张玉法、李又宁《中国妇女史论文集》，（台湾）商务印书馆 1981 年版，第 349 页。

改革开放以来女性角色变迁的评估[*]

改革开放以来，中国女性角色变迁取得了阵变性的突进。不论城乡，单纯的家庭型女性角色已为数不多，绝大多数女性身兼起家庭与社会的双重角色，只不过轻重有所不同而已。这既与改革开放前社会主义制度给予女性的历史性解放相关，又离不开改革开放以来女性在体制变革中所得到的历史性机遇。除了角色生存空间的拓展，女性还特别求得了角色生存质量的提升。无论是扮演家庭角色，还是扮演社会角色，女性的角色扮演环境已渐趋改善，角色塑造功能正日趋强化，角色价值也渐获肯定。当然，在社会转型时期，女性角色变迁还面临种种困难，存在种种缺憾，仍需今后不断加以调适。但二十多年来，中国女性所取得的成效远甚过尚存的不足，这一点无须细言。以此为基点，以角色理论来审视，可以看出，与改革开放前的情形相比照，改革开放以来中国女性的角色变迁主要有如下一些特点。

一　角色变迁理论："回家"与"就业"的论争

改革开放前 30 年间，中国女性尤其是城镇女性在国家的动员下，欣然走出家庭，在社会上实现了充分就业。那时的女性走的是一条"离家"—"就业"之路，这是计划经济体制下国家给予女性的"恩赐"。1979 年以后，与计划经济相配套的由国家统一分配工作的劳动

＊　原载《中华女子学院学报》2002 年第 3 期，收录本书时有所修改。

就业管理体制越来越无法安置日益膨胀的就业大军。在此情形下，女性首先被排挤到待业行列。一股"妇女回到家庭中去"的思潮便在社会上应运而生，由此揭开了改革开放时期妇女"回家"与妇女"就业"的论争序幕。当时，反对"妇女回家"的观念占了绝对优势。到 80 年代中期，由于经济体制改革的逐步推进，企业为追求经济效益而实行"优化劳动组合"，大批女职工被列为编余人员。每年大批新增的劳动力面临待业，女大学生分配难问题也日趋严重。妇女回家与妇女就业的论争亦随之更加激烈。《中国妇女》杂志在 1986 年展开了"女性的理想和理想的女性"的讨论，有些文章涉及妇女应该回家的问题。1988 年，该杂志敏锐地展开了"1988——女人的出路，敢问路在何方"的讨论。中央电视台也就"妇女回家"开辟了专题论坛。这些都缘于"妇女回家"思潮的久居不去。1989 年以后的几年间，"妇女回家论"被淹没在声势浩大的对妇女就业的探讨声中。1993 年年底，《中共中央关于建立社会主义市场经济体制若干问题的决定》将经济体制改革推进到了一个新阶段。女性就业再陷困境。《社会学研究》从 1994 年围绕"男女平等"展开了长达一年半的讨论。有的文章再次显露出让妇女重新在家庭中寻找定位的"回家论"的本质。随着社会向市场经济发展，这场论争还会继续延存下去。

　　主张妇女回家的论者理直气壮地陈述：其一，从生理特点和历史形成的社会分工看，女性做家务比男性更合适，男性从事社会劳动一般比女性更具优势。因而"男主外、女主内"是优化组合。在就业市场的激烈争夺中，与其让男性劳动力无事可干，莫如让女人重回家庭。这样就可两全其美。一方面，男性的劳动力可以充分发挥个人潜力，提高企业的生产效率和经济效率；另一方面，女性在生理特征得到照顾的同时，也发挥了家庭主妇的最佳功用。因而，让妇女回家是从资源的最佳配置出发的，并不含有对女性的歧视。其二，家务劳动实际上也是社会劳动的一种。妇女从事家务劳动并不含有受奴役和倒退的意味，它是有其价值的。其三，一味强调妇女走上社会，其结果不仅会使妇女角色紧张，而且不利于家庭生活。这是因为目前家务劳动社会化和现代化程度还较低，女性若身兼家庭、社会两重角色，就会陷入过度疲劳的状态。这一方面会影响女性自身的健康，另一方面也会影响家庭生活和家务的料理及对子女的教育、夫妻的相处等。从以上几个方面考察，妇女回家所得会大于所失。

主张妇女就业的论者针锋相对地反驳：其一，妇女回家同人类发展的历史相背离，同妇女解放运动相反叛。因为"妇女解放的第一个先决条件就是一切女性重新回到公共的劳动中去"。"只要妇女仍然被排除于社会的生产劳动之外而只限于从事家庭的私人劳动，那么妇女的解放，妇女同男子的平等，现在与将来都是不可能的"。[①] 其二，从经济因素考虑，一方面，目前这种低工资、高就业的模式使男子的收入不足以养家糊口，妇女回家不具有现实条件。另一方面，如果妇女回家，就丧失了独立的经济来源，在家庭中的地位难免下降。一旦夫妻不和导致离婚，妇女就会陷入生活无着的悲惨境地。其三，妇女回家还会造成生活苦闷。因为妇女回家意味着她们将失去就业时具有的广阔的社会生存空间，转而面对重复、单调的家庭事务和狭小的活动空间，精神难免受到压抑。当家庭之外的社会工作和事业已经成为许多女性的人生目的和生活方式的时候，妇女回家即是对女性生存权的摧残。基于上述种种理由，妇女就业势在必然。

在批判回家论的过程中，就业论者在妇女就业方式上分成两大派系。一派坚持既往实行的"连续性就业"模式。一派提出了"阶段性就业"的设想：在职妇女从怀孕 7 个月开始停职休息，在家哺育儿女，领 75% 的工资，等孩子 3 岁以后再继续工作；对怀孕哺乳抚幼的女职工实行 4 年长假，保留原工资的 90%；职业女性结婚生育后到孩子 2 岁期间全天休息，孩子 3—6 岁实行半天工作制，孩子 7 岁后恢

---

① 《马克思恩格斯选集》（第 4 卷），人民出版社 1972 年版，第 70、158 页。

复全天工作。① 不管是"连续性就业"方式，还是"阶段性"就业方式，它们均是以妇女就业作为讨论的前提，从而与"回家论"划开了界限。回家论和就业论是对女性角色变迁的不同构设。前者将女性引向家庭，后者将女性引向社会。这套对立的角色变迁理论正是与体制改革相伴随的女性角色实践在意识层面的反映。

二　角色变迁机制：法律与组织的保障

改革开放前30年间，法律与组织就对女性平等的角色地位施以保障，只不过尚存在诸多不足。改革开放以来，法律与组织对女性的角色地位继续实行保障，并回应时代的要求，日益走向完善化和合理化。

1979年至今，中国已形成了以《中华人民共和国宪法》为基础，以《中华人民共和国妇女权益保障法》为主体，包括国家各种基本法律、单行法律法规、地方性法规和政府各部行政法规在内的一整套保护妇女权益和促进男女平等的法律体系。

经全国人大及其常委会制定通过的法律主要有《中华人民共和国宪法》（1982年12月通过）、《中华人民共和国全国人民代表大会选举法》（1979年7月通过，1982年12月修正）、《中华人民共和国婚姻法》（1980年9月通过，2001年4月修正）、《中华人民共和国继承法》（1985年4月通过）、《中华人民共和国民法通则》（1986年4月通过）、《中华人民共和国民事诉讼法》（1991年4月通过）、《中华人民共和国义务教育法》（1986年4月通过）、《中华人民共和国未成年人保护法》（1991年9月通过）、《中华人民共和国刑法》（1979年7月通过）、《中华人民共和国妇女权益保障法》（1992年4月通过）、《中华人民共和国母婴保健法》（1994年10月通过）、《中华人民共和国劳动法》（1994年7月通过）等。这些法律都明确规定女子

---

① 李银河：《女性权力的崛起》，中国社会科学出版社1997年版，第170页。

与男子有平等的权利，并针对具体情况，对妇女的合法权益作出保护。譬如《中华人民共和国婚姻法》在夫妻离婚分割共同财产方面，就有"照顾子女和女方权益的原则"等内容；《中华人民共和国未成年人保护法》中特别提出"不得歧视女性未成年人"；《中华人民共和国刑法》对强奸妇女、奸淫幼女、强迫妇女卖淫、拐卖人口等犯罪行为，规定了刑罚制裁措施。

1991年通过的《关于严禁卖淫嫖娼的决定》和《关于严惩拐卖、绑架妇女、儿童的犯罪分子的决定》对《刑法》的有关规定作出了修改补充，加大了对妇女施暴的犯罪行为的惩罚力度；《中华人民共和国妇女权益保障法》更明确规定"国家保护妇女依法享有的特殊权益，逐步完善对妇女的社会保障制度"，"保障妇女的合法权益是全社会的共同责任"，"国家鼓励妇女自尊、自信、自立、自强，运用法律维护自身合法权益"。该法还规定了保护妇女的政治权利、文化教育权益、劳动权益、财产权益、人身权利、婚姻家庭权益的具体措施。①

除此之外，国务院及所属部委颁布的有关保护妇女权益的主要行政法规有《婚姻登记管理条例》《全国城乡孕期保健质量标准和要求》《妇幼卫生工作条例》《女职工劳动保护规定》《关于女职工生育待遇若干问题的通知》《关于禁忌劳动范围的规定》等。地方人大和政府也制定了一批关于婚姻家庭、计划生育等方面的地方性法规和规定。

上述法律体系之完善性是改革开放前所不能比拟的。它一方面根据改革开放的国情对女性的合法权益作出了全方位的保障；另一方面又修正了过去对女性保障不够或保障过度的有关规定，从而能更有效地发挥保障女性实现平等和求得发展的功能。

中国女性的合法权益也有坚强的组织保障。国家机关、社会团

---

① 杜厚琪等：《保护妇女权益的国际法体系和中国的实施成效》，《思想战线》1995年第5期。

体、企事业单位和城乡基层群众性组织等都被纳入保障女性合法权益的组织系统。中国的各级人民代表大会负责制定和修改有关保护妇女权益的法律、法规，监督有关法律的实施及政府保障妇女权益方面的工作。为切实保障妇女儿童权益，全国人民代表大会常委会成立了妇女儿童专门小组，负责办理有关事务。中国人民政治协商会议的各级委员对妇女立法和妇女问题进行监督、调查并提供建议。另外，全国及部分省、市政府还设立了妇女青年委员会。中国的各级人民政府及政府部门负责制定和修改有关妇女的行政法规、决定和命令，领导和管理妇女权益保障工作。各级司法机关进行保障有关法律执行的工作。为了进一步做好妇女权益的保障工作，国务院成立了由16个部委和4个群众组织的负责人组成的国务院妇女儿童工作委员会，全国各省、自治区、直辖市一级政府也成立了相应的组织。中国有5800多个群众性的妇女组织，它们经常向政府反映广大妇女的意见和面临的问题，提出解决问题的建议，它们是维护妇女权益的重要力量。中华全国妇女联合会是其中最大的组织。它以代表和维护广大妇女利益为基本宗旨，致力于促进男女平等，提高妇女地位。全国的各级妇女联合会共有68355个。中国的8个民主党派也均设立了妇委会。① 此外，各类宣传媒介研究机构也积极配合，宣传和研究妇女问题，共同促进妇女的进步与发展。

上述这些组织机构相互配合、协调，在消除对妇女的歧视、维护男女平等、提高妇女素质、促进妇女发展等方面做了大量的工作，取得了积极的成果。它们成为中国妇女角色变迁的有力组织保障。

三 角色变迁目标：平等与发展的整合

改革开放前30年间，中国女性以"时代不同了，男女都一样"来解读"男女平等"原则，轰轰烈烈地度过了一段"做男人"的岁

---

① 《中国妇女的状况》，《人民日报》1994年6月3日。

月。其中的得失酸苦只有她们知晓。改革开放以来，一些知识女性在拂面的春风中逐渐领悟到"男女都一样"原是个"不真"的命题，进而对"男女平等"的角色变迁目标做出了新的注解。在她们看来，"男女平等"只是女性角色变迁的现有目标，女性角色变迁的终极目标是实现女性"自由而全面的发展"。因为，男人的世界还不是天堂，它不足以成为女人追寻的终极目标。"男女平等"中的"平等"二字体现的是一种基本人权，它在本质上只服从于自由的目的，是自由选择的基础。因而，实现"人的自由而全面的发展"，才是女性角色解放的最终目标。同时，"男女平等"并不是"男女都一样"，应该在承认女性独立人格的前提下重新认识"男女有别"，即女性在男女平等的基础上再"找回女人"，"走向女人"，发挥"男人不能办到的，我们也要办到"的角色功用。这才是现代的女性——做"人"，也做"女人"。有位女学者对此做了深刻的总结，"当'男女平等'在法律权益上已经得到确认，我认为，下一个阶段的尺度可能是关于妇女社会参与的广度和深度，这可能也是我们进一步努力的目标。所谓'广'，是看'男女平等'的普及范围和实际的普及程度；所谓'深'，涉及我们争取解放的终极目标，即从女性的角度出发，伸张被贬抑了的人性，以女人的发展和进步推动社会全面发展和进步"。① 知识女性所提供的角色变迁目标转向的思路就是平等与发展的高度整合。这一思路以知识女性为先导，逐渐向社会各阶层女性渗透，引领着女性角色变迁的方向。

就角色实践而言，改革开放后的中国女性一直在朝这一目标行进。她们一方面在两性合作的基础上谋求不失女性特质的"男女平等"。另一方面在平等的基础上，实现自我的内在发展和外在发展，即能力素质和社会政治、经济、文化地位等的提高，并以此带动社会的发展。譬如，女性主动要求离婚的现象、女性普遍参与选举的事

---

① 李小江：《告别昨天——新时期妇女运动回顾》，河南人民出版社1995年版，第64—65页；李小江：《关于女人的答问》，江苏人民出版社1997年版，第88—91页。

实、下岗女工积极转新岗的就业精神、服饰选择上主体意识的觉醒等均体现出当代女性对"男女平等"的理性扩充。农村女劳动者的非农转移、城乡女性教育素质的提升、城乡女性生育角色的改善等，都是当代女性在自我发展上迈出的一步。随着全世界女性权力的崛起，中国女性的发展眼光日益与世界接轨，开辟出女性发展的广阔天地。1995年9月，第四次世界妇女大会在北京召开。主题是：以行动谋求平等、发展与和平，次主题为健康、教育和就业。这就把妇女推向全面参与发展的时代主体地位。此次大会在中国召开，其本身就是对中华人民共和国成立以来特别是改革开放后中国女性角色发展所取得的巨大成就的肯定。在世妇会召开前夕，中国政府特制定了《中国妇女发展纲要（1995—2000年）》，提出了到20世纪末中国妇女发展的总目标："妇女的整体素质有明显提高，在全面参与经济建设和社会发展，参与国家和社会事务管理的过程中，使法律赋予妇女在政治、经济、文化、社会及家庭生活中的平等权利进一步得到落实。"① 此外，《纲要》还分列了具体目标，共同编制成了妇女发展的可行性目标网络。世妇会后，中国女性更以高扬的精神将这一全方位、高层次的发展观付诸实践。凡此种种，无不显示出改革开放后中国女性角色变迁目标在"平等与发展"基础上的整合。

四　角色变迁态势：挑战与机遇的并存

改革开放前30年，中国女性在计划经济的羽翼下，生活在社会赐予的"大锅饭""铁饭碗"的稳定就业模式中。由此，女性一方面摆脱了个体选择的困惑与冲突，得到"安全感"。另一方面却形成了对社会的依赖心，压抑了个体潜能的发挥。除了经济角色外，女性其他各类角色无不留有制度保护下的模式单一化的倾向。可以说，那是一个淡化挑战与机遇的年代。改革开放以来，随着国家的经济、政

----

① 《中国妇女发展纲要（1995—2000年）》，《人民日报》1995年8月8日。

治、教育等方面改革的逐步深化，优胜劣汰的竞争环境已渐趋形成。这既为女性角色的发展创造了条件并带来了新的机遇，又给女性带来了压力和挑战，使女性陷入了角色的困扰之中。当代中国女性就在挑战中求发展，在机遇中上台阶。

市场经济的崛起和"官方恩赐"的终结使中国女性面临着史无前例的挑战。于是有了女工下岗问题、女大学生分配难问题、职业女性角色紧张问题、女性社会保障问题、农业人口女性化问题、拐卖妇女问题、卖淫嫖娼问题和女性参政危机问题等一系列与体制改革和市场经济的发展相关的女性问题。这些问题直接关系到女性角色的生存状况和发展前景，一度使一些女性陷入深深的失落和惶惑中。它们对女性角色的全方位冲击程度我们从前文的有关叙述中大致可见。此不赘言。

单就女性参政角色而言，改革开放前30年间，中国女性参政多数是取决于上级硬性规定的比例，取决于女性实际水平和才干的不是很多。20世纪80年代以来，在政治体制改革的浪潮中，中国尝试实行差额选举，大批女干部由此纷纷落马，引出了80年代女性参政危机的话题。1987年，党的十三大政治局中的女性落选，原因是"没有选出来"。1988年内蒙古换届选举中，巴盟参加旗县市人代会的女代表共238人，占代表总数的16.7%，比1984年下降了8.3%。从选举结果看，全盟旗县市政府、人大领导班子共有干部78人，其中女干部4人，占5.1%。乡镇干部共356人，其中女干部4人，仅占总数的1.1%。1988年，河南偃师县在县乡两级换届选举前，女干部占干部总数的16.5%，但在换届选举中，8名女性候选人全部落选。新当选的17个乡镇的50多位正副乡镇长中，一位女性也没有。主要原因据说是：不少代表说，这次选举可没说非得选女性。[①] 1988年4月14日，中央组织部和全国妇联联合发出的文件显示：全国女干部800万，占干部总数的28.8%，而在省、地、县领导班子中，女性人

---

① 李银河：《女性权力的崛起》，中国社会科学出版社1997年版，第149页。

数只占 5% 左右。乡一级则更低，个别省的女乡长只占总数的
1.85%，部分地区甚至出现县、乡两级政府领导中没有一个女性的局
面。①"差额选举"使最高权力机构和基层政府中女性比例锐减的事
实表明，政治体制改革对女性参政素质的全新要求。因为"差额选
举"使女性失去了比例的保障，要入主政坛，就要与男子进行对等的
竞争，它比的是竞选者的实力，即政治意识、政治素质和政治才干。
而这些正是中国女性因长期享受比例配给所缺失的。这就难免造成
80 年代女性参政面临严峻的挑战。妇女参政问题表现了社会在进步
过程中对女性进步的敦促，它把女性从参政的美梦中惊醒，开始走上
了寻求自强的发展素质之路。此后，经过全国妇联的多方努力，妇女
干部队伍在 80 年代末 90 年代中期突然壮大，走出了 80 年代的危机。
实际上这一攀升仍离不开国家对女性参政的扶助。政治体制改革对女
性参政曾有的冲击和仍然存在的潜在冲击已经告知了一个事实："挑
战"已是女性参政不可回避的课题，真正的出路还在于自我素质的
提高。

改革开放在给女性带来挑战的同时，也向女性提供了前所未有的
发展机遇。在社会走向文明的进程中，女性从变动的机制中求得了角
色的全方位发展。例如，在家庭角色方面，婚姻自由了，生育负担减
轻了；在社会角色方面，参政水平提高了，从业领域拓宽了，受教育
机会增多了，服饰选择多元化了。此等现象，前文已叙，此不赘言。
在此，改革带来的发展机遇不只是面向城市女性，而且使农村女性大
受裨益。家庭联产承包责任制的实行使农村女性的劳动力又一次得到
空前解放。她们以忘我的精神投入劳动生产中，换来了相当的经济收
入，提升了家庭角色地位。随着乡镇企业的崛起和城市经济的发展，
一部分农村女性走上了非农转移的道路，成为乡镇企业的工人和城市
中的"打工妹"或小保姆等，实现了经济的独立乃至角色的发展。

---

① 李小江：《告别昨天——新时期妇女运动回顾》，河南人民出版社 1995 年版，第
33—34 页。

这些机遇无不是改革开放直接赐予的。可以说，改革开放提供了女性进行角色选择的多种机会，也就提供了女性自由发展的可能。

在这种挑战与机遇并存的态势中，女性角色变迁呈现出阵变性的总体特征。其中，女性社会的急剧分化是阵变所带来的直接结果。社会结构的变化使女性社会正在生成越来越多的不同的利益群体。女性的社会分化已经呈现出全方位态势，表现在地域、职业、年龄、民族等各个层面上，不再局限于社会分配或行政干预范围内。比如，在市场经济的发育过程中，出现了新的女性职业阶层，如女企业家、女商人、女律师、女经纪人、女艺人、女自由撰稿人、女个体劳动者等。除了职业上的分化外，在职业内部，女性的分化一样存在。就女工而言，现在不仅有国营的、集体的，还有外企的、合资的、私营的；不仅有长期合同工，也有流动的"打工妹"和离土不离乡的"农民工"。这种分化趋势不仅在城市表现得明显，在农村也一样明显。农村女性除了一部分进城市当打工妹或小保姆，留于乡村的农村女性中，有的仍在集体经济中做事或务农，有的跻身乡镇企业，有的进行自家务农。在自家务农者中，有的搞联产承包，有的搞庭院经济，有的以养殖为主，有的以副业为主……这种分化一方面给女性提供了各种发展空间，另一方面也使"妇女利益"不再成为板结一块，增加了妇女问题解决的难度。这正体现了女性角色变迁与社会改革的同频共振。

农村 80 后外出务工女性的
角色变迁研究[*]

近几十年来，农民工人口的大规模流动构成了中国社会结构的新特征。与第一代农民工相比，新生代农民工明显存在着年龄结构、打工目的、教育水平、社会认知和自我认同等各方面的差异。其中，农村 80 后外出务工女性是一个非常值得关注的女性流动群体。为此，本文从社会性别视角出发，系统运用社会角色理论对农村 80 后外出务工女性的角色变迁进行了研究，以期有助于深化相关研究，更好地促进农村 80 后外出务工女性的发展。

一 农村 80 后外出务工女性的群体特征

农村 80 后外出务工女性有以下一些群体特征。

（一）性别结构

据国家统计局统计，2006 年，我国农村外出从业劳动力 13181 万人，占农村劳动力资源总量（53100 万人）的 24.8%。其中男劳动力 8434 万人，占 64%；女劳动力 4747 万人，占 36%[①]。在非农化的社会背景下，女性也逐渐成为流动群体中的重要组成部分。但随着年龄

　＊ 原载《山东女子学院学报》2001 年第 3 期，作者：蒋美华、李晓芳，收录本书时有所修改。
　① 国家统计局：《第二次全国农业普查主要数据公报》，2008 年 2 月 21 日（www.gov.cn）。

增长，女性农民工所占比例越来越少。中国社会科学院经济研究所课题组于 2009 年的农民工调查显示，在 21—25 岁年龄组，男性所占比例为 49.7%，女性为 50.3%，二者大体相当；但在 26—30 岁年龄组，男性所占比例上升为 63.6%，女性则下降到 36.4%，女性比例低于男性[①]。农村 80 后外出务工女性群体逐步走出农村生活，参与到社会公共领域，从而实现了自身的价值，但因其自身缺乏足够的人力资本而无法很好地融入城市。

（二）年龄结构

国家统计局公布的数据显示，2009 年，全国农民工总量为 2.3 亿人，外出农民工数量为 1.5 亿人，其中，16—30 岁的占 61.6%；新生代农民工平均年龄 23 岁左右，初次外出务工岁数基本上为初中刚毕业年龄[②]。

（三）教育水平

80 后外出务工女性初次外出务工年龄较低，基本上是一离开中学校门就开始外出务工。受教育水平的高低对一个人的迁移意愿和迁移行为具有很大的影响。在访谈过程中，笔者了解到文化水平越低的 80 后农村女性外出的动力越小，她们大部分是害怕外面的社会对知识的需求太高，在工作中会遭遇挫折。相比之下，较高的受教育水平可以看成一种潜在的竞争力。受教育水平高的外出女性在工作中更能游刃有余，个别人甚至会升入管理部门。

（四）心理特征

相关研究显示，流动群体越年轻，越容易融入流入地。农村 80

---

① 王震、朱玲：《促进女性农民工的社会保护》，《中国社会科学报》（妇女节专版）2010 年 3 月 8 日第 11 版。

② 全国总工会：《关于新生代农民工问题研究报告》（http://news.qq.com/a/20100621/001705.htm）。

后外出务工女性在打工之前多在学校接受义务教育，农村传统的社会习俗和规范对她们影响较小。同时，80后这个年龄阶段既容易接受新事物和新思想，又是行为和思想容易变化的阶段。虽然受传统性别文化的影响，但是她们的知识结构和外出认知的改变使得她们"不安心"于农村狭小的生活空间。传统女性角色和现实的个人追求之间的冲突、客观的身份背景和主观的个人发展欲望之间的冲突是80后外出务工女性面临的主要障碍。

（五）社会经历

在珠江三角洲，传统农民工初次外出务工的平均年龄为26岁，而在新生代农民工中，80后外出农民工平均年龄为18岁，90后农民工的平均年龄只有16岁。这意味着新生代农民工一离开初中或高中校门就走上了外出打工的道路。这也意味着与传统农民工相比，他们普遍缺少从事农业生产劳动的经历[①]。她们多数从学校直接步入社会，成为新的流动群体，代表了新的社会流动趋势。职业转变的同时，社会也要求她们顺利实现角色的转变。笔者在调查中了解到，她们大部分都是在初中或高中毕业后在家里寻找不到好的就业机会的情况下外出的，而且大多数未婚。她们有土地，是合法的农民；但是她们没有专业的农业技术，因此是新型的"兼职"农民。她们所接触的农业生产也只是限于在出生地的所见所闻，所以她们是一个根在农村，梦想在城市的"边缘化"群体。

二 社会性别视角下农村80后外出务工女性的角色变迁过程

农村80后外出务工女性出身于农村，在角色和认知上偏向于传

---

① 全国总工会：《关于新生代农民工问题研究报告》（http://news.qq.com/a/201006
21/001705.htm）。

统的价值观念，同时也承担着社会给予她们的固有的行为期待。从社会性别视角出发，我们可以追寻农村 80 后外出务工女性角色变迁的以下历程。

（一）角色主流化

角色主流化是一个文化影响和感染的过程。由于长期受到城乡二元结构和社会性别分工模式的影响，农村女性在整个社会分层结构中处在底层，一直以来都是被边缘化的弱势群体。传统的女性角色是女性自我发展的主要障碍。在市场经济背景下，农村 80 后女性在内在条件和外在机遇都满足的情况下从小村落里走出来，参与到城市的公共领域中去，经历了女性角色观念的深刻变化①。在此过程中，农村 80 后女性也实现了角色的主流化。"现在村里 20 多岁的年轻人都出去（打工）了，在家也是闲着，不如也跟着出去看看。"调查中有的女性个案如是说。在参与工业化、现代化的发展进程中，农村 80 后女性，作为女性流动群体中的潜力股，冲破城乡界限和性别分工机制，通过外出务工提高了自身的社会经济地位，改善了农村女性整体的社会生存状况。农村年轻女性外出务工作为促进农村女性社会地位提升的一股强大力量，促使女性的角色实现了从非主流到主流化的转变，同时也促使将性别意识纳入决策主流成为必不可少的有效机制。

（二）角色觉醒

角色觉醒是一个文化渗透的过程。传统的性别意识和家庭制度决定了"男外女内"的角色分工模式。在市场经济刺激下，农村 80 后外出务工女性开始意识到自己并非只限于传统的"家庭主妇"角色，她们在外出务工期间更能吃苦，更想通过自己的劳动实现自我价值，"靠丈夫养"的传统观念已经改变。外出流动使农村女性远离了农村

---

① 冯小双：《流动的效益与代价——北京市部分外来农村女性务工经商者调查研究报告》，《浙江学刊》1996 年第 6 期。

社区、家庭和亲族关系的束缚，从而使她们更加关注自身的发展和需求，她们有着更强烈的独立意识和自我价值实现的欲望，因此，其主体意识逐步得到提升。"我不能总听他的，很多事我能解决。"调查中有的女性个案如是说。相比在农村留守的妇女来说，外出务工的女性在家庭中更有说话的权利，也更注重自己在家庭中的地位和在农村社区中的公众形象。外出务工女性自我独立意识提升，这是她们参与社会活动的开始。

（三）角色冲突

角色冲突是一个文化冲突的过程。"无论是行色匆匆的普通女工，还是身居要职的从政女性，只要是有职业的妇女，便无法逃避职业与家庭的双重负担，无法回避'社会人'与'家庭人'之间的双重角色冲突"①。农村 80 后外出务工女性面临的角色冲突首先表现为性别文化的冲突，即传统女性角色期待与现代自我发展意识之间的冲突。因"男尊女卑"等传统性别观念造成的人力资本与社会资本在男女之间分配的明显不公平，不仅降低了农村女性的流动机会，而且使她们的职业结构和收入水平都低于男性，并成为婚姻迁移的主体，且婚后女性返乡较多。因此，传统的社会性别规范和角色分工是农村 80 后外出务工女性流动困境的社会根源，也进而造成了农村 80 后外出务工女性陷入性别文化的角色冲突中②。

农村 80 后外出务工女性面临的角色冲突还表现在城乡文化的冲突上。女性农民工与男性农民工相比更难融入城市主流社会。农村 80 后外出务工女性也面临此种困境，原因主要是女性农民工的社会网络狭小，人力资本低于男性，加上劳动力市场中市场规则的挤压和城市文化的排斥，女性农民工的职业层次、收入和社会地位较低，就业领域多集中在职业声望和收入都偏低的第三产业和家庭服务业。作

---

① 张艳：《谈女性社会角色与家庭角色的协调与平衡》，《求实》2006 年第 2 期。
② 朱秀杰：《农村女性人口流动的约束机制——社会性别视角分析》，《南方人口》2005 年第 1 期。

为"打工者",她们摆脱了自己传统的乡村文化,进入一个陌生的异乡文化中,处于两种义化深深的矛盾之中,其经受的文化震荡比男性要激烈得多,思想变化也要大得多。外出务工时间长的农村 80 后女性或许已经比较适应城市生活了,在城市,自己的工资可以支配,加之城市便利的交通、完备的生活设施和娱乐设施,使得她们不愿意再回到农村。"在那儿呆久了,真不想回来,家里什么都没有,城市生活比较方便,不过也只是打工,混得好了也许才有机会长期待下去。"调查中有的女性个案如是说。这种客观情况与主观愿望的背离,传统的农民角色和短暂的城市生活所形成的新型角色之间的偏差,让她们摇摆不定,处于思想矛盾中。

(四)角色定位

角色定位是一个文化适应的结果。在农村社会结构发生变化和现代性别发展意识的影响下,农村 80 后外出务工女性开始寻求适合自我发展的角色定位,从"要我外出"到"我要外出"。外出打工经历开阔了她们的视野,拓展了她们的思维,这对农村 80 后女性地位的变迁起着一定的积极作用。生活空间从私人领域到公共领域的拓展使得她们可以接触到社会文明成果,并且也在一定程度上为她们摆脱农村传统文化的束缚、接受新思想和新事物、增强独立意识提供了可能。

农村 80 后外出务工女性开始在生产和婚姻生活方面寻求和争取个人自主性,社会流动经历将重新定位她们在家庭中的角色地位。外出务工经历一方面促使农村女性冲破了传统的性别角色,使她们积极地参与到劳动力市场,另一方面也排除了空间和制度上的障碍,为她们提供了权利谈判和生活选择的机会。未婚农村女性的流动行为会影响她们的初婚年龄以及她们对未来丈夫的期望,同时婚前外出的农村女性结婚和生育都较晚①。她们更注重婚姻情感价值,因此在配偶的

---

① 郑真真:《关于人口流动对农村妇女影响的研究》,《妇女研究论丛》2001 年第 6 期。

选择方面更挑剔①。而已婚农村女性的流动行为会影响她们的生育健康、对孩子的教育期望值、自身和家庭的健康状况、性行为、家庭中的地位和性别角色②。农村 80 后外出务工女性在社会的流动中寻找着富有现代性的角色定位。

（五）角色多样化

角色多样化是一个文化吸收和文化传播的过程。在流动的过程中，农村 80 后外出务工女性不仅吸收了城市的新思想和新文化，并且在无形之中传播了这些文化。作为新农村未来建设者的一部分，多年的打工经历将促使 80 后农村外出务工女性成为农村社会发展不可忽视的一股力量。虽然部分人在外出后又返回流出地，但是她们的思维和认知已经使她们清晰地认识到自己已不仅仅是个妻子和母亲，同样也是一个社会参与者。她们在潜移默化之中将城市的消费意识、教育观念、道德素质传播给身边的人。她们在参与村里公共事务方面会更积极，对于新农村建设来说更是一个潜力股。

农村劳动力的城乡流动不仅是地域上的流动，同时也是职业和阶层上的流动，农民工的流动是他们获得新的社会位置和社会地位的过程③。80 后农村外出务工女性在职业变动的过程中寻找着自己的阶层位序，扮演着不同的角色。社会角色多元化的生活背景注定农村 80 后外出务工女性是一个兼容传统女性角色特征和积极参与社会的新时代女性特征的群体。外出打工经历展现给她们的更是一个全新的生活面貌，而同时她们也面临着自我角色期待和社会角色期待的冲突。她们是一个想争取市民待遇的新生代群体，但是由于自身所具备的社会资源和社会网络支持欠缺，使得她们又处于"心有余而力不足"的状态。农村 80 后外出务工女性角色多样化所面临的困境需要我们深思。

---

① 郑真真：《外出经历对农村妇女初婚年龄的影响》，《中国人口科学》2002 年第 2 期。
② 郑真真、解振明：《人口流动与农村妇女发展》，社会科学文献出版社 2004 年版。
③ 李培林：《流动民工的社会网络和社会地位》，《社会学研究》1996 年第 4 期。

三 促进农村 80 后外出务工女性顺利进行角色现代化变迁的相关对策

80 后农村外出务工女性与上一代流动女性相比虽然有很多优势，如思想更开放，思维更敏锐，不固守传统习俗，更具有现代气息等，但是她们同样具有以往流动女性的一些困惑，如法律常识和专业技术知识欠缺、工作层次较低、身心压力过大等。此外，农村 80 后外出务工女性在打工过程中还会面临着新的问题，如参与社会互动的强烈愿望与兼顾婚姻家庭的内外角色之间的冲突；争取市民待遇的期望与自身社会资源的缺失造成的困境等。农村 80 后外出务工女性从农村走入城市，在角色现代化的变迁过程中需要不断调适、不断适应，更需要政府和社会给予她们更多的社会支持，以帮助她们顺利实现角色的转变。

（一）强化知识技能培训，促进角色能力的整体提升

融入城市生活的必要条件就是必须具备生存的技能，对女性来说经济独立尤为重要。处于城市生活的边缘，知识和技能是农村 80 后外出务工女性最急迫需要补充的。为此，政府应该担当起这个责任，积极为农村 80 后外出务工女性进行免费职业技能和法律知识等的培训，以提升她们的人力资本的存量，增强她们在劳动力市场上的就业竞争力以及适应城市生活的能力。同时，也应积极动员社会力量介入其中，为外出务工女性提供更为广阔的免费学习平台。

（二）发挥妇女组织作用，增强角色权益的实现力度

市场分工带来的劳动分工导致女性在劳动力市场的地位进一步边缘化，农村 80 后外出务工女性是城市的弱势群体。为此，应充分发挥妇联组织和其他非政府妇女组织的积极作用，强化妇女组织在女性劳动权益保护中的法律地位，使妇女组织真正成为女性权益的维护

者。在女性权益受损时，妇女组织更应给予积极的支持和帮助，以增强她们的生活能力。在角色变迁的过程中，成为真正的城市市民、享受市民待遇是 80 后外出务工女性所迫切期待的。妇女组织可以帮助 80 后外出务工女性提升融入城市的能力，通过对她们进行就业指导，促使她们更积极地参与社会，融入社会。同时应积极进行政策倡导，加大户籍制度等改革力度，合力推进务工女性的市民化进程。

（三）构建社会支持网络，实现多重角色的和谐互动

作为一个在城市无根的群体，农村 80 后外出务工女性在角色变迁的过程中面临着多重角色的冲突，她们正在寻找适合自己发展的位置。为此，既要从全社会的角度支持和帮助 80 后外出务工女性，又要依靠社区和街道委员会给她们提供必要的支持，帮助她们更好地实现多重角色的和谐互动，特别是家庭角色和工作角色的和谐互动。在此，特别应强调将性别意识纳入决策主流，政府部门从政策层面给予 80 后外出务工女性有效的支持，以为她们营造良好的角色成长环境。

总之，社会结构的转型必然带来社会角色的转变。农村 80 后外出务工女性在逐渐走出家庭走向社会，她们扮演了家庭、社会等多重角色。在这个群体角色的扮演和转变过程中，同时存在着角色的冲突与调适。农村 80 后外出务工女性角色的现代化变迁需要得到包括政府、社会和男性等在内的整个社会系统的有力支持，同时也需要她们自身的不断努力。只有这样，才能更好地促进女性的发展，促进女性与男性的协同发展，促进整个经济社会的和谐发展。

专题二　女性职业变动

中国近代妇女就业初探[*]

近代伊始，在欧风美雨催化下，中国社会新潮涌荡，异动迭起。此间，妇女职业的崛起是引人注目的一道景观。本文拟从近代妇女就业思潮入手，回审妇女就业升华之路，揭示妇女就业的近代化特性，以求阐释这一历史课题。

一　妇女就业思潮之兴起

妇女开启就业之门离不开近代社会转型提供的各种契机，亦与清末以来妇女就业思潮的兴起息息相关。当时思想界对妇女就业思潮的大力张扬多少弱化了传统女性的家庭定位，一定程度营造出妇女就业的相对宽松环境，推动妇女走上谋求职业平等的解放之路。

19 世纪末，康有为、梁启超等维新志士开始从戒缠足、兴女学两方面入手召唤妇女的自立精神。辛亥革命时期，以获取就业权作为女性自立手段的呼声日高一日。1903 年，金天翮在《女界钟》一书中首先提出了，"营业之权利"为妇女的一种基本权利的观点。①1904 年，女医士张竹君即预见："中国女子苟能讲求卫生（指放足）、从事工业二事"，"诚心求之，以为自立之基础，而更加益于学术"，则"他日羡世界女权者将不羡欧美而羡中国"。②此后，《留日女学会

---

* 原载《江苏社会科学》1998 年第 4 期，收录本书时有所修改。

① 金一（金天翮）：《女界钟》，上海爱国女学校发行。

② 《张竹君演说词》，《警钟日报》1901 年 5 月 25 日。

杂志》创刊伊始就表明"以注重道德、普及教育、提倡实业、尊重人权为宗旨"，① 号召妇女努力从事自己擅长的实际工作。可以说，这一时期有志之士已能从强国安民的高度引领妇女就业，恰如《论女工》一文所言"诚使通国妇女，皆有所执业，则男子之仔肩，有人分任，不必以谋生为苦，内顾为忧矣！且以生利之说衡之，通国利源，当增一倍，即国家敛入之税额，亦当增一倍"。② 此等言论，不一而足。

新文化运动兴起前后，妇女就业思潮渐为勃兴。丁逢甲一针见血地指出妇女无职业"亦民穷财尽之一大原因"。其弊端可以概括为："一、妇女倚赖男子，无自立之能力，即失国民之资格。二、不能自立，而为男子之附属品，则所谓男女平权者，亦有名无实。三、男子太劳，女子太逸，非人道之平。四、生寡食众，必影响于家计，而有日贫之势。五、所倚赖之男子不幸失职，或逝世，即困乏无以自存，而现不堪设想之概况。是故振兴妇女职业，使各有自谋生活之技术，实今日至重要之事"。③ 白云从权利、义务对待的角度指明："然则欲振吾国女子之怯懦之风，养高尚之德，而求与男子享同等之权利者，舍扩充女子之职业，其何由乎。是故为今后之计划，当扩充各种职业以救济之。"④ 张菊姝重申了这一观点，她说："女子无职业，权利不能均，义务不能平……然则欲为女子谋幸福，熟者大于分业哉。"⑤ 这些言论深化了时人对妇女就业的认识。五四运动爆发前后，妇女就业思潮日趋深化。胡适放眼于中西对比，倡导"美国妇女精神"。他说："美国妇女的社会事业不但可以表示个人'自立'精神，并且可以表示美国女界扩张女权的实行方法。"⑥ 号召中国妇女以之为榜样，自主择业。罗家伦则著文《妇女解放》，一方面赞扬了西方妇女职业

---

① 丁守和：《辛亥革命时期期刊介绍》（第3期），人民出版社1983年版，第582页。
② 《论女工》（节录甲辰第21期《商务报》），《东方杂志》1904年第8期。
③ 丁逢甲：《我所见之本地妇女生活现状》，《妇女杂志》1915年第1卷第9号。
④ 白云：《女子职业谈》，《妇女杂志》1915年第1卷第9号。
⑤ 张菊姝：《论男女之分业》，《妇女杂志》1915年第1卷第11号。
⑥ 胡适：《美国的妇人》，《新青年》1919年第5卷第3号。

之发达，另一方面毫不留情地批评了中国妇女因无职业，"降为男子的奴隶"的现状。[①] 《职业与妇女》一文的作者则全面阐释了职业对于妇女的人格、教育、社交、婚姻及政治的要义。[②] 总体看来，这一时期，部分时人已把女子经济独立、女子获得职业视为妇女解放的根本途径。正如时人所言："女子若有了独立性的职业，便有了独立的经济。经济既能独立，虽不说社交公开，自然会社交公开。虽不说婚姻自由，自然会婚姻自由。"[③] 不过，强调女子经济独立的方法不尽一致。一些人主张在私有制下，以增加妇女就业机会来达此目的。另一些人则是要打破私有经济，以求女性解放问题之根本解决。

值得说明的是，20世纪初，时人对妇女问题的关注已不再停留于妇女必须就业这一问题上，而是随着社会的近代化转而解答妇女怎样就业及就业后的保障问题。当时许多报刊，尤其是女刊对妇女怎样谋职都有所涉及。《论女工》一文提出："然则欲兴女工，其道何由？曰：在乎兴女学而已矣……惟就各地产出物品之可以制成熟货者，令妇女转相传习……皆使各习一门，暇时兼课以文学。"[④] 在蔡湘看来，"夫手工女学校也，传习所也，凡此皆造成女界惟一普通之技能，而非高尚之技能也。惟其技普通，故其用能普及，亦惟普及，故能使我国女界，各能自谋其生活"。基于此，蔡湘提出了"中国今日亟宜普设手工女学校及传习所"的主张。[⑤] 缪程淑仪认为只有既注重妇女旧有的职业，又着力开辟妇女新的职业，才有可能实现妇女的劳动就业。[⑥] 胡怀琛深入分析后指出："女子要求，须要能自立。要能自立，须要有相当的职业。要有相当的职业，其一要有相当的学问技能，其二要打破男女限的谬见，其三要纠正各方面的恶劣习惯。"[⑦] 这些言

① 罗家伦：《妇女解放》，《新潮》1919年第2卷第1号。

② Y. D. ：《职业与妇女》，载梅生《中国妇女问题讨论集》（第2册），新文化书社1923年版。

③ 《提倡独立性的女子职业》，《妇女杂志》1921年第7卷第8号。

④ 《论女工》（节录甲辰第21期《商务报》），《东方杂志》1904年第8期。

⑤ 蔡湘：《论中国今日亟宜普设手工女学校及传习所》，《女子世界》1907年第6期。

⑥ 缪程淑仪：《妇女建设社会的责任》，《妇女杂志》1920年第6卷第8号。

⑦ 胡怀琛：《女子职业问题》，《妇女杂志》1920年第6卷第10号。

论均反映出时人对妇女就业问题认识的升华。

对于如何保障妇女就业，时人亦各抒己见。罗溪提醒世人不能只寄希望于资本家的自动改良，而需"有志者加入他们的劳动界里，言论事实，双方并进"，且"要使女子大将联合起来，不让别人掠夺他们的剩余"，进而以此带动经济平等、教育平等及机会平等。① Y. D. 则倡导学者们今后注重研究"在这资本主义之下，怎样减少妇女的劳动时间，怎样规定妇女最低工资额和生产疾病的休养时间"，"怎样救济现在职业妇女的苦痛"，"怎样促进现在职业妇女的团结力，使她们在劳动运动的地位上战胜极大的势力"，② 以期从学理上阐释妇女就业的保障问题。无政府主义者刘师培则提出了"实行公产"，"废女子雇工之制"③的激进改造方法。而李汉俊等人则运用马克思主义的唯物史观，提出了废除私有经济，以求彻底解决妇女就业之保险问题。

可见，19世纪末兴起的妇女就业思潮已涉及了妇女就业的诸多方面，形成了一定的舆论环境，并为妇女就业昭示出前进方向，其作用不言自明。

二 妇女就业之近代化历程

鸦片战争后，中国的通商口岸首先揭开了城市近代化序幕，从而为妇女就业创造出较为宽松的环境。女艺人捷足先登这些都市，可以说，跻身娱乐圈是早期都市女性的择业方向之一。女佣是近代女性在上海争取的又一职业角色。当时已有女荐店，专门负责介绍女佣给雇主。因"洋场工钱倍于城中"，故租界成为容纳女佣的主要地段。她们"灵心俏步或又瞳，觅觅寻寻复西东"，④ 显示出一定的职业自荐

---

① 罗溪：《女子职业问题》，载梅生《中国妇女问题讨论集》（第2册），新文化书社1923年版。

② Y. D.：《职业与妇女》，载梅生《中国妇女问题讨论集》（第2册），新文化书社1923年版。

③ 畏公（刘师培）：《女子劳动问题》，《天义》1907年第6卷。

④ 葛元煦：《沪游杂记》，上海古籍出版社1989年版，第24、61页。

力。女工是这一时期较为庞大的女性职业群体。1870 年前，女工人数很少，主要集中于外商企业及清政府官办企业中。1870 年以后，随着民用企业的兴起，女工逐渐成为缫丝、棉纺、火、造纸、卷烟等民用企业的普遍劳动力。譬如，1872 年，继昌隆缫丝厂即"容女工六七百人，出丝精美，行销欧美两洲，价值之高，倍于从前，遂获厚利"。① 据 1893 年《北华捷报》估计，上海一地"有一万五千或两万妇女被雇用，从事清理禽毛以便载运出口，清拣棉花与丝，制造火柴与卷烟"②。到 1894 年前，全国女工三万五千人，占当时产业工人总数的 35% 左右。③ 就这些女工主要来源于城市附近破产农民、手工业者的子女，另有部分城市贫民。1895 年前后，各纱厂、丝厂的女工每天工作时间多为 12 小时乃至 14 小时。④ 此外，她们还遭受和男子同工不同酬的不平等待遇。加之女工的工作环境又极其恶劣，且缺乏必要的劳动保护，其境况之惨就可想而知了。

1844 年，基督教在宁波设立了第一所女校，揭开了教会学校向社会输送女学生的序幕，也催生出妇女新的职业角色，即女教师、女医生、女护士、女布道员等。在 1906 年以前，基督教系统在华共培养出 543 名女神教学生，多担任教会学校教员或布道员。据统计，基督教会系统中，华人女职员占全国华人布道员的 20%，教职员的 28%，医务人员的 12%，成为一支可观的队伍。⑤ 当然，作为教会女校毕业生，有机会升学、谋职的毕竟还是少数。但正是她们首先塑造了女性向脑力劳动进军的形象。譬如，金雅妹、康爱德、石美玉、何金英等就是这一时期出身教会女校的一代名医。

随着社会的日益近代化，女编辑、女记者、女学董等开始在都市

---

① 《南海县志》，宣统二年修 21 卷。

② 孙毓棠：《中国近代工业史资料选辑》（第 1 辑下），科学出版社 1957 年版，第 1231—1232 页。

③ 郑永福：《中国近代产业女工的历史考察》，《郑州大学学报》1992 年第 4 期。

④ 汪敬虞：《中国近代工业史资料》（第 2 辑下册），第 1198—1204 页。

⑤ 《中华归主》（中国基督教事业统计 1901—1920 年）（中），中国社会科学出版社 1987 年版，第 586 页。

出现。譬如，1874 年，教会在福州办的《小孩月报》负责人即为李承恩"师母"、胡本德"师母"。1876 年，《福音新报》的主持人是吴恩同女士。1897 年，裘敏芳女士在无锡创办了《无锡白话报》。1898 年，沈静英女士在上海创办了《女学报》，并招揽了康同薇、梁启超夫人李蕙仙等人为女主笔。作为一代新型职业女性，她们以报刊为阵地，不失时机地宣传着妇女就业思想。此外，1897 年，在维新派赞助下，李闰（谭嗣同妻）、黄谨娱（康广仁妻）以倡办董事的身份，促成了中国女学生会在上海的成立。1898 年，中国女学会书塾组成董事会，沈敦和夫人、经元善夫人总管堂务，并聘请女子担任了女学堂所有的教职员工作。但上述女子职业角色只有为数甚少的女界知识分子才能充当，一般妇女无缘问津。但其社会影响却是颇为深远。

总体看来，在 20 世纪以前，妇女就业主要集中于体力劳动范畴，从事脑力劳动的职业妇女毕竟还是少数。可以说，这一时期，妇女就业仍只局限于工厂、手工业、教育、医学、新闻等几个部门，就业领域尚很狭窄。此外，妇女就业的环境还不宽松，阻碍妇女就业的情况仍大有存在，致使就业妇女人数尚少，妇女就业堪谓步履维艰。

进入 20 世纪，妇女就业基本上是以纵向深入为主，横向拓展为辅。这一时期，女工、女布道员、女护士、女医生、女教师、女编辑等职业群体人数不断壮大，且素质有所提升。女子职业培训在此间多受关注，并出现了兴办实业的高潮，带动了一些新的妇女职业的诞生。但整体看来，妇女就业仍可说是在低谷期。20 世纪初，产业女工人数迅速增长。到 1914 年前，人数已达 23 万人，占全国产业工人（不含矿山）的 37%。到 1919 年，女工人数发展为 35 万左右，约占全国产业工人（不含矿山）的 35%。这些女工主要分布在几个省几个大中城市的百余个大厂中。[①] 但女工恶劣的工作环境、超长的工作

---

① 郑永福：《中国近代产业女工的历史考察》，《郑州大学学报》1992 年第 4 期。

时间以及同工不同酬的待遇等现状仍未得到改善。女工们因此以罢工抗议厂方。譬如在 1911 年 8 月 7 日,上海闸北发生昔昌、长纶、锦华、协和 4 家丝厂为增加工资举行的同盟罢工,2000 多名女工参与了罢工。一周后,经上海丝厂茧业总工所议定,女工每人工资自八月初一起加洋 1 分,① 取得了谋求职业待遇平等的初步胜利。据不完全统计,1895—1913 年,上海工人罢工共 70 次,其中女工罢工达 39 次。② 但这些罢工基本囿于经济斗争的范围内,且罢工的有效性也不高。

在 20 世纪初的兴学热潮中,社会上也出现了一些专门的医务学校,为输送女医生、女护士等做出了贡献。1905 年,李钟钰创办了上海女子西医学院,以贯通中西各科医学、专重女科、培养女医生为宗旨。学生毕业后,准其行医,或留校任教。③ 同期,北京女医学堂、天津的北洋女医学堂、杭州私立速成产科女学堂等均以此目的吸纳生员。此外,著名的女医士张竹君还先后募资创办了提福医院和南福医院,树立了女界进军医务领域的典范。

令人钦佩的是,这一时期还出现了为办学献身的职业女性。譬如杭州的惠馨女士坚信"强国的第一义,是开办学堂。学堂的基础,最要紧的是女学"。为此,她千辛万苦地创办了贞文女校。开学那天,她割下臂肉以明其志。后来,因经费支绌,学校终难以为继。她"生吞洋烟一杯",并遗书当道,请拨款助学,实现了自己当初的誓言。④再如四川西冲县知县陈明伦的夫人罗澄,1903 年捐资创办了淑行女塾,自任管理,聘中外女教师任教。她苦心劝学,6 年后使学生规模达 300 余人。但终因积劳成疾而死。⑤ 两位女士为追求自己的职业角色付出了生命的代价,折射出了在当时的历史条件下,女性成就一番事业的艰巨性。

---

① 《申报》1882 年 7 月 2 日。
② 据汪敬虞编的《中国近代工业史资料》(第 2 辑)附录统计。
③ 朱有瓛:《中国近代学制史料》(第 2 辑下册),华东师范大学出版社 1987 年版,第 633—648 页。
④ 《顺天时报》光绪三十二年 1 月 15 日。
⑤ 朱有瓛:《中国近代学制史料》(第 2 辑下册),华东师范大学出版社 1987 年版,第 732 页。

辛亥革命时期，中国出现了一个以留日女学生为主体从事报业、编辑的知识妇女群。据不完全统计，1902—1912 年，全国女刊共有40 种。较负盛名者为《女报》《中国女报》《中国新女界杂志》等。著名的报刊女主持人有陈撷芬、秋瑾、燕斌、唐群英、张汉昭、何震、谈社英等。① 她们已打破了 20 世纪前女报编辑的豪门出身和零星点缀的格局，成为一个颇有声势的妇女职业群体。辛亥革命前夕，以唐群英、沈佩贞等为首的知识女性还掀起了轰轰烈烈的参政运动。得益于此，辛亥革命后，广东省在选举议员时，就选出了庄汉翘、黎金庭、李佩兰等 10 名女议员，其中黎金庭被任命为宝安县县长。这是女性冲刺政界的最初成果。但这一时期，女政界要人只不过是凤毛麟角，妇女普遍参政还是一个遥遥无期的梦。

为引导妇女进军企业界、商界，社会上出现了创办妇女自立团体和女子工艺厂、女子手工传习所及女子职业学堂的风潮。当时较有名的妇女自立团体为共爱会、女界自立会、女子进行社、女工崇实会等。至于女子工艺厂，女子手工传习所，张竹君在 1904 年即于上海、河南创办了此类厂所。她办的女工艺厂，招收妇女 120 人，分期教学工织物、织笠衫线袜、织顾绣等物。② 这一时期，京师第一女工厂办得较为出色。该厂设有织布、毛巾、缝纫、造花、编物、图画、刺绣等科，"并教以修身、家政、国文、算术，使毕业后自精一艺，能任女工厂教师，籍以广谋生计为宗旨"。③ 此间有的女工厂的产品制造精美，受到社会欢迎。如上海制帽公司："货物本系本国天产，或样式合社会心理，价格又较外货为廉，"故此，"学界、商界、军界、女界，以迄童子，用各色草帽四十余种，都已风行，南洋群岛一带，销路尤广。"④ 当时还出现了一些专为女子而设的职业学堂。如 1905

---

① 沈智：《辛亥革命前后的女子报刊》，《纪念辛亥革命七十周年学术讨论会论文集》（下册），中华书局 1983 年版。

② 《警钟日报》1904 年 3 月 1 日。

③ 《政治官报》宣统二年 7 月 14 日。

④ 《民立报》1911 年 9 月 4 日。

年前后的上海女子蚕业学堂，由娄县人史家修等集资捐办，以"扩充女子职业，挽回我国利权"为宗旨，分预科、本科、选科，另安排实习、手工。① 但总的来说，这些努力还只是杯水车薪，不足以使妇女职业得到更大的拓展。民国建立以后，除了承继上述努力，女界又掀起了女子实业运动。从1912年下半年到1913年，一批女子商店、女子公司乃至女子银行在上海、南京等地诞生了。其中较著名的有女子兴业公司、爱华公司、女子植权物产公司、女子振兴国货公司以及中央女子工艺厂等。但这一浪潮很快又以失败告终。

由上述可见，20世纪初期，妇女就业仍以体力劳动为主，在脑力劳动领域，面向女性的岗位极少。如小学教员、护士、打字员等，需求量很有限。在一些高层次专业圈，女性还无缘涉足。如1916年司法部的《修正律师暂行章程》就规定律师必须是"中华民国之人民满二十岁以上之男子"，明文把女子排除在外。此外，妓女、舞女等畸形女性职业仍大量存在，反映出妇女职业走向近代化的艰难性。

新文化运动兴起后，在妇女就业思潮的影响下，妇女就业出现了转机。当时的《解放画报》《妇女杂志》等许多报刊积极译介西方妇女新貌，并着力推荐女性适宜的打字员、速记员、邮务员等职业。为谋求职业机会，20世纪20年代，知识女性又一次掀起了女子实业运动。中国女子商业储蓄银行、北京女子平民工厂、上海女子商业储蓄银行、女了工业社与华贞商业所等纷纷出现。但大多仍未逃脱失败的命运。与此同时，知识妇女群还在上海、广西、天津等地创办了女子工读互助团体，以谋求女界自立。然而这种不切实际的做法很快就难以为继了。此外，女界还通过向政府请愿，举办女子职业教育，开设女子职业介绍所等办法打通女子就业之路，取得了一定成效，使妇女就业从低谷中走出。1921年，企业开始录用女职员。是年，广三铁路首先采用考试的方法吸纳了40名女子，分任售票、售货、收票、

---

① 朱有瓛主编：《中国近代学制史料》（第2辑下册），华东师范大学出版社1987年版，第633—648页。

书记、购料、稽核等职。继之，银行、商店也录用了女会计、女书记、女店员等。20 年代中期，电话局、照相馆、官署、翻译局、邮务局等也陆续任用女子。至 20 年代末期，服务性行业为妇女开辟了许多新的职位，女招待迅速发展，队伍之庞大仅次于女工。1920 年都市妇女就业情况可从下表 1 窥见一斑。①

表 1　　　　　　　1929 年广州市各业女职工人数

行业类别	女职工人数	占全市妇女人数（%）	行业类别	女职工人数	占全市妇女人数（%）
商业	3298	0.977	医界	509	0.151
航业	3000	0.888	农业	3598	1.065
教员	659	0.195	劳工	44324	13.126
警界	6	0.022	学生	12895	3.819
政界	28	0.008	其他	11340	3.358
律师	2	0.001	无业	258030	76.411
报界	1	0.0005	总计	337690	100

表 1 显示女性在城市就业的突破仍然基本上限于劳工范围，在需要具备专业知识或业务培训的职业领域，女性的进入还只是有象征意义。

为改善妇女的就业状况，女权主义者掀起了争取妇女职业平等的斗争。在 20 年代中期以前，斗争基本限于谋求妇女就业机会均等。到 20 年代中期以后，女子同工同酬和劳动保护等问题被提上了斗争日程。具体来看，在 20 年代初，社会上就出现了全浙女界联合会、湖南女界联合会、女权运动同盟会、妇女同志会等关注妇女权益的团体。其中，女权运动同盟会于 1922 年向交通部上书，要求邮电各机关任用女职员。在此前后，湖南女界联合会在省宪运动中也取得了较大的成功，王昌国、吴家瑛、周天璞等女子被选为省议员。另在桃源、衡

---

① 罗苏文：《女性与近代中国社会》，上海人民出版社 1996 年版，第 356—357 页。

阳、甯乡、湘潭等地，均有女子当选为县议员。其中，湘潭当选的女子竟达七人之多。① 1924 年，天津女界国民会议促成会也就妇女职业平等问题明确提出：女子有选择职业的自由与机会，保障母权，在工厂女工有受教育的权利，妊娠期间，应停止其工作，照发工资等。

中国女工遭受的同工不同酬的不平等待遇是最为深重的。在 1924 年以前，女工为此而起的罢工运动多集中于要求增加工资、减少工时，改变苛刻女工的厂规。1924 年以后，罢工渐与反帝政治斗争相结合，要求通过立法保护妇女权益。譬如 1926 年 3 月，省港女工大会通过决议案提出：为制定新工厂法，政府应于 3 个月内组织调查委员会，女工代表得参加调查委员会及工厂法起草委员会；由广州工人代表大会向政府转交所拟女工要求，督促在 3 个月内规定并颁布女工保护法，女工代表应参加起草工作。② 随着妇女谋求职业平等权斗争的不断深入，1931 年 2 月 1 日，南京政府终于颁布新的《工厂法》《中华民国民法》，正式确认了女工的 8 小时工作制和男女同工同酬、保护女工劳动权益及妇女从事社会职业和实业活动的权利。这些成果进而促使妇女就业在 20 世纪 30 年代初迎来了一个向多种行业拓展、演化的新局面，并为现代妇女职业的分布奠定了基础。

三　妇女就业之评价

综上可见，近代妇女就业是在欧风美雨的浸染下、在妇女就业思潮的催动下和在妇女运动的兴发中顺势而出的。它是特定时代的产物，亦不无深刻地折射出那个时代的风貌。可以说，近代妇女就业始终高扬着进步的旋律。这是因为，在近代社会转型期间，幽闭千年的传统中国妇女能以西方女性为榜样，走出闺门，投身职业生涯，不管其成就如何，本身即体现出妇女作为人的近代化。在这一历程中，妇

---

① 谈社英：《中国妇女运动通史》，妇女共鸣社 1936 年版，第 107—141 页。
② 《省港女工大会开会及决议案》，转引自中华全国妇联妇运史研究室《中国妇女运动历史资料（1921—1927）》，人民出版社 1986 年版，第 513 页。

女们通过自己的不断努力，并在少数开明男性以及无产阶级政党的支持和领导下，自觉地开展谋求职业平等的斗争，推动了妇女解放运动走向深入。一批优秀的职业妇女从中得以产生，并使妇界大放异彩。总体看来，近代以来，妇女就业观念不断强化，就业队伍不断壮大，就业领域不断拓展，就业层次不断提升，就业环境亦有所改善。这在清末以来表现得尤为明显，无不闪烁出历史发展的进步锋芒。

但由于近代社会处于由传统农业社会向近代工业社会转变的过渡期，因而也制约了妇女就业的近代化历程。近代以来，妇女就业始终受到封建卫道士们的围攻，且政府一向对妇女就业漠不关心，甚至有的法律条文明文规定某些行业不得录用女性，这就使妇女就业步履维艰，障碍重重，体现巨大的历史局限性。具体而言，近代妇女就业人数与全国妇女相比只占很小的比例，而且妇女在同行业中与男子相比也是微不足道的，缫丝、棉纺等部门女工比例相对较大，妇女就业领域多集中于体力劳动范畴，从事脑力劳动者毕竟还是少数；由于女性教育跟不上，就业妇女的素质整体偏低，从业中受过中等、高等教育的女性只是一小部分，而大量的工厂女工基本处于文盲状态；妇女就业环境一直得不到根本改善，保护"母性"的劳动法规更是迟迟不予颁布，致使妇女就业一直处于不稳定状态。在这种情况下，妇女为了就业就不得不以健康为代价，个中有些妇女因之或晚婚甚至不婚；妇女就业分布很不均衡，都市和沿海地区妇女就业机会相对较多，农村和内陆地区妇女就业却是难上加难，职业妇女人数不能与都市和沿海地区同日而语。此外，妓女等畸形妇女职业仍大量存在，深刻地折射出近代社会的巨大缺憾。可见，在以男权为中心的社会中，近代妇女就业一直处于边缘地位，发展尚十分缓慢。这一方面要求妇女们以提高自身文化素质来适应高层次的职业选择；另一方面则要求社会经济的大发展，为妇女提供较多的就业机会。而问题的根本则是要从制度、法律上对妇女就业加以保障，这却是近代社会不能企及的。

当代中国社会转型过程中
女性职业变动的现状审视[*]

在当代中国社会从传统农业社会向现代工业社会转型的过程中，伴随着工业化、城市化、市场化的现代化发展路径，女性的职业变动也日益成为衡量经济社会发展的一个重要标尺。因此，我们有必要在当代中国社会的转型过程中深入探讨女性职业变动。

本文对全国范围内选定的调查地区进行随机抽样，共发放调查问卷 2000 份，回收 1900 份，有效回收 1804 份，有效回收率为 90.2%。为了能够在社会性别视角下全面审视女性职业变动，在具体调查中，本文以不同年龄、文化、地域、阶层等的女性为主要调查对象，同时也选取了不同年龄、文化、地域、阶层等的男性作为参照群体进行了调查。调查结果显示，在 1804 份有效问卷中，女性为 1324 份，占 73.4%，男性为 480 份，占 26.6%。样本中 97.7% 的女性和男性的年龄分布在 17—57 岁；高中、中专文化程度及其以下者占女性样本的 48.1%，占男性样本的 45.1%。大专及大专以上者，占女性样本的 51.9%，占男性样本的 54.9%。女性样本中，"已婚且有配偶"的占男女两性样本总量的 53.1%，其次是"未婚"，占 18.7%，"已婚无配偶"者占 1.6%。女性样本中，没有孩子的占男女两性样本总量的 25.5%，有孩子的占男女两性样本总量的 47.7%。调查样本涵盖了党政企事业单位的领导干部、专业技术人员、办事人员、个体工商

* 原载《郑州大学学报》（哲学社会科学版）2009 年第 1 期，收录本书时有所修改。

户、商业服务业员工、企业员工以及其他从业人员等不同的阶层性职业分布。问卷调查数据和资料可以真实地反映问卷所涉及的调查对象职业变动相关的情况，并能以此为基础探索当代中国社会转型过程中女性职业变动的整体情况。在当代中国社会转型的过程中，受制于包括性别在内的多种因素影响，女性职业变动状况除了同男性职业变动有一定的共性外，还存在其自身的特性。女性职业变动深深地折射出转型社会所具有的现代性和传统性，呈现出进步与不足多元共存的局面。

一 女性职业获得意愿低于男性，职业变动自愿度也低于男性

在笔者进行问卷调查时，当问到"如果您配偶所挣的钱足以使您全家生活得很富裕，在这种情况下，您还愿意出去工作吗"时，女性选择愿意工作的占72.8%，比男性选择愿意出去工作（82.7%）低了近10个百分点；女性选择不愿意出去工作的比例比男性选择不愿意出去工作的比例高5个多百分点。可见，女性职业获得意愿总体上低于男性。

当然，就女性而言，在配偶所挣的钱足以使全家生活得很富裕的情况下，能有72.8%的女性还愿意出去工作，足以说明女性经济独立意识在提升。

在职业变动自愿度方面，女性也不如男性。以有过职业变动经历的被调查者变换第一份工作为例，女性在变换第一份工作时有74.2%出于自愿，而男性则有80.5%出于自愿，女性比男性低了6.3个百分点。这一方面反映出女性居安思稳的意识比男性要重，另一方面也反映出女性在职业变动时，向上变动面临更多的阻碍，制约了女性职业变动的自愿性。

二 女性职业变动的发生率和强度总体上略低于男性

职业变动发生率表示一定时间段内某一固定群体中发生职业变动的人的概率。在问卷调查中，当问到"是否变换过工作"时，女性中有59.6%的人回答变换过工作，男性中有61.3%的人回答变换过工作。

进一步分析发现，工作变换次数较多的女性大部分出生在20世纪六七十年代。这一时段出生的女性，在她们步入劳动力市场的时候，正值改革开放之际，从计划经济向市场经济转型给她们带来了更多的职业变动的选择。

就职业变动的强度而言，在有过职业变动经历的女性中，变换过1次工作的占45.3%，变换过2次工作的占30.8%，略高于男性变换过1次和2次的比例（分别为43.2%、28.6%）。但随着变动次数的增加，女性的职业变动强度低于男性。在有过职业变动经历的女性中，变换过3次和3次以上的女性分别占15.2%和8.8%，而男性中变换过3次和3次以上工作的分别占有过职业变动经历的男性的16.7%和11.5%。从发展趋势来看，女性职业变动的强度总体上略低于男性。

从上述可见，女性和男性职业变动的发生率总体不高，从客观上说明社会提供的流动机制还有待进一步改进和完善。因为，适度的社会流动特别是职业变动有助于开发人的发展潜能，有助于增强社会的活力，进而促进经济社会的发展。在职业变动强度方面，女性和男性的差异虽不十分明显，但其间存在的差异也需要我们从女性和男性所处的职业变动环境进行进一步的思考。

三 女性在职业变动中职业结构趋向高级化，这与男性的职业变动趋向基本一致

职业结构的变迁是职业变动研究所应包含的内容。在中国社会转

型过程中，尤其是改革开放以来，市场这只"无形的手"的调节作用日益凸显。应和人们的需求，原有的产业、行业和职业不断进行着调整，新的产业、行业和职业也不断涌现。

纵向来看，我国三大产业从业人员结构日益高级化，女性和男性都呈现出这一可喜的变化趋向。就女性来说，改革开放以来，女性在第一产业从业的人员不断减少，由 1982 年占女性的 77.96% 下降到 1990 年的 77.16%，继而降到 1995 年的 73.74%；女性在第二产业的人数略有下降，由 1982 年占女性的 13.84% 下降到 1995 年的 12.82%；女性在第三产业从业的人员增长幅度较大，由 1982 年占女性的 8.20% 增长到 1990 年的 9.23%，继而大幅度增长到 1995 年的 13.44%。①

伴随着产业结构的日趋高级化，女性所从事的职业岗位总量不断增长，职业种类日趋增生，职业结构也趋向高级化。调查资料显示，样本中有的中老年女性初职所从事的个别传统职业随着社会的发展已不复存在，目前女性涉入了一些新的职业，如保险推销员、家政服务员、打字员、网络管理员、家庭教师、电脑编程员、法官等。

需要注意的是，虽然女性职业结构趋向高级化，但与男性比较起来女性还是更多地从事在低技能、服务性行业中。在同行业中，女性处在高层职位的人较少。职业的性别隔离仍是女性职业生涯发展中面临的瓶颈之一。

四 从职业的代内流动而言，女性职业的向上变动和向下变动交织在一起，呈现出职业的阶层分化与重组的复杂态势

为了清楚地展现女性职业变动的代内流动情况，笔者依托调查数据对不同性别职业代内流动趋势做了进一步分析。分析显示，女性群体中有 66.9% 的人在初职与现职两个端点的比较中未发生变动，而

① 吴贵明：《中国女性职业生涯发展研究》，中国社会科学出版社 2004 年版，第 97 页。

在男性群体中约有67.2%的人在初职与现职两个端点的比较中未发生变动，男性比女性稍微高出一些，代内流动的稳定程度相当。另外，女性群体中有18.8%的人实现了代内的向上流动，14.3%的女性呈现出向下流动。与此相对照的是，男性中有21.8%的人实现了职业的代内向上流动，有11.0%的人是向下流动。在此，女性职业的向上流动率低于男性3个百分点，而女性职业代内向下流动却高于男性3.3%。比例虽差别不大，但仍显示出女性在职业竞争中还是处于劣势地位。女性所从事的职业在权力、声望、财富等的拥有上，整体上与男性相比，仍存在较大的性别落差。

进一步分析可见，在女性职业向上、向下流动的过程中，呈现出职业阶层分化与重组的复杂态势。比如，从两性职业代内流动趋势分析可以看出，在全体女性被调查样本中，女性中初职是个体工商户的，有4.0%的人的职业没有变动，0.2%的人现职变换成了办事人员，0.3%的人变换成了专业技术人员，0.7%的人变换成了商业服务业员工，1.0%变换成了企业员工。与此相对照，在全体男性被调查样本中，男性中初职是个体工商户的，4.4%的人的职业没有变动，0.5%的人现职变换成了办事人员，0.5%的人变换成了专业技术人员，1.0%的人变换成了商业服务业员工，0.2%变换成了企业员工。按照陆学艺"当代中国社会阶层结构"课题组有关国家与社会管理者阶层、经理人员阶层、私营企业主阶层、专业技术人员阶层、办事人员阶层、个体工商户阶层、商业服务业员工阶层、产业工人阶层、农业劳动者阶层、城乡无业失业半失业阶层十大社会阶层的排序情况，我们清晰地可见阶层性的职业分布状况及其分化与重组的复杂态势。

五　女性在不同性质的单位进行职业变动的具体情况不尽相同，体制流动方向是由体制内单位向体制外单位和非单位流动

本调查显示，女性在不同性质的单位进行职业变动的具体情况不

尽相同，特别是女性从事的第一份工作的所有制性质会对女性以后进行职业变动的意愿、路径、方向产生不同的影响。

通过分析资料发现，在女性被调查者群体中，约有60.0%的人变换过工作，其中，第一份工作性质属于体制内单位的有59.0%变换过工作，体制外单位的变动比例最高，达66.1%，非单位的为51.9%。而在男性群体中第一份工作属于非单位性质的工作变换比例最高，为68.0%，体制外单位性质的工作变换比例为61.3%，体制内单位的有60.1%变换过工作。

在劳动力市场等多种因素作用下，女性职业变动由体制内单位向体制外单位和非单位流动。问卷调查资料显示，样本第一份工作属于体制内的占70.6%，而现在工作属于体制内单位的占59.4%，可见工作性质属于体制内单位的在逐渐减少。进一步分析调查资料发现，在职业变动的过程中，女性和男性从初职到现职，工作性质属于体制内单位的下降幅度相近，在体制外单位上升的幅度女性略大于男性，在非单位中女性的增长幅度略低于男性。

六 女性职业变动的区域范围不断拓展，地域间主体流向明确，局部流向呈多元化

伴随着工业化、城市化、市场化的推进，中国女性在现代化浪潮的推动下就业范围不断扩大，眼界不断开阔，职业变动的区域范围也不断拓展。笔者在调查中发现，改革开放的日益深化使得女性省内职业变动往往和省际职业变动、不同区域间的职业变动交织在一起，折射出社会流动环境的日益宽松。

当前，随着社会现代化转型的不断走向深入，社会流动受经济地理法则的影响虽然有所减弱，但经济地理法则仍具有很大的影响。在我国，各地区向现代化社会结构的转型不是同时进行的，而是有先有后，呈梯度发展态势。当前社会转型呈现出的非均衡发展态势对以职业变动为基础的社会流动产生了重要的影响。

在地域流向上，女性和男性的职业变动流向大体一致，地域间主体流向明确，局部流向呈多元化。总体流向是从农村向城镇、城市流动，从中西部、东北部向东部发达地区流动。但在现实生活的压力、具体工作环境的考虑以及国家政策的引导等多种因素的作用下，女性职业变动的区域支流的流向呈现多元化走向，甚至是与主流相反的方向。如农村女性外出务工后返乡务农者为数不少，这与外出务工女性难以在城市环境中长久立足、国家对"三农"问题的重视以及建设社会主义新农村等有关。此外，在国家倡导西部大开发的过程中，一部分地处中部的青年女性特别是有较高文化层次的女性在西部吸引人才的优惠政策下积极参与西部开发，进行了职业的地域转变。以上地域流动趋向在本文的调查问卷资料中可以得到反映：现在东部地区北京、天津、上海、广东等省份工作的女性，初职所在地有一部分是在中部和东北地区。比如，现职在北京的女性，有 21.1% 来自中部，2% 来自西部；现职在天津的女性，有 12.5% 来自中部；现职在上海的女性，有 5.9% 来自中部，5.9% 来自东北；现职在广东的女性，有 13.2% 来自中部，1.3% 来自东北。这也反映出女性职业变动的地域的主体流向是由中西部和东北地区流向东部地区的。

与此同时，调查也可以看到女性职业变动在地域流向上出现的局部多元化倾向。比如，女性由中部流向西部的现象也是一道靓丽的风景线。调查数据显示，初职所在地在中部而现职流动到西部的女性在陕西占 5.0%、宁夏占 4.2%、黑龙江占 4.5% 等。这种情况增强了女性职业变动所具有的活力，也有助于通过人力资源的流动和优化配置来推动区域经济社会发展的平衡。

七　女性职业变动显现出职业差异，个别职业复制能力内生性较强，跨职业变动性较弱

女性职业变动显现出职业差异。就某些职业来说，职业向上流动

多是内部职称、职位的提升等，进行跨职业变动的需求性和可能性相对较少。本调查显示，专业技术人员的初职和现职重叠性较为明显，体现出较强的职业复制性（内生性）。在女性中，专业技术人员中有26.0%样本的初职和现职职业类型出现重叠现象。在男性中，专业技术人员中有25.0%样本初职和现职职业类型有重叠现象，其次是办事人员14.8%。

专业技术人员的职业特征要求从业人员有相应的专业知识或技能，缺乏相应知识技能的人无法从事这类职业，这为进入专业技术人员阶层设置了一道门槛。且一旦从事了这类专业性工作，随着专业知识的不断积累和专业职称的不断提升，人们也就难以下决心改变职业。这些职业特性决定了专业技术人员阶层具有高度的稳定性。这一特性也与该阶层所处的环境开放度不够有关。总的来看，专业技术人员的代内跨职业流动率是较低的。

八 就职业变动的内部情况而言，从初职到现职，单位制女性在纵向上有所发展，但与男性横向相比仍有差距

从初职到现职，从职业生涯的过程视角来看，女性的职业变动不仅体现在跨职业的变动，而且也体现在同一种职业内部具体的变动发展情况。调查显示，从初职到现职，在单位内部，女性变换具体工作部门的比例分别是29.2%和28.2%，小于男性变换具体工作部门的比例32.4%和31.9%。在单位内部，女性初职职务"升高了"的比例分别为29.8%，现职为32.5%，呈现出职业变动的发展进步性。但无论是在初职还是在现职，女性职务升高的比例均低于男性（男性分别为33.2%和42.5%），这也充分显示出在职业内部变化中，女性职业向上流动的机会远远低于男性。

就职称而言，在初职单位，女性职称"升高了"的比例分别为35.2%，比男性（男性为40.7%）低了5.7%。在现职单位，女性职

称"升高了"的比例为31.4%，也低于男性职称升高的比例（男性为32.3%）。可见，无论是在初职还是在现职，女性职称升高的比例均低于男性，这也充分显示出在职业内部变化中，女性职业向上流动的机会远远低于男性。

另外，通过进一步的深入访谈，我们发现从纵向发展来看，无论是女性还是男性，从初职到现职，被调查样本的职称总体上都升高了，显示出职业内部变动的发展进步性。至于被调查样本在现职职称升高的比例不如在初职职称升高的比例，这可能主要是因为个体在初职单位职称评定起点低，向上提升的难度不像在现职单位从较高起点上再上升难度那么大。

九　在职业变动的过程中，女性的职业满意度状况因从事职业的不同而有所差异，但整体上满意度主要介于"一般"和"比较满意"

职业满意度状况因从事职业的不同而有所差异。调查发现，总体来看，职业地位较高的党政、企事业单位的领导干部对自己的职业满意度也较高，职业地位较低的商业服务业员工和企业员工对自己的职业满意度也较低。专业技术人员、办事人员、个体工商户这几个职业群体对自己的职业满意度介于中间状态。具体情况为：对初职比较满意的最高比例是党政、企事业单位的领导干部，为56.3%，其次是专业技术人员（43.3%）、办事人员（39.0%）、个体工商户（37.4%）。而商业服务业员工和企业员工的职业满意度却不太高，评价"一般的"比例分别为44.2%和40.2%。

就女性而言，对于初职，女性对党政企事业单位的干部、专业技术人员和个体工商户持"比较满意"态度的最多，分别占到这三种职业类型的51.5%、44.9%和42.1%。女性对办事人员、商业服务业员工和企业员工持"一般"态度的最多，分别占到这三种职业类型的 39.9% 、43.6% 和 40.4% 。

就男性而言，对于初职，男性对党政企事业单位的领导干部、专业技术人员和办事人员持"比较满意"态度的最多，分别占到这三种职业类型的 56.3% 、52.3% 和 44.7% 。男性对个体工商户、商业服务业员工和企业员工持"一般"态度的最多，分别占到这三种职业类型的 39.5% 、45.2% 和 46.2% 。总体来看，男性对初职的满意度高于女性。

分性别来看，对于现职，女性和男性对于不同的职业类型持"比较满意"态度的最多，整体上比对初职满意度要高。同时，持"比较满意"态度的比例大致是按照现有的分类型职业的阶层位序进行由大到小排列的。

总之，女性对自己职业的满意度状况基本反映了社会中对以上各阶层性职业的评价。由此也使得职业满意度较高的女性进行跨职业变动的可能性降低，而职业满意度较低的女性更有可能性寻找机会改变职业状态，促使女性通过职业变动进行阶层的分化与重组，进而逐步形成合理的社会分层与社会结构。

十　女性在职业变动中难以摆脱家庭角色与社会角色的双重困扰，同时遭遇劳动力市场的性别隔离和性别排斥

调查发现，与男性相比，女性在职业变动中难以摆脱家庭角色与社会角色的双重困扰，同时遭遇着劳动力市场的性别排斥。虽然这种困扰程度和排斥程度会因为女性自身状况的不同和具体所处环境的不同而有所差异，但这种状况却普遍存在于本文调查涉及的职业群体，无论是处于职业分层体系中较高位序的党政企事业单位的女性领导干部，还是处于职业分层体系中较低位序的下岗失业女工、外出务工女性等职业群体。也就是说，女性因其性别身份在职业变动中要面对许多男性所不会遭遇的困扰和排斥。

在笔者对个案的深入访谈中，尤其深切地体会到这种现象的存在对女性职业发展的负面影响。比如在调查中就发现，当代中国城市女性职业变动与孩子的照料安排有相当的关系。当代城市，对孩子照料本应是整个家庭都关注的事情，但具体内容的安排和具体实施者却往往是女性。笔者曾对带孩子到郑州某儿童教育机构做学习训练和心理咨询的 20 位母亲（孩子年龄在 5—15 岁不等）做过深入的个案访谈。这 20 位母亲中，有 12 位曾因孩子照料问题而改变或放弃职业，造成职业的向下变动。①

在女性职业变动的过程中，劳动力市场的性别隔离具体体现为职业的性别隔离和行业的性别隔离。在我们的问卷调查中，可以清晰地反映这一现象。对于被调查者现在从事的工作，女性样本中认为两性获得目前职业的机会相当的比例为 41.1%，男性样本中认为两性获得目前职业的机会相当的比例为 36.2%。认为两性获得目前职业的机会不一样的比例总体上高达 54.1%。其中，女性样本中 30.2% 的人认为女性更容易获得，男性样本中 44.6% 的人认为男性更容易获得。从中可见，社会中形成的一部分职业已明显带有性别标签，求职人在职业获得过程中已主观感受到了职业的性别隔离的存在。

职业的性别隔离是女性在职业变动过程中不可跨越的一道屏障。与此同时，行业的性别隔离进一步制约了女性职业变动的路径和范围，也进一步影响了女性的经济地位和男女两性的经济收益差异。对"五普"城市在业人口行业大类分布数据的分析显示，在 92 个行业中，男性比例大于 60% 的行业有 51 个，在这些行业中从业的女性占城市在业女性总数的 25.8%。女性比例大于 60% 的行业只有 5 个，加上偏女性行业，共容纳了近 58.5% 的女性在业人口，此类行业部分是经济效益不高、传统的女性行业，如纺织、服装、居民服务、零售、餐饮业等。需要指出的是，那些公认的垄断行业除金融和邮电通

---

① 蒋美华、柴丽红：《当代城市女性职业变动与孩子照料安排——基于郑州市的调查与思考》，《学习论坛》2008 年第 5 期。

信业是男女相对比较平均的行业外，其他如铁路、电力、煤气、房地产开发经营等基本上是男性为主导的行业。这样，由行业垄断带来的较高收益还是更多地被男性享有。①

与职业/行业的性别隔离相联系的是劳动力市场的性别排斥的存在。劳动力市场的性别排斥使得所有的女性职业群体在职业变动中处于性别劣势地位。以下岗失业女工为例，作为女性职业群体中的弱势群体，她们由于职业变动在劳动力市场所遭遇的性别排斥在女性群体中更具有代表性。第二期中国妇女社会地位抽样调查的数据表明，"国有企业下岗女工普遍感到再就业困难，她们中有49.7%的人认为自己再就业时受到年龄和性别歧视，比下岗男工高18.9个百分点"。② 目前，失业女工普遍感到男性失业工人比女性失业工人好找工作，尤其是一些技术性要求的工作，用人单位更愿意选择男性，留给女性的只是一些技术含量低、工资少的工作。性别因素是阻碍失业女工进入体制外劳动力市场的一大因素。可见，劳动力市场的性别排斥让处于弱势地位的下岗失业女工在职业变动中处于比下岗失业男工更为弱势的境况。

在当代中国社会转型的过程中，女性职业变动还呈现出其他一些特点，如个体的自由流动与结构流动并存，水平流动与垂直流动同在，城乡流动和地域流动混合等多元景观。在垂直流动中，无论是代内流动还是代际流动，又呈现出向上流动与向下流动以及不流动共有的现象。同时，我们也看到女性职业变动的两种极端现象：有的职业女性特别是青年职业女性在职业生涯中没有科学职业规划，频繁"跳槽"，影响了职业的顺利发展；有的职业女性不思进取，在职业生涯中不去捕捉发展机会，放弃职业变动的有利时机，影响了职业的顺利发展。这两种现象都需要引起高度重视。可以说，女性在职业变动中

---

① 全国妇联妇女研究所课题组：《中国社会转型中的妇女社会地位》，北京中国妇女出版社2006年版，第163—164页。

② 第二期中国妇女社会地位调查课题组：《第二期中国妇女社会地位抽样调查主要数据报告》，《妇女研究论丛》2001年第5期。

呈现的多元特点及其与男性相比出现的性别差异和落差真实地再现了社会转型与女性职业变动的紧密互动关系。

总之，在中国社会转型的过程中，经济社会的发展为女性职业变动提供了日益开放的环境，女性的职业变动呈现出日益与经济社会的发展相契合的进步性。许多女性在职业变动过程中极大地开发了自我潜能，寻找到了更多的自我发展的机会，在推动自我发展的同时也推动了经济社会的发展。与此同时，在中国社会转型的过程中，经济社会的发展还未创生出完全公正合理的社会流动机制，女性职业变动的过程中仍会受制于社会流动机制的不完善带来的种种困惑，特别是仍会受制于因女性身份带来的职业角色建构中的困惑和性别不公正的待遇。与男性相比，女性在职业变动中仍遭遇着过程性的不平等，即职业变动起点的不平等——职业变动过程的不平等——职业变动结果的不平等。但随着社会转型的深入，公正、合理、开放的社会流动机制正在形成，许多女性自身也在职业变动中不断强化自我的人力资本积累，不断优化并充分利用自身的社会资本，从而为自身的职业变动赢得更多的主动性和成长性。在此过程中，女性职业变动的进步性日益增强，职业变动中的不足在逐步减弱，女性通过自身的职业变动正在社会上寻找最适宜自我生存和发展的支点，同时在整体上作为丰富的人力资源推进着和谐社会的建设步伐。

当代中国社会转型过程中女性
职业变动的影响因素分析[*]

在当代中国社会转型过程中，女性职业变动日益成为衡量经济社会发展的一个重要标尺。为了引导女性职业变动进一步走向合理化，探究社会转型过程中影响女性职业变动的相关因素非常必要。本文主要从微观、中观、宏观等多维层面进行剖析，从中揭示贯穿于微观—中观—宏观层面影响女性职业变动的主观因素和客观因素、先赋因素和后致因素等多种因素。本文所依据的数据主要来源于国家课题《当代中国社会转型过程中的女性职业变动的研究》。该课题对全国范围内选定的调查地区进行随机抽样，共回收 1804 份有效问卷，其中女性为 1324 份，占 73.4%，男性为 480 份，占 26.6%。我们在问卷调查数据和资料的基础上，对当代中国社会转型过程中女性职业变动的相关影响因素进行分析。

一 微观层面：女性职业变动与个人相关的因素

个人因素可以划分为先赋性因素和后致性因素。先赋性因素指个人生而具有的或自然得到的属性，如性别、年龄、民族、容貌、籍贯、家庭出身、亲属关系等。后致性因素则指个人由于自己的行为或经过自己的努力而得到的一些属性，如技术、知识、个人成就和工作

---

* 原载《中州学刊》2009 年第 6 期，收录本书时有所修改。

经历等。从微观层面出发，影响女性职业变动的因素主要有性别、年龄、文化程度、政治面貌、户籍身份、工作意愿和自身价值理念、社会资本等。

（一）性别身份是影响女性职业变动的重要因素

女性职业变动除受女性自身生理特征的限制之外，还会受到社会上性别偏见等一些人为因素的限制。如有些单位在刊登招聘广告时就将招聘职位明确圈定在男性范围内。这些单位为达到单位利益的最大化剥夺了女性选择自己职业的机会。现实生活中这种性别身份定格现象不胜枚举。

本次课题调查数据显示，性别和职业类别之间有强烈的关系。面对"在体制内单位、体制外单位和非单位中，您更愿意选择在哪一类单位工作"问题，有61.7%的女性愿意选择体制内单位，22.9%的女性愿意选择体制外单位，只有15.4%的女性愿意选择非单位，而男性选择非单位的比例要比女性高5.1个百分点。这种职业选择意愿的性别差异性造成了男女两性在职业变动方向和路径上的差异性。

（二）年龄是女性职业变动的重要影响因素

课题数据显示，在有过1次工作变动经历的女性中，20世纪60年代出生的女性占32.9%，70年代出生的女性占32.9%；在有过2次工作变动经历的女性中，60年代和70年代出生的女性分别占25.9%、37.1%；在有过3次工作变动经历的女性中，这两个年代出生的女性分别占29.6%、31.0%；在有过3次以上工作变动经历的女性中，这两个年代出生的女性分别占24.3%、29.3%。可见，年龄与职业变动次数有相关关系。工作变换次数较多、所占比例较大的群体主要集中在20世纪60年代和70年代出生的人群中。整体来看，年纪小的样本比年纪大的样本职业变动的频率更大，也更容易进行职业变动。这种情况一方面给社会变迁和女性的自我发展带来很多生机，另一方面频繁"跳槽"也不利于女性自我职业生涯的有序发展。

（三）文化程度与女性的职业变动具有相关性

在影响个体社会地位获得的后致性因素中，文化程度的影响力会随着社会现代化的发展过程而越来越明显。在对被调查样本关于需要技能的专业技术人员调查中，高中及中专学历的占专业技术人员总数的36.8%，大专学历的占28.2%，本科及其以上学历的占29.0%，而拥有初中和小学以下学历者在专业技术人员中的比例仅是5.7%和0.3%。其他如党政以及企事业单位领导干部、办事人员的、个体工商户、商业服务业员工、企业员工等都有相应的文化程度要求。通过对课题调研数据的进一步分析，我们发现文化程度的高低与女性职业变动的频次并非呈现相同方向的变化。文化程度为高中及中专者的流动强度较高，小学以下低学历者和具有研究生的高学历者的流动强度较弱。究其原因主要是具有小学以下文化程度的人群缺乏向高层流动的资本，同时所收集的数据资料中具有研究生学历的样本所占的比例很低。

（四）政治面貌因时代和相关职业而对女性职业变动产生不同的影响

在我国，党员是一个极其重要的区别个人身份和政治地位的指标，是重要的政治资本。党员身份在当代中国的五次社会流动中对于个人职业生涯的发展和变动所产生的作用大小不尽相同，体现出政治面貌因时代不同而对职业变动产生不同的影响。本课题"获得第一份工作时的政治面貌与第一份工作所属类型交互统计表"数据显示，获得第一份工作时政治面貌是共产党员者所从事的工作类型，8.8%是党政以及企事业单位的领导干部，44.7%是专业技术人员，23.9%是行政办事人员，1.3%是个体工商户，8.8%是商业服务业员工，12.4%是企业员工。分性别来看，在社会中男性比女性更有可能获取党员身份。截至2007年6月，我国党员人数已达

7336.3 万名，其中女党员 1461.7 万名，仅占 19.9%。这就使得女性通过政治资本来疏通职业发展的路径不像男性那么畅通。本课题"获得初职的政治面貌与初职交互统计表"数据显示，在被调查的女性党政以及企事业单位领导干部中，共产党员占 33.3%，共青团员占 48.5%，群众占 18.2%。在被调查的男性党政以及企事业单位领导干部中，共产党员占 69.2%，共青团员占 23.1%，群众占 7.7%。可见，党员身份对于职业获得的影响程度也因性别不同而产生不同的影响。

（五）户籍身份随着社会的转型不同程度地影响着女性职业变动

改革开放前，我国实行严格的城乡二元户籍身份制度，户籍身份影响着包括女性在内的男女两性的职业获得和变动，尤其对于求职者初职的获得有着重要影响。本课题"女性初职类型与获得初职前的户口交互统计表"数据显示，在被调查的女性群体中，担任党政以及企事业单位的领导干部 72.7% 来自非农业户口，专业技术人员、办事人员、商业服务业员工和企业员工来自非农业户口的比例也相当高，分别是 70.2%、84.1%、67.2% 和 64.9%。个体工商户则有 65.8% 来自农业户口。男性初职获得也体现出户籍身份对男性初职获得的重要影响。

改革开放以来，尤其是近几年来，虽然长期的城乡二元分割体系有所松动，但户籍制度对包括女性在内的男女两性职业变动的影响作用至今依然存在。农村外来进城务工女性在城市务工期间仍然摆脱不了农村户口所带来的一系列苦恼，如接受人口和计划生育管理、孩子在城市公平接受教育等问题，这也影响了她们进行长期职业转换的信心和决心。有些在体制内单位工作的女性进行职业变动的主要原因也是为了获得北京、上海等大城市的户口，以便为自己孩子的高考创造更好的录取条件。可见，户籍身份至今仍然影响着女性职业变动。

（六）工作意愿和自我价值理念是引领女性职业变动的重要因素

工作意愿在人们职业获得及其变动过程中起着主观决定性作用。如前所述，在回答"配偶所挣的钱足以使您全家生活得很富裕的情况下，是否还愿意出去工作"的问题时，有72.8%的女性持愿意态度，不愿意和不知道的彷徨态度分别占17.4%、9.8%；而82.7%的男性持愿意态度，不愿意和不知道的占12.0%、5.4%。可见，女性的职业获得意愿总体上低于男性。一般来说，工作意愿越强的人追求自我价值实现的愿望也越强烈，进而会在职业变动方面有更多的思考乃至于行动。在我们的个案调查中，一些中学女教师具有提高文化内涵和学识修养、为自己创造更高职业平台的强烈愿望，放弃目前教师的职业而选择考研。这种追求自我发展的职业变动体现了女性主体意识的觉醒。

（七）社会资本对女性职业变动起着重要作用

课题调查数据显示，女性获得初职主要由父母和家人帮助联系的占被调查女性的19.3%，由同学朋友帮助联系的占被调查女性的5.1%，由亲戚帮助联系的占被调查女性的9.9%。可见，被调查女性中有34.3%的人是靠运用社会关系获得初职的。这说明社会资本对个人初职的获得发挥了很大作用。在现职的获得方面，15.6%的女性认为靠父母和家人，10.8%的女性认为靠同学和朋友，11.0%的女性认为靠亲戚，也就是说，有37.4%的被调查女性是靠运用社会关系获得现职的。这说明社会资本对个人现职的获得也发挥了很大作用。

除上述影响因素外，影响女性职业变动的个人因素还有个体"对这一工作不感兴趣""认为这份工作没有发展前途""能力有限，无法胜任""身体不好，无法胜任"等。在此不一一详述。

总的来说，个人因素是影响女性职业变动的微观因素，也是影响女性职业变动首先需要考察的因素。无论是先赋性因素还是后致性因素、内因还是外因、观念还是行动，我们都可以从微观层面看到女性个体因素对于自身职业变动的影响。

二 中观层面：家庭和单位等因素对女性职业变动的影响

（一）家庭的影响

1. 父辈职业对女性职业获得和变动的影响

父代职业与子代初职之间的比较分析，目的在于描述性地说明家庭背景特别是父代职业等先赋性因素影响子代职业的情况。实际上，进入初职的行为是由环境性因素与个人因素交互决定的结果。初职是职业变动的初始状态，其实质在于启动职前条件性资源向职业生成性资源的转换。初职决定了职业流动的初始方向和路径，定位了以后职业生涯的职业地位的位移轨迹和职业状况。在个人社会地位获得过程中，父辈职业对女性职业获得和变动均有一定的影响性。从"父亲职业类型与女性初职类型"代际职业流动的特征和趋势来看，被调查女性的代际不流动为20.9%，男性为15.3%，女性高出男性5.6个百分点；女性与其父亲职业类型相比较上升流动的比例为37.4%，男性为43.7%，女性低于男性6.3个百分点；女性与其父亲职业类型相比较下降流动的比例为41.7%，男性为41.0%，相差不大。可见，就样本的初职类型和父亲职业类型的比较，男性代际流动有明显的上升趋势，而女性处于微弱下落状态。课题"不同性别初职类型与父亲职业类型交互统计表"数据显示，无论是在党政以及企事业单位的领导干部还是其他职业类型中，女性的职业继承性都高于男性。女性职业类型的继承性由高到低分别是专业技术人员（43.1%）、行政办事人员（40.7%）、商业服务业人员（31.7%）、企业人员（26.7%）、个体工商户（8.7%）、党政以及企事业单位的领导干部（2.3%）。而在男性群体中，职业的继承性分别为29.4%、33.3%、29.4%、23.7%、8.5%、0%。除了个体工商户男女两性的继承性不大，在其他职业类型中，男女两性的继承性差距均较大。差距最大是专业技术人员，女性的职业继承性比男性高出达 13.7 个百分点。

2. 养育孩子、家务劳动是影响女性职业变动的重要因素

传统的性别观念和性别分工模式，使女性承担了更多养育孩子和家务劳动的重任。对于职业女性来说，家庭角色和工作角色往往会出现冲突。课题调查数据显示，男性被调查者中有 59.2% 的人认为养育子女对工作有影响，而女性被调查者中则有 66.6% 的人认为养育子女对工作有影响，高出男性 7.4 个百分点；男性被调查者中有 40.8% 的人认为养育子女对工作影响很少，而女性被调查者中只有 33.4% 的人认为影响很少，低于男性 7.4 个百分点。可见，养育子女的负担和压力较多地偏向于女性。当被调查女性和男性被分别问到"在您家，主要由谁做家务"时，二者的回答都是女性做家务的比例远远高于男性。63.4% 的被调查女性认为主要由自己做，7.8% 的被调查女性认为主要由丈夫做。与此相对照，在被调查男性中，只有 27.1% 的人认为主要由自己做，有高达 43.3% 的人认为主要由妻子做。这说明家务劳动的负担也主要压在女性身上，这也给女性的职业发展和变动带来了很大的负面影响。

（二）单位的影响

对于在单位制内工作的女性来说，她们的职业变动还明显受到单位外部状况、单位内部状况、单位和女性的职业关系状况等相关因素的影响。当问及被调查女性"影响您变换初职的主要单位原因"时，认为"工资低"造成变换初职的应答百分比是 32%，认为"工作时间长"造成变换初职的应答百分比是 12.7%，认为"劳动强度大"造成变换初职的应答百分比是 8.8%，"人际关系不融洽"造成变换初职的应答百分比是 1.8%，"有性别歧视"（如性骚扰等）造成变换初职的应答百分比是 0.6%，"工作压力大"造成变换初职的应答百分比是 5.6%，"福利待遇差"造成变换初职的应答百分比是 10.2%，"晋升机会少"造成变换初职的应答百分比是 7.0%，"单位解体"造

成变换初职的应答百分比是2.6%，"单位解雇"造成变换初职的应答百分比是1.0%，"其他单位原因"造成变换初职的应答百分比是8.6%。

可见，上述具体的单位原因促成了女性的职业变动。再具体而言，就单位是否歧视女性来看，调查显示，43.7%的女性认为初职单位存在歧视女性的现象，32.2%的女性认为现职单位存在歧视女性的现象；就女性所享受的福利和保障情况来看，调查显示，在初职单位，女性所享受的福利和保障情况并不如意，9.3%的女性没有任何福利和保障。在现职单位，4.4%的女性没有任何福利和保障。这些因素都对女性的职业发展产生了不利影响。

从中观层面来看，除家庭、单位等因素影响女性的变动外，社区、相关民间组织等都会不同程度地影响女性的职业变动，这里不再赘述。

三　宏观层面：女性职业变动与国家和社会相关的因素

（一）所处时代是影响女性职业变动的重要因素

在以计划经济体制和传统社会为特征的社会转型前期（1949—1978年），男女两性的职业变动率都处在一个较低的水平，也就是说，人们不经常发生职业变动。这和当时的社会经济体制有着密切关系。在传统的计划经济体制下，人们获得工作的主要途径是国家分配或接班，国家对于劳动者在不同地域之间、不同经济部门之间以及在不同就业单位之间的变动予以严格的全方位控制。在此阶段，职业变动的性别差异相对较小。在从计划经济体制向市场经济体制转变的过程中（1979—1992年），随着城市化、工业化的发展，不同性别群体在第二阶段的职业变动率有了显著增加。同时，人们参加工作的年龄和文化程度都有所上升。传统的单一制的公有制企业"一统天下"的模式被打破了，传统的获得工作的方式也发生了改变。人们要花费一定的时间学习更多的工作技能以适应不同的工作岗位。同时，由于岗位之间的不同性质和各类企业追逐经济利益的最大化，女性在职业变动过程中被边缘化的趋势逐渐显现并日趋增大。

1993 年以后，随着社会转型的加速进行，越来越多的新兴行业出现，对高素质人才的需求量也随之扩大，人们需要花费更多的时间来获取人力资本。人们用于教育的时间和经费都有了较大的上升。在此阶段人们初职的平均年龄明显大于前两个阶段，平均文化程度也产生了质的飞跃。人们可以通过教育的途径改变自己的社会阶层地位，后致性因素在人们实现职业变动过程中的影响开始超越一些先赋性因素的作用。同时，社会环境的开放和交通工具的便利，也使得人们的区域性职业变动变得更加容易。但和男性相比，女性依然处于职业变动的劣势地位。

（二）与就业相关的社会制度和政策是影响女性职业变动的重要因素

在由计划经济体制向社会主义市场经济体制转变的过程中，我国的就业制度发生了重大变化。改革之前，我国的职业结构属于刚性，在户籍制、行政制、单位制、档案制等的限制下，当时的职业获得方式主要由国家进行统一分配。这一就业制度极大地限制了人们自主择业的自由。伴随着改革开放，原有的就业制度开始松动，国家逐渐放开对职业分配的控制权。整个社会配置从计划经济转向市场经济，市场化提供了越来越多的自由流动资源，扩大了人们选择职业的自由流动空间。随着国家再分配权力在职业分配中的衰弱，市场选择（人力资本）和个人关系（社会资本）在择业过程的作用日益凸显，推动着人们的职业变动。

社会制度和政策成为影响女性职业变动的重要因素。调查显示，在回答"影响您变换初职的主要原因"之社会原因的选答问题时，应答样本有 57.0% 的女性和 51.1% 的男性认为是"国家政策安排"造成的。但社会制度和政策对男女两性的影响不尽相同。如对女性职业变动较为有利的"一系列妇女权益保护法"对男性的影响微乎其微，而对男性较有利的"分配与就业制度改革"对女性的影响就不如男性明显。

社会制度和政策的变化直接影响着女性职业获得和变动。在1978年以前，在被调查女性中，有91.5%的女性获得的初职属于体制内单位，而体制外单位和非单位仅占3.9%和4.6%，这与当时的就业政策是相吻合的。在1979—1992年我国改革开放初期，许多政策的制定和完善处于摸索阶段，人们的就业观念受改革开放的影响不大，多数获得初职的被调查女性的就业主要还是选择体制内单位（85.3%），同时在体制外单位和非单位的比例也有了小小的增加（分别为8.3%、6.4%）。而在1993年以后，获得初职的被调查女性进入体制内单位的比例下降到58%，在体制外单位和非单位却有了长足的增长，该比例上升到了28.1%和13.9%。这反映出就业制度的变化对女性职业获得和变动的重要影响。

（三）社会中形成的职业声望是影响女性职业变动的重要因素

职业声望的评价标准往往影响着人们的择业标准。职业声望体现了社会整体的职业舆论和价值理念，对人们的职业变动产生一定的影响。在回答"影响您变换初职的主要原因"之社会原因的选答问题时，应答样本有40.2%的女性和43.3%的男性认为"社会对这一工作评价太低"。这说明职业声望是影响女性和男性职业变动的重要因素之一。

（四）社会中性别角色的定位是影响女性职业变动的重要因素

社会中性别角色的定位是影响女性职业变动的重要因素。传统的"男主外、女主内"的性别角色定位至今仍影响着女性家庭角色和社会角色的定位，进而影响着女性的职业变动。通过前述课题数据分析，我们可以清楚地看到，养育子女、家务劳动等家庭角色的扮演对男女两性影响程度不同。女性因为在家庭角色方面投入更多的时间和精力而影响自身职业的发展。因此，如何改变传统的性别角色的不公平定位，如何为女性营造平等的社会文化环境，是值得我们深思的问题。

总之，在职业变动的过程中，女性的职业变动受到多种因素的影响。我们应该从多维层面入手，积极推进女性职业的合理变动，以更好地促进女性的发展，促进男女两性的协同发展，促进经济社会的全面发展。

参考文献

蒋美华：《当代中国社会转型过程中女性职业变动的现状审视》，《郑州大学学报》（哲学社会科学版）2009 年第 1 期。

陆学艺：《当代中国社会流动》，社会科学文献出版社 2004 年版。

赵延东、王奋宇：《当前我国城市职业流动的障碍分析》，《人口与经济》2004 年第 5 期。

商业服务业女性员工的职业变动[*]

在一个社会中，一定的经济结构决定着一定的就业空间和职业结构。改革开放前中国是计划型经济体制，经济发展水平、工业化程度、城市化水平均不高，农工轻重比例失调，商业服务业发展滞后。同时社会流动模式是政治主宰型的模式，人们的社会流动不能由自己来把握。改革开放以后，中国积极推进经济体制改革，使计划经济体制向市场经济体制转变，容许和鼓励非公有制经济的发展。工业化、城市化、市场化的发展，推动了经济结构的调整和转变。国家加快发展轻工业，大力发展商业服务业。除原有的单位里的商贸营销人员外，城市新增大批商业服务业人员，同时大批的农民工进城，也投入到商业服务业的发展中。商业服务业的兴盛和发展为人们特别是女性提供了广阔的就业平台，大批女性活跃其中，展现着自我的职业角色风采。从社会流动的视角来看，改革开放30年的时间里，随着社会转型的不断深入，社会提供的流动环境越来越宽松，加快了包括商业服务业在内的多种行业的从业人员进行职业变动的频率和速度。

为此，本文从考察商业、服务业女性职业变动状况出发，比较了女性和男性在职业变动过程中的差异，进而探讨了影响女性职业变动的相关因素，最后提出了相关对策建议，希望促使女性职业变动更趋合理化。

---

* 原载《河南社会科学》2009 年第 3 期，收录本书时有所修改。

一 概念的界定及调查资料情况

从阶层的视角来看，商业服务业员工阶层是指在商业和服务行业中从事非专业性的、非体力劳动的和体力劳动的工作人员①。在此，从职业的分类视角来看，本文所探讨的商业服务业员工具体包括体制内和体制外的商贸营销人员、商业服务业基层监管人员（如商场、超市的基层管理者）、商业服务业从事专门技能工作的人员（如厨师、理发师、美容师、收银员、导游等）、商业服务业蓝领员工（如营业员、餐厅服务员、保安、清洁工等）。

本文的调查资料主要来源于"当代中国社会转型过程中的女性职业变动的研究"的课题调查。课题组对全国范围内选定的调查地区进行随机抽样获取了大量样本资料。在对人员的选定上，本文从过程视角出发，将只要在职业生涯中当过商业服务业员工的就视为商业服务业员工，以更好地从职业生涯变动的视角来揭示商业服务业员工的职业变动情况。这样，调查共收到 310 份有关商业服务业员工职业变动的有效问卷。其中，女性问卷 235 份，占 75.8%，男性问卷 75 份，占 24.2%。样本中有 89.9% 的人是在改革开放后参加工作的，深切地反映了在结构转型和体制转轨过程中，社会转型的日益深化与商业服务业女性员工职业变动的互动关系。

二 商业服务业女性员工职业变动的状况

（一）职业变动的强度、范围

由调查数据可见，商业服务业员工中，曾经有过职业变动经历的女性占女性有效样本的 67.6%，曾经有过职业变动经历的男性占男性有效样本的 69.3%，比例差别不大（如表 1 所示）。

---

① 陆学艺：《当代中国社会流动》，社会科学文献出版社 2004 年版。

表1 分性别职业变动情况 （单位：人，%）

性别	有效样本总数	有职业变动经历的人数	百分比
女	235	159	67.6
男	75	52	69.3

曾有过2次以内职业变动次数的女性占女性有效样本的68.6%，男性仅为57.7%，但3次和3次以上的女性比男性少10.9%（如表2所示）。

表2 分性别职业变动次数 （单位：人）

性别	1次	2次	3次	3次以上
女	50 32.1%	58 36.5%	31 19.0%	20 12.4%
男	16 30.8%	14 26.9%	13 24.9%	9 17.4%

另外，据调查资料分析，目前有变换职业打算的男性为38.4%，女性为32.4%，女性比男性少6%。从流动的地域范围来说，变换过2个以内工作地域的女性比例比男性多，但变换过3个和3个以上工作地域的女性比例比男性少16.9%（如表3所示）。

表3 分性别职业变动地域变换次数 （单位:%）

性别	1个	2个	3个	3个以上
女	57.4	24.3	8.9	4.0
男	45.9	29.7	13.5	16.3

由此可见，男性样本的职业变动强度和变动范围均大于女性样本。

（二）职业变动的方向

按照中国社科院"当代中国社会阶层结构课题组"的观点，我国社会的阶层性职业构成在下列一些职业中由较高层次到较低层次按顺序排列：党政企事业领导干部、专业技术人员、行政办事人员、商业服务业员工、工人等[①]。依据这种状况，笔者按照 SPSS 分析的结果，把商业服务业样本分性别对初职和现职状况作了一个对比，如表4所示。

表4　　　　　　　　分性别初职和现职职业状况对比　　　　（单位：人）

职业类别	初职		现职	
	女	男	女	男
党政企事领导干部	0　0%	0　0%	3　1.3%	1　1.3%
专业技术人员	7　2.9%	1　1.3%	6　2.6%	3　4%
办事人员	7　2.9%	0　0%	8　3.4%	4　5.3%
商业服务业员工	146　59.9%	52　69.3%	164　69.7%	61　81.3%
工人	55　23.5%	12　16%	9　3.8%	1　1.3%
其他	19　11.8%	10　13.3%	45　19.2%	5　6.8%

由表4我们可以看到：从流入的情况来看，从初职到现职，从事商业服务业的员工比例大幅增加。女性由原来的59.9%增加到现职的69.7%，增加了9.8个百分点，男性由原来的69.3%增加到现职的81.3%，增加了12个百分点。但女性仍略低于男性。商业服务业已经成为经济增长和安排劳动力就业的一个非常重要的行业。

从流出的情况来看，60%的商业和服务业员工停留在本行业内不流动。男女两性都有向上流动的趋势，但两者的程度不同。现职与初职相比较，男、女两性向上流入党政企事领导干部阶层的比例相同，均为1.3%；男性流入专业技术人员阶层的比例增加了2.7%，女性反而下降了0.3%；男性向上流入办事人员的比例增加了5.3%，女性仅增加了2.4%；男性样本中工人群体的比例锐减，由初职的16%减为现职的1.3%，并且向上流动到商业服务业阶层。女性样本工人的比例也由初职的23.5%锐减为现职的3.8%，这些流动女工仅有一

---

① 陆学艺：《当代中国社会流动》，社会科学文献出版社2004年版。

半向上流入商业服务业阶层，另一半向下流动至较低阶层。商业服务业接纳了体制内无力接纳的人员和被体制排挤出来的人员。值得注意的是，在一些国有、集体企业的下岗工人眼里，流入商业和服务业是一种向下的流动。通过两性状况的对比，笔者认为商业服务业员工在社会转型过程中获得很多流动的机会和上升的机会，但男性从社会发展变化中的受益大于女性。女性的发展仍然存在诸多限制，甚至会向下流动进入城乡失业半失业者阶层。

三　影响商业服务业女性员工职业变动的相关因素

（一）国家政策的影响

20世纪70年代末开始的经济体制改革在向纵深处发展的同时，带动了教育制度、分配与就业制度、人事制度、户籍制度等一系列制度的变革，也引发了人们思想观念的变化，促进了人们职业的变动和发展。但同时改革也有不彻底的方面，在某些方面对人们的职业变动和发展产生了制约作用。在当代中国社会转型过程中，国家政策始终在影响着人们的职业变动。具体来看有以下方面。

1. 对职业变动有利的政策

对商业服务业员工态度的统计表明，认为对自身职业变动有利的国家政策由高到低排序依次为（如图1所示）：经济体制改革、教育体制改革、分配与就业制度改革、人事制度改革等。其中，女性对户籍制度改革、一系列妇女权益保护的法规与政策的出台、教育体制改革等政策的认可态度更为突出。这表明，国家政策的改革和完善确实使得女性职业变动得到了更多的机会，大批女性（包括农村女性）由此走进了第三产业，推动了商业服务业的蓬勃发展。

2. 影响职业变动的不利政策

样本所反映的影响商业服务业员工职业变动的不利政策各个方面均有涉及（如图2所示），男女意见差别很大。其中男性认为不利的

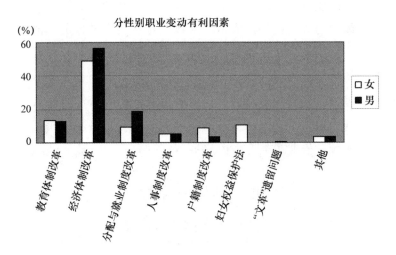

图1　分性别对职业变动有利的国家政策

政策主要包括教育体制改革、分配与就业制度改革以及其他政策。女性认为不利的政策主要包括经济体制改革、人事制度改革、户籍制度

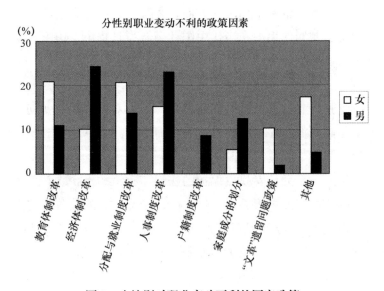

图2　分性别对职业变动不利的国家政策

改革等。户口问题对很多农村已婚女性的影响比较大。在我们的个案深度访谈中，杨女士颇具代表性。在 家药店当促销员的杨女士（26岁）家在农村，已结婚并有了一个小男孩。在孩子3岁时，她和同乡一起来城市打工，并在药店找到了工作。她告诉笔者：在药店上班后感觉一切都好，但有一件事特别烦。她们老家的计划生育抓得很严，村里的妇女干部定期要给她打电话要求她回村去做孕检，以确定她没有在外面偷偷怀孕生子。如果不回去就要罚钱。杨女士认为这一政策不利于她进行远距离的职业变动。

另外，在体制转换过程中，国家政策的变换和具体落实状况对于女性职业变动有很大的影响。比如，郑女士（33岁）是西安一家饭店的员工，她曾经想要变换工作，却因为档案、社会保障等问题未果。她所在的饭店原本为国营单位，她由中专学校毕业后分配到该单位成为该饭店的正式职工，享受医疗、劳保等待遇。后来单位改制变成了私人承包性质，她依然在该单位作为正式职工上班。2005年，她想停薪留职，把工资关系、档案、劳保等留在原单位去另外一个城市发展，却遭到单位的拒绝，后经多方协调也未果。无奈之下，郑女士请病假休息一段时间，调整心情后无奈地又回原单位上班了。

可见，在当代中国社会转型的过程中，国家一系列政策还有很多不完善的地方，计划经济体制下形成的户口、档案、住房等制度的存在仍然是人们职业变动的主要羁绊。特别是许多政策在制定、实施以及评估过程中没有很好地"将社会性别纳入决策主流"，从而影响了政策的社会性别公正性和合理性。比如，男女不同龄退休政策就使得许多精英女性在职业生涯的发展中难以走上更高的职位。这也说明，公正、合理的社会流动机制目前还未完全形成，社会政策的改革还需要进一步加大改革的力度。

3. 政策影响下职业的被迫变动

改革在推进社会整体进步的同时，也触及了部分人的利益，使得其中的一些人被迫进行职业变动。比如对于原先在体制内国企工作的职工来说，企业的优化组合使得他们中的一部分人下岗，失去了原来的"铁饭碗"，被迫进行职业变动，进入商业服务业领域。特别是对于追求安定的原来国企部分女职工来说，她们在下岗后更是难以接受或至今仍有抱怨情绪。

（二）个人因素的影响

随着社会转型的逐步深入，我国社会已经初步实现了工业化、市场化和城市化，一个现代社会流动机制的模式正在初步形成。在这样的社会中，个人获得社会地位和实现社会流动的机会更多地取决于自身的能力和努力。后致性规则被视为现代社会的主要社会流动规则。

在问卷调查中，我们让变换过工作的样本选择"对您变换工作有利的自身因素和不利的自身因素"（多选），由图3可见，能力和学历被男女两性公认为是变换工作的最有利的因素，而容貌、社会关系、年龄等处于次要的位置。其中女性认为能力影响的占44.1%，学历影响的占21.3%；男性认为能力影响的占32.6%，学历影响的占25.6%。这足以表明现代社会对"人才"更加理性地进行判断和更加理性地进行使用，学历和能力提高了，就可以向更好的工作和地域流动。因此，提高个人的学历和能力成为对从业者的一项基本

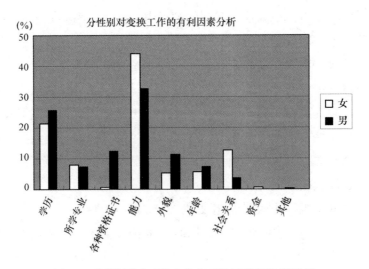

图3　不同性别对工作变换有利的因素的选择结果

要求。

在我们的调查样本中，男性在初职就进行学历和职业技能方面学习的比例为70%，在现职更是达到了74.5%；女性在初职就进行学历和职业技能方面学习的比例为80%，到现职时降到了66.7%。由此可见，男女两性都在工作中或工作之余，努力提高自己的学历和能力，增加就业资本。但是，现职女性进行学习和技能提高的比例比初职时降低了13.4个百分点，这一方面和部分女性对职业的定位不高有关，另一方面也和部分女性受自身生理特征和家庭的影响有关。

与男性相比，家庭因素仍是影响女性职业变动的一个重要因素。夫妻两地分居、家务劳动、孩子照料等家庭原因都会影响女性职业变动。我们的调查显示，36.6%的商业服务业女性员工进行职业变动是为了照顾家庭和孩子。在家庭生活中，有58.7%的被调查商业服务业女性员工表示由自己来完成家里的家务劳动，仅有9.0%的商业服务业女性员工表示主要由丈夫做家务。另外，有62.11%的商业服务业女性员工表示养育子女会影响自己的职业。长久以来，人们受"男主外，女主内"的传统思想影响，女人要承担起"相夫教子"的使命。另外，由于女性的独特生理特征，母亲与子女有着天然的血肉联系，这使得母亲在教养子女方面比父亲发挥着更大的作用。对于职业女性来说，生活是多维的，她们要在生活中扮演多重角色，这些角色相互联系、相互依存又相互冲突，处理好家庭角色和工作角色的关系，是她们职业成功的重要因素。但是，如果冲突无法解决，有些女性可能会改变或放弃自己的职业或者以"M"形式（婚前就业—结婚生子—再就业）就业。

另外，对职业的兴趣爱好也成为职业变动的考虑因素。在社会经济发展到一定程度的时候，职业不再仅仅是生存的需求，而且是个人价值和身份的要求，是为了实现自我和证明自我，更是为了追求人生更深层次的快乐。在所调查的商业服务业员工样本中，认为做初职工作时，很符合及比较符合自己的职业兴趣的女性仅占27.5%，男性占30.8%；而在现职工作中，对自己职业感兴趣和比较感兴趣的女性增加至 53.6%，男性也增至 52.4%。通过比较可知，商业服务业人员中，女性的"发展意识"和"成就动机"等观念已经与男性无明显差异，这对于女性个体和群体的发展都是十分有利的。

由此可见，商业服务业女性员工的职业变动不仅受到国家政策的影响，还受到个人因素的影响，此外还会受到具体单位等其他一些因素的影响。在此，因为篇幅所限，我们不能穷尽解读所有的影响因素，只能对主要的影响因素做一些阐释。正是在多种因素的作用下，商业服务业女性员工的职业变动呈现出了现有的运行轨迹，并带给我们更多的思考。

四　商业服务业女性员工职业变动的对策

由前述的分析我们可以看到，随着中国社会转型的进一步深入，商业服务业女性员工的主体意识不断增强，她们所处的职业发展环境不断改善，从而拥有了更多的职业向上变动的机会。但我们还是能够看到，国家政策的平等并不能保证两性在职业发展道路上事实的平等，影响商业服务业女性员工职业发展、自主变动的不利因素依然存在。为此，笔者认为应从以下几方面入手来促进商业服务业女性员工进行更为合理的职业变动。

（一）把握女性群体的差异性，以便为女性流入商业服务业和流出商业服务业提供正确的政策指导

商业服务业是女性从业的重要领域，这些人员既包括失业下岗的女性弱势群体，也包括高级白领、知识女性和女大学生等年轻群体。不同的女性群体具有其自身的特点，能力也不完全相同。从农村到城市的打工女性、失业下岗女性期望工作和创业的领域主要是商业服务、社区服务和餐饮服务；而大中专女性毕业生则可提供某些技术含量等比较高的高层次服务，同时她们也有较高的创业期望，有助于推进商业服务业的进一步发展。政府应当了解这种差异性，为不同层次

的女性提供就业指导、政策指导和培训指导等，以引领女性科学、合理地流入商业服务业或流出商业服务业，最大限度地开发女性的职业发展潜能，进而推进社会的发展。可以说，国家政策和政府行为等对于商业服务业女性员工的职业变动和发展具有较大的影响。因此，政府应在科学发展观的指导下，积极进行政策—制度层面的思考和实践，以便为女性商业服务业员工的职业变动和发展提供更好的环境。

（二）鼓励和促进社区便民利民服务业发展，推进家务劳动社会化，以便为更多的女性特别是处于社会生活下层的女性提供在商业服务业就业的机会

在居民集中的社区里，政府应创造条件不断改善社区的便民商业服务设施，鼓励在社区中经营粮油、副食品、小百货等生活日用品的综合超市、便利店、快餐店等做大做强，以吸纳更多的社会弱势群体中的女性能够在商业服务业领域就业。同时，政府也应着力促进社区家政服务业的发展，鼓励发展家庭保洁、烹饪、保姆、老年人护理等多种类型的社区家政服务，这样一方面可以为更多的社会弱势群体中的女性提供就业机会，另一方面也可以减轻许多职业女性的家务劳动负担，使她们能够有更多的时间和精力投入自我职业的发展中。可以说，社区商业服务业的发展可以为商业服务业女性员工提供更多的从业和发展机会，商业服务业女性员工可以在社区找到职业发展的平台。

（三）政府应制定一套行之有效的监督、治理、打击、疏导和控制的管理方法，控制色情行业的发展，以便为商业服务业女性员工的发展创造良好的环境

随着社会的开放和发展，色情服务业也逐渐兴起，并成为污染商业服务业正常发展的恶劣之风。商业服务业女性员工在商业服务业领域从业的一个很大的困扰就是要受到色情服务之风的困扰。这种风气影响了女性正常地流入和流出商业服务业，特别使得在业的商业服业女性员工在不情愿的情况下受到来自雇主、顾客等的性骚扰，从而影响了这些女性在商业服务业的正常职业变动和发展。为此，政府应制定一套行之有效的监督、治理、打击、疏导和控制的管理方法，控制色情行业的发展，以便为商业服务业女性员工的发展创造良好的环境。

（四）商业服务业女性员工应提升和强化自我所拥有的人力资本和社会资本

商业服务业女性员工要不断提升自己的人力资本，并能充分运用自己的社会资本，努力化解职业变动中遇到的种种困难，靠自身的能力和不懈追求去为自己赢得更广阔的职业发展空间。只有这样，女性商业服务业员工才能在职业变动中走得更高，获得更多的职业向上流动的机会。

社会转型时期房地产置业
公司女员工的职业变动研究
——以郑州市 S 房地产置业公司中的
中高层职位的女性为例*

职业变动的研究是目前国内外学术界关注的学术前沿问题。在这方面，学术界的研究还很薄弱，尤其缺乏从社会性别视角入手对处于性别劣势的女性职业群体进行的相关研究。有鉴于此，本文拟在社会转型的背景下，以能深切反映转型社会中女性职业变动的房地产业为关注领域，探讨置身于房地产置业公司中的中高层职位女性的职业变动，期望深化对女性职业变动的研究。

一 概念解读及研究方法说明

职业变动，即职业流动，是社会流动的一个重要内容和主要表现形式，是指劳动者在不同的职业群体之间的流动，变换劳动角色的过程。它包括以职业地位和职业声望为标准划分的水平流动和上下流动；以职业流动引起社会职业结构性变化的情况为标准划分的结构流动和个别流动和两代人之间从事的不同职业变化的代际流动以及劳动者个体在整个职业生涯过程中的一生流动。① 由此可见，职业变动包

---

* 原载《南阳师范学院学报》（社会科学版）2006 年第 10 期，人大复印报刊资料《妇女研究》2007 年第 2 期全文转载，作者：蒋美华、杜利娜，收录本书时有所修改。

① 参见郑杭生《社会学概论新修》（第三版），中国人民大学出版社 2003 年版，第 243 页。"在现代社会中，一般认为，职业地位无论是对社会还是对个人来说都具有非常特殊的意义。职业地位是个人地位结构中起主要作用的地位。因此狭义的社会流动常常指人的职业地位的改变。"在此基础上，笔者依据社会流动的相关定义界定了职业变动。

含着职业时空的变动，也蕴含着职业心理的变动。本文正是从这一多维视角出发，着力透视房地产置业公司中的中高层职位女性自身的职业变动经历和心理体验。

为了能够深入解读房地产置业公司中女性的职业变动，本文将实证调研的对象锁定于郑州市 S 房地产置业公司中处于中高层职位的女性。而对于郑州市 S 房地产置业公司中处于普通职位的女性将另著文加以论述。

对于郑州市 S 房地产置业公司的中高层职位女性的调研，笔者主要运用个案访谈法收集一手资料，在此基础上进行定性分析。在调查前，笔者根据 S 公司的实际情况将 S 房地产置业公司的女员工分为中高层职位的女性和处于普通职位的女性。笔者认为 S 房地产置业公司中处于中级评估师及以上者，都属于中高层职位。在这一界定下，S 房地产置业公司共有中高层管理者人数 23 人，其中女性占一半。笔者然后对 S 房地产置业公司中的 1 名副总经理、1 名高级经理、2 名交易中心经理、4 位评估师等中高层女性领导进行了访谈。此外，笔者还对该公司的 5 位中高层男性领导进行了访谈，以强化社会性别视角的分析。同时，笔者对该公司的 221 位员工也进行了与本文相关的问卷调查，期望深化对该公司处于中高层职位的女性所处的职业变动的背景的认识。[①]

二 公司和女性的发展空间

（一）S 房地产置业公司

变化中的企业房地产行业自 20 世纪 90 年代初，就是一个新兴又

---

① S 公司在郑州共有 43 家连锁店，在郑州共有员工 221 名，男女比例是 109：112，基本保持 1：1。S 公司职位的序列由高到低依次是总经理（1 个人）、副总经理（1 个人）、高级经理（2 个人）、总经理助理（1 个人）、4 个区的交易中心助理（1 个人）、评估师（14 个人）、店长（43 个人）、店员、实习生。其中，中级评估师及以上，都属于中高层职位（评估师分为初级、中级和高级）。

充满活力的行业，这与经济体制的转轨、国家政策的调整和企业的改革休戚相关。企业在脱离政府行政干预之后，开始遵循市场经济的游戏规则，把那些非生产性的部门逐渐推向社会，单位福利房改革就是在这样的背景下拉开了帷幕，逐渐向商品房转轨。所以，商品房代理公司如雨后春笋般增多。同时，二手房中介组织也红火起来。S公司就是在这样的社会背景下迅速发展了起来。

1. 公司的快速变动性

这种变动性一方面是由国家政策所引起的，另一方面是由企业本身处于事业发展的积聚和上升期所引起的。

中国房地产建设的历史不长，有效经验不多，国家有关房地产政策的不断调整，地方政策的不断出台，比如营业税、契税、个人所得税、公证等的不断变化，使得房地产法人团体不得不追随其后，经常调整。

引起公司快速变动的最关键原因，还是由它自身发展的特征决定的。由于处于发展的爬坡和摸索期，公司没有非常固定和纯熟的运营经验。所以，为了适应不断变化的市场，更为了公司的生存和发展，其旧制度不断变更，新制度不断出台。而每一项有效经验的总结、制度的确定到最后的大范围应用，公司都要经过一个不断试错和纠正的过程。在这个过程中，员工和各个部门也要为适应已变化的制度作出相应的变化和调整。正是善于创新、善于总结，S公司才得以快速发展，其前后经历了商品房代理阶段、连锁经营阶段和稳步发展阶段三个阶段，每个阶段都有新的目标。2005年伊始，S公司进入了一个新的发展阶段，已入驻33座城市。总公司计划到2006年年底，在全国入驻60个城市，并在2007年铸造"百亿S""百年S"的战略目标，准备在美国纳斯达克上市，扩大筹措资金的渠道，得到更多国际闲散资金的资助，届时，S公司会飞跃到另一个新的台阶。

2. 公司员工的高频率流动性和年轻化

S公司员工的离职率很高，比如去年接近于300%。这与公司的薪酬发放有一定的关系，员工在进入公司没有转正之前的3个月内不计绩效（没有奖金），只拿400元的基本工资。这对于刚毕业的大学生来说，是难以接受的。所以，一个员工对我说，只要进入公司1个月坚持不走的人，就已经算老员工了。

公司员工的平级流动率、垂直流动率也很高，这与企业的盈利目标相吻合。按照系统论的观点：各部门的人员和资源只有配合协调，才能使整体力量大于各个部门力量之和。所以，公司为了把最合适的人放在最合适的位置上，使资源得到充分利用，常常使员工在各个位置之间不停调换。比如有些员工善于和外界打交道，那么公司会把他们放到公关部，与房管局和银行建立良好的外部关系；有些员工有足够的号召力、影响力，善于做下级的思想工作，公司会把他们放到业务部。正是这样不停地培养、不停地发现、不停地调动导致了员工内部的流动。S公司的企业文化要求员工主动变革。企业文化认为：如果一个员工长时间地待在同一个地方的某一个职位，他很可能会对外界变得麻木起来，反应迟钝。因此，公司通过对员工的不停调动，给员工本身提供一个机会，让他在另一个位置上换位思考一下，不仅能让他一直体验到新鲜感，减少他的惰性，还利于发现他身上的闪光点。

该公司非常注重员工队伍的年轻化。公司招聘新员工的年龄底线是30岁，尤其青睐刚毕业的大学生，因为它看重年轻人不断迸发的激情。

（二）没有天花板的发展空间

"玻璃天花板"现象是指对女性，尤其是上升到一定职位的女性来说，其升迁道路总会有一种看不见却真实存在的障碍，阻挡着她们向更高职位晋升。这是传统性别文化对女性能力的偏见，是一种潜在的束缚女性职业向上变动和发展的制度规则。但在S房地产置业公司这样一个新型的现代企业中，传统性别规范模式的成分很有限。

对S公司221位员工的问卷调查显示，当问到"您认为影响员工业绩或升迁的因素有哪些"时，被调查员工选"与个人努力"和"机遇"有关的最多，分别占40.2%、31.5%。虽然个人努力了，如果没有机遇，不一定得到升迁。但个人不努力，就算有机遇，也一定得不到升迁。所以两者对个人的发展形成了必要而非充分条件。仅有1.4%认为业绩和"性别"有关。当问到"您认为管理人员由谁来承担比较好"时，82.3%的人认为"性别无所谓，能力至上"，而选择"有能力的男性"和"有能力的女性"的总共才占12.1%。这说明，性别在 S 公司对个人的发展根本构不成影响因素。

作为一个销售服务行业，在卖房子的过程中，女员工可能在东奔西跑寻找房源，或是带客户看房子的时候，由于体能上的限制，较之男员工并没有太多的优势，但这个行业要求员工与客户面对面的沟通能力特别强，这也许是女员工的强项。所以，女员工完全可以通过像聊天那样的方式与客户建立交易关系。

洪女士，实习生，未婚，进入公司半个月："这个工作，性别没影响，性格有影响，要是你不太爱和别人说话，怎么和客户沟通？我觉得现在的男的不像男的，女的也不像女的，大家没有太大的差别。这里的员工都是大学刚毕业，雄心勃勃，活力四射，只要能留下来的，性格都很相似，干活也很卖力，没有明显的性别差异。"

李先生，实习生，未婚，进入公司 10 天："因为我们接触的客户群没有太大的性别差异，我们完全可以根据'同性相斥、异性相吸'的人际心理，根据客户的性别来合理地安排需要为他（她）服务的员工。如果客户是男的，我们可以派女员工，这样，你掌握着大权，交易量也许会更大些。"

公司的发展，更讲究组织架构的平衡，包括性别。

刘女士，高级经理（职位在副总之下），未婚，进入公司 1 年 3 个月："我们不可能让男性的比例（某个职位上）高出女性很多。虽然我们是唯才是举，但如果出现性别比例差别很大的时候，比如说在中层领导中，如果 10 个都是男的，只有 3 个是女的，我们会在女性能力和男性都差不多的情况下，考虑性别的平衡，给女性更多的机会。但事实上，在我们公司，女性干得一点都不比男性差。有时候，还要做一些照顾男性的调整。"

这使我们有理由相信：性别不平等的形成是有条件的，需要历史的塑造和文化的沉淀；而性别不平等的改变和消失，也是有条件的，需要特定的场域和制度的建构。由此可见，与其他行业相比，房地产业为女性职业的向上变动提供了更为宽松的环境。

三　处于中高层职位的女性

（一）机会和薪酬的诱惑

根据佛隆的择业动机理论，人们选择职业时受职业效价和职业概率的影响。择业动机，即择业者对目标职业的向往程度或选择意向度的大小。职业效价，即择业者对某项职业价值的评价，如对职业的兴趣、薪酬、职业声望等的评估。职业概率，即择业者获得某项职业可能性的大小。对择业者来说，某项职业的效价越高，获取该职业的可能性越大，那么，择业者选择该职业的倾向越大；反之，某项职业效价越低，获取该项职业的可能性越小，择业者选择该职业的倾向就越小。但笔者认为，人们的择业倾向不仅仅受职业效价和职业概率的影响，还受社会文化的影响。如果社会文化认同或者鼓励人们选择某些性质的职业，与择业者的职业效价和职业概率相吻合，那么择业者的选择就顺利得多；反之，如果社会文化赋予人们选择某些职业的期望，与择业者本身的职业效价和职业概率相冲突，那么择业者的选择就受到某种程度的阻碍。传统性别文化对女性的角色期待、要求和对男性的期待、要求差别很大。比如认为：男性具备主动、冒险、进取等阳刚之气，所以适合从事竞争性强、变动性大、以绩效定薪酬的职业。而女性具备脆弱、被动、退缩等阴柔之气，所以适合从事压力小、稳定性强、简单重复性的职业。但社会文化是一个持续变化的动态意识，随着多种社会因素的变革，传统文化对男女职业选择的要求不是一成不变的。资本主义市场经济培育出来的合理簿记制度和工具理性效率至上的现代性精神创造出了现代国家的经济繁荣和崇尚效率的企业文化，培养了以绩效定人的企业制度。中国对市场经济的创立、发展以及对这种企业文化的认可，改变了部分知识女性的职业价值观，加之所接受的高等教育使这些知识女性认叮上述理念，且愿意从事甚至青睐于以绩效定薪酬、竞争性强、变动性大的销售行业，胜任并且业绩出色。所以这个行业逐步出现了"消性别化"的特征。

在与一些中高层女领导接触的过程中，笔者发现她们很自然地相信：男女对社会所承担的责任和扮演的角色一样重要，她们开始认为：性质稳定、安逸的工作，与自己所追求的目标和实现的理想大相径庭，已不能满足甚至阻碍了自己事业发展的需要。于是她们置家人的强烈反对于不顾，毅然从原来较稳定的、有保障的工作中退出，寻找有更大发展空间、更大挑战性的职业。她们对获取薪酬和自身发展机会的看法与男性很相近。尤其是职位越高的女性，对机会的关注越重于对薪酬的追求。

纪女士，副总，已婚，进入公司两年 6 个月："我 1998 年大学刚毕业的时候，心比这个（副总的职位）还高，很想自己开公司。当时并没有感觉什么很明显的传统观念，说什么女孩子要去一些很稳定的单位，而男孩子要去挑战性很大的单位，因为这个社会赋予的是男女平等，（大家）担任的角色是一样的。我最初是在老家电信局上班，当时就很稳定，守着家，工资也不错，一个月差不多 2000 块钱。后来就觉得没有意思，可能跟我的性格有关，我不大喜欢一成不变的工作。所以就辞职去广州打工，当时家人很反对，一年都不跟我联系。"笔者问她，如果不喜欢公司办公室工作，会不会喜欢公务员，她很干脆地说："肯定不喜欢。公务员并不像好多人想象的那样，工资多么高多么舒服。我好多同学都做公务员，我感觉他们也挺不容易的。一方面是不好发展，比如说你进入一个系统，别说你爬到局长什么的，就算爬到小科长、小处长，估计也要一辈子。并且，那里的人际关系很复杂，官僚主义很严重，就算你有能力，也不一定有好的发展。另一方面，（公务员）比较增长人的惰性，就拿份儿死工资，干得再好还是那么多，干得再不好也能混下去，既然都一样，那为什么还拼命工作呢？说白了就是没什么意思。你周围同事的年龄都比你大，谈话内容和思考的问题都不一样，中年人一般都很安稳了，这种环境很快就把你感染得没什么斗志了。"

"S公司发展前景很好。我前几年都在家族企业里干，那里重要的部门全都是董事长的亲戚，你就是再有能力，也上不去。这个公司不一样，晋升的机会还是很多的，比如现在我要出去（去其他城市）做总经理不是不可能的。公司要全国化拓展，它在进驻别的城市。我现在更看重发展机会，如果你的职位上去了，薪酬相应地也会上去，比如总经理年薪25万元人民币。这是一个很好的积累资金的机会。"

前述提到的刘女士（高级经理），去年大学毕业后进入S公司，是大家公认的跳跃式升迁者，她很有能力，目标明确，做事果断，谈话中能感受到她的睿智、沉稳和追求事业的激情。

"刚毕业的时候，就想在薪酬的多寡上证明自己。这活儿是很苦很累，但公司会给我想要得到的东西。我们的工作时间很长，每天11个小时左右。所以，闲暇时间特别少，大部分时间都必须投入工作。我很喜欢旅游，但现在根本没有时间，有时候觉得晒太阳都很难得。但这是我自愿的。因为在生存、理想和爱好之间我只能以前者为重。鱼和熊掌不可能兼得。与其很痛苦地工作，还不如积极地投入工作以得到更多的薪酬和机会。"

"S公司的发展前景很好，正是事业发展的爬坡期，薪酬和机会都不错。干得好，就拿高工资，不像有些部门，付出和所得严重脱节；就机会来说，公司今年年底要进驻60个城市（现在是33个），这表明我们还缺20多个总经理，20多个副总经理，200多个中层领导，（这些人）更多的是从各异地公司的中高层领导里选派出去。郑州分公司在全国的效益中一直排在前列，所以，这边的人机会更大。"

（二）职位、压力与稳定性

在行政科层制中，实行统一指挥（一个下级只能接受一个上级的领导）和统一领导（一个下级只有一个上级）的原则，官员的升迁根据年资或成就，或两者兼而有之，取决于上级的评价。这种领导模式预示：上级对下级只有权力没有责任，而下级对上级只有责任没有权力，所以上下级之间交流、对抗和监督的能力是极度不平等的。这就决定了行政系统中职位的稳定性，按照彼得原理，官员只升不降。[①]并且，社会政策从出台到执行，再到反馈，由于社会系统的复杂性，所以对它检验的过程往往很漫长。且政策的负面影响可能处于潜功能状态，不易察觉，所以官员对政策失误所承担的风险相对小一些；但在经济系统中，员工的升迁不是取决于上级，而是取决于员工对企业的价值，对企业的有用性，这种价值和有用性时刻面临着来自下级和市场的检测，并且检测结果能在短时期内公布于众。因为公司计划的制定、执行，其效果很快就能在市场竞争中表现出来，检验方式也很简单，就是企业盈利多少，或亏损多少。这样，阶段内公司的运营状态就与关键职位上的领导人有直接关系。所以，不管是盈利还是亏损，领导人得到升迁或是被降职的可能性都很大，他们面临的压力和竞争并不会随着职位的上升比普通员工有所减少。S公司的领导人就是这样。如果一个区的几家店，连续两个月成交额都很少，这个区交易中心经理的位置就很危险了。

他们职位越高压力越大，因为工作内容不像普通员工的那样单一了。店员考虑的就是房源与客户；而店长考虑的就是四五个店员的房源与客户，以及对他们的培养；依次类推，高层领导考虑的就是，如何使各个部门搭配合理、平衡发力。

翟女士，区域中心经理，未婚，进入公司1年6个月："我们要对所有区、所有店的业务情况熟记于心。并且我们公司还要求（员工）换位思考的能力，不但要把自己职位上的事情干好，还必须了解其他部门，因为你随时都可能被更高一级的领导问起，你对这个部门的情况知道多少，它存在哪些问题，哪些需要改善。为了保持每一个员工的激情，我们公司内部人员经常调动，如果你对其他部门一无所知的话，很快就会被别人代替。所以我们整天就处于一种如临深渊的

---

① 汪和建：《现代经济社会学》，南京大学出版社1993年版。

工作状态，时刻提醒自己还有哪些不足，还有哪些地方需要改进。"

"只要在这个企业，就别想混日子，你可以没有目标，但你必须做出成绩，必须与他人竞争。这时候一个矛盾的东西你就开始权衡了，你可以混一个月，第二个月你就没有机会混了。正是竞争机制让很多人改变了惰性，也让很多人退缩了。为什么有些企业的人，时间一长就没有目标了，就是因为没有很好的竞争机制。在一些大企业，每个人都要贡献必须贡献的一些东西，当一天和尚，就必须撞一天钟，必须使自己有激情。如果这个不具备了，也就到了被淘汰的时候。"

纪女士："S公司和其他的企业不太一样，变化非常大，其他公司只要你做到经理或高层，公司留你留得多一些。但我们这里是能者的战场，行你就上，不行你就下，好多中层（领导）包括高层（领导），降到普通店员的也有，甚至还不少。因为员工都很年轻，大家都铆足了劲，都在竞争，机会也一样。再说，企业最终的目的就是盈利，它肯定是把最能给它创造价值的人放在最高的位置上。年轻人容易有激情，也容易产生惰性，如果别人都在进步，而你停滞不前，或者你的努力程度超不过别人，别人成长的速度超过了你，早晚会被其他人淘汰。"笔者问她，作为一名老员工，你的经验、对事情的判断力和对工作运筹帷幄的能力应该都很强，怎么会面临年轻人的威胁？她说："公司要发展壮大，每天都面临着新问题。如果徒有经验，没有创新，没有自己的思考，不能适应新环境的变化，你面临更多的是年轻人的挑战。年轻人的可塑性很强，我们是一个团队，每个人所知道的东西很快会被其他人所复制。更优秀的东西，我们通过分享会议或文化交流在最短时间内互相传递。大家的起点一样，只是接受的快慢不一样。你有经验，不错，但你的经验迟早会被其他人所拥有。如果你没有创新，没有激情，等年轻人上来之后，他的干劲、激情、好奇心也注定了他能在短时间内对这个行业的理解不断深刻，并想得清楚。到时候，你的位置就该让给他们了。"

"有时候也觉得特别累，也想过不干了。但后来想想，就觉得只要你付出了，这个公司一定会给你回报。在任何一个企业，你光想着拿高工资，还不干活，那是不可能的。随着你社会职位的提高，你的压力，还有这种挫败感，都会比别人更多一些。但只有这样，才能历练自己，才有利于自己的发展。"

（三）公司不是家

现代女性追求的不仅仅是"从一而终"的工作状态，还追求资金的积累、经验的总结、判断能力的提高，这决定了她们不可能在同一个行业、同一家公司待一辈子，对公司不可能产生强烈的身份认同，也不可能有归属感、安全感和稳定感，更不可能有虚拟的家的感觉。她们抱着不停摸索、不停尝试的心理，以寻找和创立最适合自己的事业。公司在利用她们的才智和能力为自己创收，而她们也在利用公司的职位和机会充实自己、锻炼自己。这就是一场互惠交易，因为有互相吸引的资源而交往，等双方都不再需要对方的时候，交往就终止，开始寻找新的吸引自己的资源。

黑女士，评估师，已婚，进入公司1年："企业就是企业，企业有企业的游戏规则，家就是家，家有家的行为准则，企业不是家。员工和企业的关系主轴是经济关系，遵循经济法则而不是亲情法则，员工以自己的贡献获取报酬，企业以报酬获取员工的贡献。当员工不再做贡献时，企业有权开除员工，当企业不能满足员工的需求时，员工有权离开。这对大家都公平。"

"我早有离开的心理准备，随着公司的发展壮大，我们肯定想塑造'百年S'的企业形象。但公司有句话：'要革命（实现这个目标）就必须有牺牲。'随着时间的推移，S不知道要换多少代领导人，打完这一仗（实现这个目标），就像走完二万五千里长征一样。每个人都不可能陪S走完这个行程。大部分30岁左右的人，在这里就扮演了这么一种角色（不停地流进公司，又不停地流走），包括那些很有能力的人。"

刘经理（女）："成功的企业就是一个学习型的组织，来到这里就是为了锻炼自己，如果我能够在 S 待到 30 岁，又没有被淘汰下去，那么，我会对企业运作和操作模式、对员工的培训、对市场的敏感度把握很大。到 30 岁时，就算企业再留我，我也会离开，因为我要创立自己的事业了，这是每个高级打工妹的终极目标。"

（四）妻子、事业、丈夫、家务

事业对职业女性来说，已具有举足轻重的地位，它不仅仅是女性自立的筹码，还是她们追求人生目标的寄托，是争得社会认可的凭证。

蒋女士，评估师，已婚，进入公司 1 年 2 个月："去年我在家整整休息了 3 个月，人一闲下来，就容易胡思乱想，很无聊，不停地给我老公打电话，因为一旦没有工作，你没有别的寄托，你只是把心拴在他身上了。我感觉大部分男人并不想让妻子天天待在家里，除非家庭条件特别优越。现在是需要双方共同面临和承担生活压力的时候，他希望他改变的时候你也改变，如果他都进入社会的中高层了，你还在社会的底层，两个人不可能有共同语言。一旦两个人出现信任危机，你既没有经济来源，又不能自立，男人甩你不是很容易么？电视里老演成功男人抛弃'糟糠之妻'的故事，我觉得不能全怨男的，你说这女的老不进步还天天疑神疑鬼的，男人受得了么？"

为了事业的发展，她们中的一部分人，开始像男性一样，别夫离家，背井离乡，暂时把家庭放在第二位。

纪女士："要是现在公司派我去外地当总经理，我立马就走。虽然两个人面临着两地分居，这个选择的过程很痛苦，但是你要有所得，就必须有所失，哪有两全其美的事呀。这可能跟我老公有很大的关系，他其实挺支持我的，从来不干涉我。包括他现在也面临着中层领导的调动，有时候他问我，要是他被调到广州了让不让去，我说，去呗，为什么不去？我觉得没什么，整天守在一块儿又能怎样，两个人腻歪到一起有啥用呢，我们都认识 8 年了，有什么不信任的。"

她们知道，自己事业的发展由于繁衍后代的羁绊，会被迫终止。

所以，就在育龄期来临之前，试图抓住每个机会，创造事业上的第一个春天，为孩子长大之后重整事业奠定基础。或者就是为了工作，而推迟生育孩子。

纪女士："要是现在生孩子的话，我肯定不能专心致志地工作，压力太大，身体吃不消。生孩子对女性损害很大，需要的修复期也很长，等你身体养好了，公司的位置也不可能留给你。现在的竞争这么激烈，你还有什么工作好找的呀！现在肯定不会考虑生孩子，再说从妈妈的孩子到孩子的妈妈，我还没有做好心理准备，如果有了孩子之后，你所考虑的和所追求的跟现在的可能就不一样了。要是真生了孩子，我可能就离开公司，给自己干了。其实创业也没有那么难，因为之前你已经积累好多东西，比如说资金、经验什么的。"

家务也不再是只压在妻子肩上的重任，丈夫在工作之余，也主动或被动地参与了这项原来只属于妻子考虑的事情，对于妻子的工作和对她们家庭角色的期待，也失去了传统文化所赋予他们的完全的控制力。由于家务的社会化和简化，家庭劳动对于忙碌的现代人来说，尤其是对于"丁克家庭"来说，也并不会造成什么压力。

纪女士："我不觉得有什么家务呀！就我们两个人，家里会有多脏呢，打扫一次就足够。再加上我们都是外地人，双方的老人也不在这儿，目前他们还没有到需要我们年轻人守在身边的地步，还能自立。我们无非就是两口之家，就算有了孩子之后，也是三口之家，我们现在就是谁先回去谁就做呗。"当我问起，你老公也愿意么？她很不以为然地反问了一句："他有什么不愿意的呀，我曾给他说，如果你想让我天天在家，好，每月给我4000块钱，我肯定愿意。如果说你真地找了个很有钱的老公，他可能对你会有这样的要求，但大部分的人在结婚后，都面临着供房子，攒钱养孩子、养老人的生活压力，如果双方任何一个停下来，不工作了，两个人的生活质量就会卜降。如果不在年轻的时候苦点和累点，等老了，想去吃苦，人家还不要你呢。"

由于妻子对家庭经济的贡献越来越大，丈夫日益感到：对妻子的工作、家庭规划的权力和他们的性别中的主体地位也在逐步地丧失，往昔对她们绝对的话语权也在式微。丈夫对妻子事业的支持和妻子对家务的释放，也使丈夫们产生了一种被动的开明态度。

高先生，区域中心经理，未婚，进入公司 1 年 8 个月："我原来倾向于女朋友是医生或者老师，她们的工作稳定些，空闲时间也多。我感觉两个人在一起应该是互补的。如果一个人很忙，另一个人最好分出些时间和精力照顾家庭。所以更愿意让她选择压力不是太大的工作。但如果她是事业型的，我绝对不会干预。如果两个人在一起的话，你会对她适合什么，哪方面是最优秀的特别清楚。既然接受了她，就必须接受全部。当然，如果到后期双方出于共同的工作压力，使原本的东西开始变样的时候，我会对她工作上进行规划。如果需要她（工作）稳定的话，我会让她慢慢往那儿靠，但不可能将她完全推到那一边。如果她不愿意，我绝不会强迫，这只是心中期望而已。"

孟先生，评估师，未婚，进入公司 1 年 3 个月："对于家务，这只是比例问题，我肯定有机会去做（嘿嘿）。要想在双方之间完全均等地分配家务，各干 50%，这样也很难，因为有些（家务）劳动强度大，有些小，比如冬天很冷，衣服很厚，基本都是我洗；夏天的衣服我朋友洗得多，因为冬天我干得多。不过，现在的家务似乎也不多，无非就是洗衣做饭，下班了大家共同分担。我经常换位思考，如果家务全让男的干，男的肯定也不乐意，大家该互相体谅。但是，如果有孩子了，妻子肯定在家庭上花费的时间会更多些，毕竟有些事是她才能干的。不过也未必，我的一个朋友，孩子刚刚 1 岁，每到晚上给孩子沏奶的时候，他老婆都会一脚把他踹醒，让他去沏奶。那天我找他兜风，他说还要抱孩子，计划就泡汤了。"

四 结语

由上述可见，在社会转型的时代背景下，房地产置业公司中处于中高层职位的女性，她们青睐并胜任压力大、风险大、变化多的职业，不啻为扯破"女性气质"网罗的有力证据；她们同男员工平等竞争，在结果上平分秋色，在房地产领域有力地否定了"男强女弱""阳盛阴衰"的性别主流现象；她们对企业的流动状态认同度很高，积极地创造机会，珍惜事业，并以事业的发展作为人生有意义的标准，逐步培育了经营事业的主体意识。这些女性并不看好稳定事业的发展态势，认为它能增加人的惰性，消磨人的目标，限制人的发展空间。在她们身上，体现更多的是对传统文化的违背，现代文明的力量正逐渐渗透进这些正在觉醒的女性意识中，她们事业的拓展，并没有出现居"变"思"稳"的动机轨迹，她们用实际行动实践着女性的职业变动，并在内心深处蕴积着积极变动的职业心理准备。当然，她们之所以全力以赴地投入工作，除了有强烈的事业心支撑外，还得益于丈夫对工作的支持和在家务分担上的开明。男性，尤其是一部分知识男性，在社会上的身份，虽然仍是以社会人和生产者为先，但这种成分已不像从前那么纯粹。在他们的意识中，不管是被迫地还是自愿地帮助妻子照顾家庭、家务，这个以前男性从不过问的负担，已成为他们生活中无法抹去的一部分，悄悄在意识中占有一席领地。由此，也为女性职业的向上变动提供了现实的性别文化基础，推动着转型社会不断向着性别和谐、性别平等的社会迈进。

参考文献

吕学静：《各国失业保险与再就业》，经济管理出版社 2000 年版。

郑功成：《中国社会保障制度变迁与评估》，中国人民大学出版社 2002 年版。

赵福昌：《中国社会保障制度变迁与评估》，《财经问题研究》 2005 年第 6 期。

赵曼：《2002 中国劳动和社会保障发展研究报告》，中国财政经济出版社 2003 年版。

职业变动中的下岗女工[*]

在当代中国社会的转型过程中，处于职业变动中的下岗女工是一个尤其值得关注的社会弱势群体。为此，本文从职业变动的视角出发，围绕下岗这一职业变动的重要事件对下岗女工进行了新的探讨，包括女工下岗的原因、下岗对女工心理和生活的影响、下岗女工再就业的情况等。在此基础上，本文提出了帮助下岗女工从容应对职业变动、努力实现再就业的相关对策建议，期望有助于引领下岗女工进行积极的职业变动。

一 下岗女工的基本情况

本文探讨的下岗女工主要是指原来在国有或集体所有制企业工作的三种类型的女职工：一是因企业等原因而离开原来的工作岗位，没有工资收入和福利保障，却与原工作单位保持劳动关系的那部分人；二是完全脱离原工作单位的那部分人；三是符合企业内部制定的退养制度而提前离开工作岗位，即"内退"或"退养"的那部分人。①

为了切实把握处于职业变动中的下岗女工的真实境况，笔者依托所主持的国家社科基金项目"当代中国社会转型过程中的女性职业变

＊ 原载《华北水利水电学院学报》（社科版）2007年第1期，人大复印报刊资料《妇女研究》2007年第3期全文转载，作者：蒋美华、李飞跃，收录本书时有所修改。

① 张艳霞：《城市非自愿离岗女性的社会支持系统——北京市个案研究》，《妇女研究论丛》2001年第1期。

动的研究"，采取概率抽样与非概率抽样相结合的方法对下岗女工展开实证调研。共回收下岗女工问卷103份。其中，有效问卷95份，有效率为92%。问卷调查涉及的95名下岗女工，分布于广东、浙江、河南、山西、陕西、贵州等省，覆盖了中国的东、中、西地区。此外，笔者还采用半结构式访谈的方法在河南省深度调查了10个下岗女工，作为对前述数据资料的补充。本文调查分析可以真实地再现调查所及的下岗女工在职业变动中所面临的种种境况。

本文所涉及的下岗女工的具体情况如下：从年龄分布来看，调查所及的95名下岗女工分布在29—60岁，且多集中在35—48岁，占总人数的77.1%；半结构式访谈所得的10个个案中，有8人超过40岁，其余2人，1人37岁，1人39岁。从下岗时间来看，这些女工下岗的时间普遍偏长，最长的下岗已13年，最短的下岗也有2年。从职业分布来看，这些下岗女工在下岗前73.7%为商业企业人员，13.8%为行政办事人员，5%为专业技术人员，5%为党政企事业单位人员，2.5%为个体经营者。在这里，商业企业人员主要是指企业工厂里的生产员工。从文化程度来看，这些下岗女工在获得初职时大多文化程度偏低。初中学历的人员最多，占了总数的45.3%，高中及中专学历的占了总数的43.2%，而大专及以上学历的仅占7.4%。具体情况如表1所示。

表1 　　　　　　　　　　**下岗女工文化程度情况**

文化程度	频次（人）	百分比（%）	累计百分比（%）
小学及以下	4	4.2	4.2
初中	43	45.3	49.5
高中及中专	41	43.1	92.6
大专	5	5.3	97.9
本科	2	2.1	100
总合	95	100	

二 下岗——职业变动的原因探究

造成女工下岗的原因是多方面的，既有历史的原因，也有现实的原因，既有客观方面的原因，也有主观方面的原因。具体分析，女工下岗的原因主要有以下几点。

第一，女工下岗是历史原因造成的。过去，我国实行的是统包统配的计划经济体制。在这种体制下，国家实行的是高就业政策，保证人人有工作，所以就出现了企业里一个人的活三个人干，人浮于事，企业的负担很重。而现在，我国实行了市场经济体制，面对激烈竞争的市场环境，企业为了获胜，就需把内部富余的人员分离出去，以减轻企业的负担，轻装上阵。正如调查中个案1所说："我以前在百货公司卖布，我们布组加上组长一共有7个人，但柜台就3个，所以我们平时都很闲。"

第二，女工下岗是我国劳动力长期供大于求的结果。我国人口众多，劳动力增长迅速，远远地超过了社会生产的需要，适龄就业人数超过了就业岗位，造成了许多企业富余人员找不到工作而成为下岗人员。据测算，从1991年起的15年中，我国平均每年新增劳动力均达1800万人，扣除退出劳动力队伍的人口，九五期间净增5000多万人。①

第三，女工下岗是企业经营机制转换的结果。到目前为止，我国企业经营机制转换取得了重大进展，但是，还有很多深层次的矛盾没有解决，企业的负担还是很重，无法在市场竞争中占据有利地位，再加上经营不善，使得一些企业处于濒临破产的境地，这也是造成下岗女工问题出现的原因之一。调查中，个案1就说："我们公司后来改制了，开始把各个部门分包给个人，让几个人包个部门。但很多都干不好，最后都不干了，直接（下岗）回家了。"个案5也说："我们

---

① 李悦辉：《下岗失业与再就业问题研究》，硕士学位论文，华中师范大学，2003年。

厂（造纸厂）后来都不行了，上头（领导）都不行，厂里的生产很多都停了，都没有人管。上头的人根本就不中（管理不行）。"

第四，女工下岗还有其自身的原因。如前面所说，这些下岗女工大多年龄偏大，文化素质偏低，在市场竞争日益激烈的当今社会，企业不可能聘用大量没技术、素质低的人员。因此，在面对激烈的市场竞争时，这些女工只能下岗。如个案6就说："我们科室后来每过一年就要考核一次，我不行，就下了。现在那个科室里的老人每天都过得很辛苦，就怕被年轻有文化的人挤下去。"

三　下岗——职业变动所带来的冲击

首先，下岗对这些年龄偏大、下岗时间偏长、文化素质偏低的女工在心理上造成了很大的影响，许多女工不同程度地产生了焦虑、苦闷、彷徨无助感。如个案3说："以前有班上还没什么感觉，但自从下岗以后，就觉得心里很不是滋味，看着人家都有事干，我闲在家里快疯了，每天没事干，想再找个（工作），但太难了，经济不景气，到处都是下岗的。我那一段时间晚上都睡不着，心里急得厉害，头发一下子白了好多。"

女工下岗以后，经济收入的减少甚至断绝不同程度地动摇了她们在家庭中的地位，严重时甚至会对她们的婚姻、家庭造成很大的伤害。她们希望能再就业，但再就业的门槛对她们来说太高了。现在企业招工的要求越来越高，需要的多是一些年轻的、文化素质较高的人员，而这些女工能符合条件的寥寥无几。面对这样的境况，下岗女工普遍感到前途渺茫，内心焦虑不堪，却又对现实无能为力。如个案1说："下岗了，没有了工资收入，家里全靠他（丈夫），刚开始还没什么，但过了一段时间就不行了，我老是感觉花钱不舒服，心里别扭，所以那段时间我们也老吵架，为花谁的钱了。我想找个事，就算只给一两百也行，至少有收入，不会感觉低人一等。"

其次，下岗对下岗女工在生活上也造成了较大影响，导致生活水平严重下降。女工下岗前虽然工资不是特别高，但很稳定，基本生活有保障，所以她们对原工作的满意度较高。据本次调查数据表明，这些下岗女工对原工作的满意度为71.3%。但自女工下岗以后，收入减少甚至断绝，对她们本人及整个家庭的生活而言都是严重的威胁。根据国家统计局城调队《城市职工下岗情况调查》课题组于2002年对北京、天津、南京、西安、长春和武汉6个城市进行的调查显示，下岗职工下岗期间的家庭人均收入仅为每月202元，占下岗前月收入以及在职职工月收入的比例分别为69.66%和55.49%，下岗职工在下岗期间的人均月支出为201元，也就是说几乎全部的家庭收入都用于当月的消费，下岗职工家庭没有什么多余的存款。[①] 如个案1说："以前我的工资有700多元，虽然不多，但我俩（我和丈夫）的工资养活两个小孩还可以，不能说很富足，但也够生活。但我下岗以后，家里的一切开销都靠他（丈夫），一下子就紧张了，我们现在自己都不买什么东西，只给孩子买衣服什么的，就那还是担心，就怕谁生病，家里已经负担不起了，现在看病花销太贵，生不起病啊！"

　　心理压力大，经济困难，家庭负担沉重，再就业前景渺茫，这一系列的下岗后遗症给下岗女工的心理和家庭生活都带来了严重伤害，甚至会引发一系列的家庭和社会问题，进而会影响社会秩序的稳定，影响构建和谐社会目标的实现。

四　下岗——职业变动后的再就业情况

　　从再就业的情况来看，截至调查结束的2005年年底，问卷调查所及的95人中只有16人目前拥有较为固定的工作，实现了再就业。其中，5人从事个体经营，4人进入工厂做工，4人进入服务行业，2人进入机关工作，1人成为中学教师。在访谈的10个个案中，到调

---

① 王蓓：《略论下岗职工的基本状况及其与失业的并轨》，《北京航空航天大学学报》（社会科学版）2006年第1期。

查结束的 2006 年 8 月，有 3 人从事个体经营，有 3 人因政府实施的"4050 工程"而重新找到一个较为固定的工作，有 2 人在个体私营企业中打工，还有 2 人至今闲置家中，成为专职家庭主妇。

在问卷调查的 95 人中，在下岗后曾经找到工作的人数也很少。曾经变换过一次工作即曾经再就业过一次的有 7 人，变换过两次工作即曾经再就业过两次的有 15 人，变换过三次工作即再就业过三次的有 3 人，三者相加共有 25 人，占被调查人数的 26%。在访谈的 10 个个案中，曾经再就业过一次的有 3 人，再就业过两次的有 3 人，再就业有三次及以上的有 2 人。由这些数据可见，这些下岗女工的再就业情况不理想。

下岗女工在下岗后的职业变动中，中断工作的原因很多，概括起来，较主要的原因有：工资低，工作脏累，工作路途远，下岗女工自身的素质低、年龄大等。如个案 6 说："下岗以后，曾试着找工作，找到过一两次，但都不好。好工作人家（用人单位）要的是有文化年轻的，不好的工作一是钱少，二是工作太累，实在是做不来。"

在调查中，还有一些下岗女工，自从下岗以后就再也没有找到过工作，至今仍闲置在家。问卷调查中就有 51 人没有找或者没有找到过工作，10 个个案中也有 2 人成了专职的家庭主妇，再也没有从事过任何职业。其中不乏因种种原因找不到工作的，但也有一些人根本就没有去找过。个案 1 就是个典型案例。她说："下岗以后想着去找工作，但因为家里孩子还小，就想着先等几年再找，但等着等着（自己）年龄都大了，也不好找了，所以后来干脆就不想这事了，就在家洗衣服做饭，照顾一家人。"访谈所及的个案 2 也是如此。

五　下岗——职业变动引发的对策思考

针对下岗女工在职业变动中存在的问题，笔者认为应从主客观两方面来推进下岗女工职业变动的合理走向：其一，就职业变动主体即下岗女工而言，首先应注重培养自我良好的职业变动心态，以从容应对职业变动所带来的心理挑战；其次应努力提升自我的人力资本和社会资本的含量，以增加自我在职业变动中的竞争力；最后应精心培养自我合理规划职业生涯、适时把握职业发展机遇的能力，以推动自我的职业能够平稳流动甚至向上流动。其二，就职业变动的运行环境而言，应努力消除下岗女工职业变动中的社会不平等问题，包括职业变动起点上的不平等问题与职业变动过程中的不平等问题，积极营造开放、宽容、公正、合理的职业变动的运行环境，为下岗女工职业的合理变动创造条件。当前，在进一步推进市场机制的同时，一方面应强调政府在制度——政策框架的构设和完善中，应始终贯穿公平的理念，采取积极行动，扶助下岗女工尽快走出职业变动的低谷期；另一方面，还应特别强调从系统运作的高度出发，强化对下岗女工的社会支持力度，以促进下岗女工尽快实现再就业。

本文所说的对下岗女工的社会支持主要是指对下岗女工的经济支持、精神支持和再就业支持三个方面。经济支持指的是金钱及其他有形物质帮助；精神支持指的是精神上的关怀与安慰；再就业支持指的是技能培训、提供就业信息和指导、提供就业机会等。[①] 而对下岗女工的社会支持还可以分为正式的和非正式的社会支持系统。所谓的正式社会支持指的是政府、企业和社区组织所提供的支持；非正式社会支持指的是家属、亲属及社会关系网络（朋友、邻里等）所提供的支持。具体来说，应从以下几方面入手：

（一）加快正式支持系统的发展

就政府而言，就是要不断地建立健全各种社会保障制度，稳步推进养老保险、失业保险、下岗职工基本生活保障和再就业制度、城市居民最低生活保障制度的实施，为下岗女工编织社会安全网，保障她们的基本生活。

---

① 王蓓：《略论下岗职工的基本状况及其与失业的并轨》，《北京航空航天大学学报》（社会科学版）2006 年第 1 期。

就企业而言，虽然下岗女工的原单位无法给她们提供全面的保障，但无法推卸继续为其提供经济支持和再就业支持的责任。企业应该视其情况为下岗女工缴纳社会保障基金，提供医疗和住房补贴；在再就业方面，企业应该积极为下岗女工提供切实可靠的再就业信息，开展再就业培训服务等。

就社区组织而言，就是要积极利用各种有效资源为下岗女工提供精神支持和再就业支持。首先，社区应该开展各种集体活动，鼓动下岗女工走出家门，参与公共生活，消除精神空虚，缓解心理压力，帮助她们重拾自信；其次，社区组织应该积极开展各种免费培训班，帮助下岗女工开设家政服务、便民早点、托儿托老、美容美发等服务岗位。大力发展社区服务业，一方面能满足社区居民对服务的需求，另一方面也能解决下岗女工的再就业问题。

（二）强化非正式社会支持系统的支持力度

现在，家庭、亲属及社会关系网络对下岗女工的社会支持作用日益凸显，但由于目前的市场机制不健全、社会保障体系不完善、不平等的社会性别关系格局没有完全被打破等深层次原因，非正式社会支持的力度远远不够。因此，要进一步加强非正式社会支持力度。首先，要继续发挥家庭、家属在精神、经济上的支持作用。家人和亲戚在感情上的支持对下岗女工非常重要，家庭成员之间的相互理解和帮助，亲戚的经济支持，有助于下岗女工缓解精神压力，解决下岗女工家庭经济燃眉之急。其次，要引导下岗女工注重利用并拓展社会资本。中国社会是一个讲关系的熟人社会，利用并拓展社会资本有助于下岗女工获得较为准确的就业信息和实际帮助。因此，要加强对下岗女工的社会支持，离不开非正式社会支持的发展和强化。

（三）加强非正式社会支持系统与正式社会支持系统的有机结合

据调查表明，非正式社会支持在为下岗女工提供情感支持方面具有优势地位，而正式的社会支持由于其权威性和制度保障性，在为下岗女工提供工具性支持，即经济和再就业支持方面更为有效。因此，把二者有机地结合起来，才能真正增强对下岗女工的支持效果，真正解决她们的问题，实现社会的和谐发展。[1]

　　总之，下岗女工是当代我国社会转型过程中所产生的新的弱势群体。她们由于自身的人力资本和社会资本的限制，在职业变动中整体上处于不利地位，阻碍了她们在阶层位序上的向上流动。解决下岗女工职业变动中所遭遇的种种困惑，需要下岗女工自身以及政府与社会的共同努力。只有这样，才能实现职业变动与下岗女工自身发展的和谐互动。

---

　　[1]　陆相欣、侯全生：《转型期城市居民的社会支持探析——以郑州市为例》，《郑州轻工业学院学报》（社会科学版）2006 年第 2 期。

从职业变动看性别差异

——基于河南省高校毕业生的调查[*]

一 研究设计的基本内容

（一）资料来源与样本情况

本文的调查资料主要来源于笔者主持的"当代中国社会转型过程中的女性职业变动的研究"国家课题的调查。该课题组通过对全国范围内选定的调查地区进行随机抽样，获取了大量样本资料。本文从地域研究的视角出发，抽取了近 10 年来工作地一直在河南省内的河南省高校毕业生（大专生、本科生、研究生）的调查问卷 270 份，其中女性问卷 135 份，男性问卷 135 份，从性别对比的视角分析在社会转型日益深化的当今时代职业变动中的两性差异。

（二）核心概念的界定

1. 职业变动。职业变动是社会流动的重要内容和主要表现形式，是指劳动者在不同的职业群体之间流动，变换劳动角色的过程。它包括以职业地位和职业声望为标准划分的水平流动和上下流动，以职业流动引起社会职业结构性变化为标准划分的结构流动和个别流动，以及两代人之间从事的不同职业变化的代际流动和劳动者个体在整个职

　＊ 原载《理论探索》2009 年第 5 期，收录本书时有所修改。

业生涯过程中的一生流动。[①]

2. 劳动力市场分割。目前,我国的劳动力市场处于多重分割状态,主要表现为地区分割、单位性质分割以及行业分割等。地区分割主要是指大城市与中等城市、中等城市与小城市等的分割。就河南省而言,省会郑州市中心城市的地位特别突出,其在人口数量与经济发展程度上都远远高于其他地级城市,因此本文把郑州市定位为大城市,其他地级城市定位为中级城市,县城及其附属的乡镇列为小城市。单位性质的分割主要是指国家行政事业单位、国有企业、集体企业、外资企业、私营企业等不同性质的单位之间的分割。本文主要探讨了体制内单位(如国家行政事业单位、国有企业、集体企业等)、体制外单位(如外资企业、私营企业等)和非单位之间(如个体工商户、自由职业者等)的分割。本文从研究对象均具有高等学历这一特殊性出发,选取了更能突出性别差异的地区分割和单位性质分割作为本文的切入点。

3. 资本。在本文中,资本是指个人在职业变动中所凭借的条件和因素,主要是指人力资本和社会资本。人力资本有广义和狭义之分,本文取其狭义,即主要通过个体所获得的学历文凭来具体反映个体的人力资本状况。社会资本一般是指个体从社会关系网络中获得的有助于特定工具性行动的社会资源,本文特指个体所拥有的利于其职业地位获得的社会关系。

二 调查样本的性别差异分析

如前所述,本文以近 10 年来河南省高校毕业生为例分析职业变动中的性别差异问题,主要采用了劳动力市场分割和资本的研究视角。这两种研究视角分别从高校毕业生职业变动的外部因素和内部因素来进行分析,以更全面、深入地分析这一问题。

---

① 郑杭生:《社会学概论新修》,中国人民大学出版社 2003 年版,第 243 页。

（一）劳动力市场分割与职业变动

在此，运用劳动力市场分割的研究视角主要分析在职业变动过程中，劳动力市场分割体系中的地区分割和单位分割对男女两性高校毕业生造成的不同影响，从而看出其中存在的两性差异。以往的研究表明，劳动力市场的开放程度对人员职业变动存在性别差异的影响：对男性而言，在竞争环境下，他们的职业变动率显著增加；对女性而言，竞争虽然也会增加她们职业变动的敏感度，但这种敏感度要弱于男性。可以说，市场结构越开放，男性和女性在职业变动上的差异就越大，这种差异不仅表现在职业变动率上，也表现在职业变动方向上。

1. 地区间劳动力市场分割在职业变动上所体现出的性别差异。在此，主要考察初职所在地为郑州市的高校毕业生与初职所在地为河南其他地市的高校毕业生在职业变动上的性别差异。我国所经历的"后发外生"型现代化道路造成的后果之一就是地区间社会经济文化发展不均衡，不同省份，甚至是同一省的不同地市之间在市场经济发展水平和制度环境方面也存在很大差异，导致经济水平不同的地区之间市场开放程度不同，进而会影响男女两性的职业变动。（1）地区间劳动力市场分割在职业变动率上体现出的性别差异。调查显示，初职地为郑州市的高校毕业生职业变动率（49.5%）高于初职地为河南其他地市高校毕业生的职业变动率（35.0%）。在郑州市，男女两性的职业变动率分别为65.2%和44.1%，比率为1.48；在其他地市，男女两性的职业变动率分别为46.2%和31.9%，比率为1.45。可见，初职地为郑州市的高校毕业生在职业变动率上的性别差异大于其他地市。（2）地区间劳动力市场分割在职业变动方向上体现出的性别差异。通过对初职工作单位性质和现职工作单位性质的比照发现，在郑州市，55.6%的高校毕业生在职业变动中由体制内单位流向了体制外单位和非单位，而在其他地市，23.7%的高校毕业生由体制内单位流向了体制外单位和非单位。在郑州市，从体制内单位流向体制外单位和非单位的高校毕业生中，男性和女性分别为62.5%和50.0%，比率为1.25；在其他地市，从体制内单位流向体制外单位和非单位的高校毕业生中，男性和女性分别为15.4%和28.0%，比率为0.55。由此可知，相对于经济水平较低的其他地市而言，在郑州工作的男性较女性更有可能从体制内单位流向体制外单位和非单位。

综上，地区间劳动力市场分割在一定程度上对高校毕业生职业变动中的性别差异会造成影响。无论是在郑州市，还是在其他地市，男性职业变动率均高于女性，而在经济较为发达的郑州市，职业变动率上的性别差异更为显著。在职业变动过程中，河南省其他地市的女性较男性更有可能选择体制外单位和非单位，而郑州市的男性较女性更倾向于选择体制外单位和非单位，这一现象有待进一步研究。

2. 单位间劳动力市场分割在职业变动上所体现出的性别差异。在此，主要考察初职工作单位性质不同的河南省高校毕业生职业变动中的性别差异。在我国，不同类型的单位与国家之间在产权关系上的差异，会造成它们在资源占有和利益分配上的差异，这种差异最明显地表现在属于市场体系的体制外单位和属于再分配体系的体制内单位之间的不同。在体制内单位，传统的户籍、档案管理、社会保障等制度都是限制劳动者自由流动的制度性障碍，加大了劳动者职业变动的"机会成本"和难度；而体制外单位由于少了许多传统制度的限制，因而其人员流动较为自由，市场对人员职业变动的开放程度更高。这种单位间劳动力市场的分割进而会影响男女两性的职业变动。（1）单位间劳动力市场分割在职业变动率上体现出的性别差异。调查显示，初职属于体制内单位的高校毕业生职业变动率为34.9%，初职属于体制外单位的高校毕业生的职业变动率为54.9%。在体制内单位的男女两性的职业变动率分别为57.1%和27.7%，比率为2.06；在体制外单位的男女两性的职业变动率分别为53.8%和55.3%，比率为0.97。在市场较为开放的体制外单位，男性和女性职业变动率的差距并没有因此而拉大，相反，女性在这样的环境下，更有可能发生职业变动。

（2）单位间劳动力市场分割在职业变动方向上体现出的性别差异。通过对初职工作单位性质和现职工作单位性质的比照发现，在发生职业变动的高校毕业生中，在体制内单位工作的男女两性分别有37.5%和36.1%的人流向体制外单位和非单位，比率为1.04；在体制外单位流向体制内单位的毕业生中，男女两性分别为14.3%和17.4%，比率为0.82。由此可以看出，相对于体制内单位而言，在体制外单位的男女两性在职业变动方向上的差距进一步拉大，男性较女性更倾向于选择体制外单位和非单位，而非体制内单位。

由上可知，单位间劳动力市场分割对高校毕业生职业变动中的性别差异上会产生如下影响。其一，在体制内单位，男性的职业变动率远远高于女性，而在市场较为开放的体制外单位，男性的职业变动率却小于女性，这一点仍有待综合各种因素进一步分析；其二，在职业变动方向上，在体制内单位工作的男性流向体制外单位和非单位的概率高于女性，在体制外单位的男女两性在职业变动方向上的差距进一步加大。这些现象说明，要减弱单位间劳动力市场分割对高校毕业生职业变动上的性别差异，就需建立公平的劳动力市场，打破劳动力市场的等级分割，进一步完善劳动力市场的就业机制，以最大限度地减小单位因素对女性职业变动及其发展带来的不利影响。

（二）资本与职业变动

在此，运用资本的研究视角主要分析在职业变动过程中，个人所拥有的人力资本和社会资本对男女两性高校毕业生职业变动带来的不同影响，从而看出其中存在的两性差异。

1. 人力资本在职业变动上所体现出的性别差异。在此，主要考察不同文化程度的高校毕业生在职业变动上的性别差异。一般来说，拥有较高人力资本的人分布于国有经济部门的比例较高。当市场发展到一定阶段后，随着市场中资源和机会拥有量的增加，人们会预见到，高教育程度在市场中更容易得到高回报。于是，原体制中具有较高教育水平的一部分人会进入市场领域，并逐渐获得优势地位。而对

于从国有部门向非国有部门的转换这一事件而言，一些女性受传统的
"男主外、女主内"的性别分工思想的影响，认为自己应从事相对安
稳、轻松的工作，以更好地料理家务和照顾子女，而非国有部门工作
的风险性和劳动强度都较高，因此，女性一般都不愿意放弃原体制中
的工作。可以说，高等教育程度将加大男女两性在职业变动率上的差
距，在职业变动的过程中，男性较女性更倾向于选择体制外单位和非
单位，而非体制内单位。（1）人力资本在职业变动率上体现出的性
别差异。调查显示，拥有大专文化程度的高校毕业生中，男女两性的
职业变动率分别为55.0%和37.4%，比率为1.47；拥有本科文化程
度的高校毕业生中，男女两性的职业变动率分别为50.0%和30.2%，
比率为1.65；拥有研究生文化程度的高校毕业生中，男女两性的职
业变动率分别为100%和33.3%，比率为3.00。由此可以看出，在拥
有较高文化程度的高校毕业生中，男性的职业变动率普遍高于女性，
文化程度越高，这种差异就越显著。（2）人力资本在职业变动方向
上体现出的性别差异。调查显示，拥有大专文化程度的高校毕业生，
从体制内单位流向体制外单位和非单位的男性和女性分别为37.5%
和34.8%，比率为1.08；拥有本科文化程度的高校毕业生，从体制
内单位流向体制外单位和非单位的男性和女性分别为20.0%和
41.6%，比率为0.48；拥有研究生文化程度的高校毕业生，从体制
内单位流向体制外单位和非单位的男女两性分别为66.7%和0.0%。
由此可以看出，在文化程度较高的研究生群体中，男女两性在职业变
动方向上的差距最大；而这种差距并未随着文化程度的增高而呈现出
严格的规律性，表现为在文化程度为本科的群体中，女性从体制内单
位流向体制外单位的概率远远高于男性和具有其他文化程度的女性，
这一现象有待进一步分析。

由上可知，人力资本在高校毕业生职业变动的性别差异上会产生
如下影响。其一，教育程度的高低对职业变动率上的性别差异影响显
著，表现为无论是哪一教育程度的群体，男性的职业变动率均高于女
性，而文化程度越高，这种职业变动上的性别差异就越显著；其二，

受制于各种因素的影响，教育程度对职业变动方向上的性别差异的影响并未显示出严格的规律性。

2. 社会资本在职业变动上所体现出的性别差异。在此，主要考察高校毕业生在工作获得过程中社会资本运用上的性别差异。据调查，在获得第一份工作的过程中，男性依靠社会关系的比率为22.9%，女性依靠社会关系的比率为27.9%；在获得现在工作的过程中，男性依靠社会关系的比率为38.7%，女性依靠社会关系的比率为39.7%。可见，无论是在第一份工作还是在现在工作的获得过程中，女性较男性更多地借助了社会关系。

事实上，在获得工作的过程中，无论是否拥有与男性同等的学历，社会资本对女性的重要性都高于男性，女性在求职过程中都更有可能借助于社会关系。因为，由于性别歧视等原因的存在，导致女性在求职过程中客观上处于弱势，当同等的人力资本不能发挥同等的作用时，女性就会倾向于运用社会资本进行目标性行为。

三　思考与启示

通过对劳动力市场分割和资本对高校毕业生职业变动中性别差异的影响进行分析，我们可以看出，女性在职业变动过程中会遇到比男性更多的障碍。特别是在全球金融危机的影响下，女大学生就业难上加难、职业发展举步维艰已成为她们职业变动过程中面临的困境。当前女大学生就业境况是对我国女性整体就业状况的某种折射，需要我们在新的形势下进一步思考和解决职业变动中的性别公平和女性发展问题。为此，需要从以下几方面着手努力。

（一）大力发展生产力，为女性的职业获得、变动及其发展创造更多的机会

职业获得、变动及其发展与社会经济发展水平密切相关。一般来说，经济的发展与职业数量的增加和职业层次的提升存在正相关

关系。一个地区的生产力越发展，它所创造的职业岗位的数量尤其是高层次职业岗位的数量就越多，劳动者职业选择的可能性就越大。也就是说，经济的发展必然会促进职业的获得、变动及其发展，离开经济的发展谈职业的获得、变动及其发展不切实际。为此，应大力推动经济发展，促进职业结构向高级化发展，增加女性职业获得、变动及其发展的机会。现在需要重点考虑的是，如何尽快走出金融危机的困扰，使女性就业状况尽快得到改善。此外，还应特别加大对经济落后地区的扶持力度，统筹各地区经济发展，加强各地区之间的经济联系，尽可能减小劳动力市场地区分割的影响，使包括女性在内的所有劳动者能够寻求更好的职业获得、变动及其发展的机会。

（二）将社会性别纳入决策主流，营造公平的劳动力市场环境

从制度设计的视角来看，女大学生遇到的就业窘境和在职业变动中遇到的障碍，不仅是女性面临的现实问题，更是一个涉及公平的社会问题。就业歧视严重背离社会主义和谐社会所倡导的核心价值观，是对和谐社会公平公正原则的严重践踏。为此，政府部门需尽快"将社会性别意识纳入决策主流"，在政策的制定—执行—评估—调整过程中介入社会性别的分析视角，增强社会政策的性别敏感度。目前，政府部门应着力改革和消除所有制和户口方面的制度性、政策性歧视和障碍，以便为包括女性在内的所有劳动者提供公平的竞争平台。具体措施如规范劳动力市场，打破职业的性别隔离；改革城乡二元户籍制度和干部人事制度，疏通女性职业变动的渠道；完善包括生育保险在内的社会保障制度，消除女性职业变动的障碍；加大对女性的劳动保护力度，进一步完善女性劳动保护制度；推行男女同龄退休的国家政策，赋予女性和男性同等的职业生涯周期等。只有这样，才能有效化解劳动力市场分割中单位因素对女性职业获得、变动及其发展所产生的不利影响，更大程度地实现职业变动中的性别平等。

（三）女大学生应进一步强化自身的人力资本和社会资本

由前述可见，人力资本和社会资本对大学生职业获得、变动及其发展全过程能产生性别差异的影响。可以说，就业求职的过程是一个有极强目的性的自觉性行动，行动者会根据自身及周围可控制资源选择适当的手段达到目标。合理的职业变动应以人力资本为内因，社会资本为外因。随着我国由先赋性社会向后致性社会的过渡，教育水平和技能水平将成为影响人们职业变动的重要因素，良好的教育和熟练的专业技能是实现职业变动的助推器。为此，女大学生需适应时代的需求，自觉完善人格，积极调整与更新知识结构和能力结构，进一步强化自身的人力资本。同时，女大学生应积极聚集社会资本，提高使用社会资本的能力，拓宽自身就业渠道，为自身创造更多的职业获得、变动及发展的机会。

（四）女大学生应更新就业理念，积极进行自主创业

当前，金融危机正渗透到全球每个角落，经济增长放缓，企业纷纷裁员降薪、减少招聘，而2009年数以千万计的高校应届毕业生和往届毕业生与经济增速放缓的局面形成鲜明对比，当前大学生的就业压力不言而喻。加之受到劳动力市场性别歧视的影响，女大学生就业更是难上加难。在此大背景下，为促进大学生就业，我国政府采取了各种措施，其中之一就是出台大学生创业扶持政策，支持大学生以自主创业来促进就业。2008年以来，全国妇联与中国女企业家协会共同启动了女大学生创业导师行动试点，这次行动力争3年内在全国建立5000个女大学生创业实践基地，为10万名女大学生提供有效的创业指导、支持和服务。① 女大学生可借此机遇自主创业，实现以创业带动就业，以创业促进职业发展的目标。

总之，在国际金融危机的冲击下，高校毕业生职业变动中的性别

---

① 黄晴宜：《营造女大学生创业就业良好环境》，《中国妇女报》2009年3月28日。

差异问题尤其需要我们高度关注。这就需要我们从性别公平的视角出发，系统运作、多管齐下，更好地挖掘女性在经济社会发展中的潜能，通过促进女性职业的合理、有序变动，让女性拥有更好的职业发展空间，更好地为经济社会发展贡献自己的力量。

党政企事业单位
女领导人职业变动研究[*]

本文拟对党政企事业单位女领导人职业变动做探索性的描述和分析。所用资料主要来自笔者 2004 年度国家社科基金项目"当代中国社会转型过程中的女性职业变动的研究"中有关党政企事业单位领导人职业变动的 101 份问卷。问卷是对全国范围内不同年龄层次的党政企事业单位领导人的抽样调查,尽管样本量较小,却具有较高的研究价值。

本文中的党政企事业单位包括党政机关及所属事业和企业单位。党政企事业单位女领导人是职业女性中的佼佼者,所以她们的职业变动状况能在一定程度上反映当代中国精英女性的状况。但由于党政企事业单位女领导人缺少体制外单位职业女性所拥有的那种较为开放和灵活的环境,在她们的职业变动过程中,是否要更多地承受体制和观念习俗的制约,这些将都包含在我们所要讨论的内容当中。在分析过程中,本文不仅讨论党政企事业单位女领导人从该职业转变为其他职业的情况,对从其他职业转变为该职业的党政企事业单位女领导人,也将做适当的描述与分析。

一 党政企事业单位女领导人职业变动的基本状况

职业变动发生率表示一定时间段内某一固定群体中发生职业变动

* 原载《中共山西省委党校学报》2007 年第 1 期,作者:蒋美华、李瑾瑾,收录本书时有所修改。

的人的概率，流入发生率和流出发生率则分别表示这一群体中从其他职业流入该职业和从该职业流出进入其他职业的人的概率。

如表1所示，在党政企事业单位领导人这一群体中，女性的流入率远低于男性，也就是说，男性较女性更容易进入党政企事业单位领导人这一群体。流入者多来自体制内单位，体制外单位人员仅占11.9%。若想获得声望比较高的工作就要求个体必须具备两方面的资本：人力资本和社会资本。女性在进入党政企事业单位领导人这一群体时付出了较男性更高的代价。在人力资本方面，女性的文化程度高于男性，较男性更年轻化；在社会资本方面，女性更多地依赖于社会网络的作用，即借助于家人、亲戚或同学、朋友的帮助联系。这在一定程度上回应了 Deborah S. Davis 研究20世纪80年代末中国城市的职业流动过程中的发现：教育对女性的职业地位获得的重要性大于男性，并且女性的职业地位获得比男性更依赖家庭资源。

表1　　　　党政企事业单位女领导人职业变动的基本情况

	流入状况	流出状况
流动的发生率	29.7%　（男性：51.4%）	17.2%　（男性：13.5%）
流动来源和去向	主要为一般事业人员和国企职工（88.1%）、体制外人员（11.9%）转变为行政和事业单位领导	33.4%为行政和企事业单位领导之间的相互转换，44.4%为行政和企事业单位领导转换为行政企事业一般人员，22.2%为行政企事业单位领导向体制外一般人员的转换
流入途径/流出原因	40%为自主应聘或其他方式，60%为家人、亲戚或同学、朋友帮助联系（男性：68.4%为自主应聘或其他方式，31.6%为家人、亲戚或同学、朋友帮助联系）	除36.4%是服从国家政策安排外，大多数女性转换工作的原因是认为原单位工资低、晋升机会少和没有前途（男性：除一部分是国家政策安排外，大多认为原单位压力大、没前途）
流动者的文化程度	均为大专及以上学历（男性：89.5%为大专及以上学历，其余为高中及以下学历）	54.5%为大专及以上学历，45.5%为高中及以下学历

续表

	流入状况	流出状况
流动者的年龄	20—30（不含30）岁为 47.4%，30—40（不含40）岁 为36.8%，40岁以上为15.8% （男性：20—30岁为42.1%， 30—40岁为36.8%，40岁以上 为21.1%）	20—30岁为63.6%，30—40岁 为36.4%
流动者的户口	94.8%为非农业户口，5.2%为 农业户口	100%为非农业户口

女性的流出率总体上稍高于男性，但如果把1992年这一中国进入全面改革的年份作为分界，女性流出率1992年以前为9.8%，1992年以后为10.9%。男性流出率1992年以前几乎为零，1992年以后接近于17.2%。1992年以前有一半的女性流出党政企事业领导人这一群体是为了解决夫妻两地分居、照顾亲属或者是因为家人反对从事这一工作，可以看出1992年以前旧体制下的女性更多地受到家庭的牵制，所以职业变动较为频繁。1992年以后女性流出该群体的主要原因是认为原单位晋升机会少和没有前途，和男性的流出原因作一下比较就可以看出，在向上流动的过程中女性机会小于男性。

如果比较一下流入状况和流出状况，可以看出不管是男性还是女性，流入率均大于流出率。干部缺乏双向流动，从而导致党政企事业单位机构臃肿，干部指标紧缺。这些都说明干部筛选机制难以适应市场经济下优胜劣汰的职业流动机制的需要。

二　党政企事业单位女领导人 职业变动的影响因素分析

根据需要，本文只对党政企事业单位女领导人职业流出发生率的影响因素进行 logistic 回归模型分析。

（一）变量说明

本次研究关注的是党政企事业单位女领导人职业变动的影响因素，因此，因变量应是党政企事业女领导人职业流出发生率。自变量主要包括：人力资本，具体用教育程度来测量；工作待遇，用女性劳动就业保护（指经期、孕期、产期和哺乳期的劳动保护）的实施情况、职务变化情况和歧视女性的现象（指男女同工不同酬、女性晋升机会不如男性和女性培训机会不如男性等）来测量；个人意愿，用对工作的满意度和对工作的兴趣来测量。

针对以上自变量可能产生的效果，笔者提出以下问题：其一，关于作为人力资本的教育程度，以往研究表明，未曾更换职业的人相对受教育水平较高，因此可以说，更换职业的人的教育程度相对要低。但人力资本在市场环境中更容易得到回报，也有人预见随着市场中资源和机会拥有量的增加，当市场发展到一定阶段后，原体制中具有较高教育程度的人开始进入市场领域，并获得优势地位。教育程度对职业流出的影响程度更倾向于哪种结果，有待我们进行进一步的数据分析。

其二，职务升高可以说是党政企事业单位女领导人职业价值的体现，但是职务升高的同时也意味着家务劳动的减少。因此，职务的升降对职业流出的影响是否会因为重视家庭大于事业的观念而变得不明显呢？男女在职业中的不平等现象长期并且普遍存在，然而，正因为其长期性、普遍性和隐蔽性，女性受歧视的现象并未得到有效的重视，包括女性自身。女性的劳动保护也是被普遍忽视的一项福利。这些也是党政企事业女领导人流出的原因之一。

其三，对工作的满意度和兴趣在市场环境中对职业变动也许是一个较为显著的因素，但党政企事业单位往往拥有传统的融职业与福利于一体的社会保障体系，有可能使受制于原单位住房、福利、医疗保险和退休养老等方面约束的职工难以进行正常流动，后顾之忧太多。因此，对工作的主观意愿很可能会让位于福利等客观因素所带来的影响而在职业流出中表现得不太明显。

（二）结果分析

其一，教育程度的影响。从表 2 中可以看出，个人的教育程度在党政企事业单位女领导人转变为其他职业中是起阻碍作用的，即教育程度越高的女领导人转变为其他职业的可能性越小。教育程度为高中及以下的女领导人转变为其他职业的可能性是教育程度为大专及以上女领导人的 3 倍。

表 2　　　　以党政企事业单位女领导人职业流出发生率
为因变量的 logistic 回归模型

	B	S. E.	Wald	df	Sig.	Exp（B）
教育程度						
高中及以下（参照组）						
大专及以上	− 1.095	1.036	1.118	1	.290	.334
职务变化情况						
上升	− .971	.905	1.150	1	.284	.379
不变或下降（参照组）						
女性劳动就业保护实施情况						
好	.270	1.864	.021	1	.885	1.309
一般	− 1.029	1.690	.371	1	.543	.357
差（参照组）			1.995	2	.369	
歧视女性现象						
存在	1.616	.903	3.205	1	.073	5.034
不存在（参照组）						
对工作的满意度						
满意	.097	1.647	.003	1	.953	1.102
一般	.384	1.508	.065	1	.799	1.468
不满意（参照组）			.103	2	.950	
对工作的兴趣						
有兴趣	− .423	1.537	.076	1	.783	.655
没感觉	1.721	1.510	1.298	1	.254	5.590
无兴趣（参照组）			2.071	2	.355	
常数	1.907	2.004	.905	1	.341	6.734

$P < 0.001$，$-2 \log likelihood = 58.732$

其二，工作待遇的影响。歧视女性的现象对职业流出率的影响在所有因素中是最显著的，认为单位存在"歧视女性的现象"这一看法大大促进了女领导人的流出几率，是认为单位不存在"歧视女性的现象"的女领导人流出几率的5倍。职务变化情况对职业流出率的影响强度仅次于歧视女性的现象。职务的上升对女领导人的职业流出是起阻碍作用的，职务不变或下降的女领导人比职务上升的女领导人的流出几率高出近3倍。由此可以看出，歧视女性的现象和职务变化情况这两种因素对职业流出率的影响程度超过了教育水平对职业流出率的影响程度。在女领导人的职业流出中，女性劳动就业保护实施情况也许是考虑得最少或者最不受重视的因素，表2显示，女性劳动就业保护实施情况好的女领导人更有可能流出该职业，而认为女性劳动就业保护实施情况一般或者差的女领导人则更有可能继续留在该职位上。

其三，个人的职业意愿的影响。对职业的兴趣在职业流出率中也起着较为显著的影响作用，对该职业的兴趣越大，流出该职业的可能性则越小。对职业的满意度在女领导人的职业流出中属于考虑较少的因素。

三 党政企事业单位女领导人职业变动的相关讨论

（一）党政企事业单位女领导人职业变动的灵活度较小

职业变动的灵活度在本文中可以理解为某一职业存在一定程度的流入和流出，并且流入率和流出率较为均衡，这样就可以避免因流入率高于流出率所带来的该职业人员的阻滞，和因流出率高于流入率所带来的该职业人员的缺失。比较一下表1中的流入发生率和流出发生率就可以看出，调查对象中从其他职业流入该职业的人数比从该职业流入其他职业的人数高出近1倍。至于其他职业的灵活度的状况，本文借鉴了李若建在《广州市老人终生职业流动研究》

里的研究成果。研究表明，工人、服务人员、商业人员和科教文卫职业变动的灵活度较高，流入和流出较为均衡；军人和农民的流出均远远高于流入；干部的流入远远高于流出。造成党政企事业单位女领导人职业变动的灵活度较小的原因与该职业的性质和体制有关。党政企事业女领导人是一个较为体面和稳定的职业，因此吸引了大批高学历高素质的人才，也正因为该职位的优越性和住房、福利等方面的限制，女领导人流出该职业的意愿小、障碍多。缺乏双向流动的职位很容易造成机构臃肿，干部指标紧缺，对更多有抱负的职业女性流向该职位形成了一种阻滞，这就与市场经济下优胜劣汰的职业流动机制不相协调。

职业变动的灵活度在本文中还可以理解为女性转变为该职业的自由度。从表1中可以看出，转变为党政企事业单位女领导人这一职业的女性均为大专及以上学历，这一点不难理解，因为党政企事业女领导人这一职业对人才的需求大于人才的供给，许多高学历者对此尚且望尘莫及，低学历者的机会更是少之又少。这与市场环境中的人才要求又有所区别。市场经济正在走向一种由看重文凭到看重能力的机制，技能和学历同等重要甚至优于学历。相对来说，市场的人才选拔机制更加有利于社会公正和平等竞争。而党政企事业单位在选拔女领导人的过程中显得有些教条化，使许多学历不高但拥有技能的女性在转变为该职业时受到了种种限制。党政企事业单位女领导人选拔机制的不合理性在对选拔对象户口的要求上也可以看出。表1显示，转变为该职业的女性的户口几乎都为非农业户口，这与高学历女性多为非农业户口有关，但也反映了虽然改革开放以来户籍制度已逐渐失去了其政治和经济上的存在意义，打破户籍制度的壁垒、促进劳动力合理流动已成为改革的一个重要目标，但拥有城市户口仍是进入某些职业或行业的先决条件。当拥有强有力的人力资本仍不能保证进入某一职业时，社会资本（即通常人们所讲的社会关系）便开始发挥重要的作用。表1显示，在转变为党政企事业单位女领导人的过程中，有一半以上的人都借助了人情关系的作用，这样就为女性转变为该职业又增加了一道限制，拥有非农业户口的高学历者还必须拥有一定的人情关系才能疏通进入该职业的通道。

（二）职业变动反映出男女两性之间存在差异

在此，笔者主要从男女两性职业变动发生率的差异加以探讨。表1显示，党政企事业单位男领导人和女领导人的职业变动发生率存在着差异，表现是女领导人的流入发生率小于男领导人，而流出发生率大于男领导人。这就意味着男性较女性更容易流入该职业，女性较男性更容易流出该职业。原因可以归结为以下两点，第一，女性在转变为该职业过程中的限制更多，条件更为苛刻。表1显示，在转变为党政企事业领导人这一职业的群体中，女性的整体教育水平高于男性，年龄比男性更趋于年轻化，表明该职业对女性人力资本的要求高于男性；女性通过家人、亲戚或同学、朋友帮助联系获得该职位的人数是男性的1倍左右，表明该职业对女性社会资本（即社会关系）的要求也高于男性。也就是说，该职业要求女性无论是在人力资本还是在社会资本方面都要比男性胜出一筹，这就不难理解为什么女性的流入发生率小于男性了；第二，从被动的一面讲，生育经历和家庭因素是促使女领导人流出该职业的一个方面。另外，经济转型、国有企业职工下岗等因素也更容易波及女领导人，使她们发生职业变动；从主动的一面讲，工作中的不平等待遇也是促使她们发生职业转变的重要因素。从表1中也可以看出，男女两性流出该职业的原因的不同可以清楚地说明女领导人的晋升机会普遍不如男性。从表2中也可以看出，歧视女性的现象（指男女同工不同酬、女性晋升机会不如男性和女性培训机会不如男性等）是女领导人流出该职业的最重要的影响因素。目前对男女两性在工作待遇中的差异的解释主要集中在男女两性晋升机会的不同上。一种解释认为由于女性被认为在非劳动力市场上具有更高的价值（家里），因此她们必须具备比男性更高的能力来获得晋升。只有当女性的能力好于男性竞争者，以至于其能力能弥补其由于家庭因素可能导致的工作中断时，雇主才会给予女性晋升机会。另一种解释认为由于女性聚集在晋升机会较少的岗位上，所以升迁机会小于男性。[①] 这些都可以说明为什么女领导人比男领导人更容易流出该职业。

---

① 宋月萍：《职业流动与性别：审视中国城市劳动力市场》，《经济学》2007 年第 2 期。

河南省女性职业变动分析报告[*]

作为社会流动的一个重要内容和主要表现形式，职业变动的相关研究在近年来不断走向深入。在此背景下，笔者将研究视野锁定在河南省女性职业变动的分析上。本文所用的资料主要来自笔者主持的2004年度国家社科基金项目"当代中国社会转型过程中的女性职业变动的研究"的部分数据，以及因2006年度的数据不足而进行的后续调查所得数据和相关个案。本文选用了2005—2006年调查得来的888份问卷，涉及河南省的18个地市84个县（县级市）。其中，女性问卷647份，占72.9%，男性问卷241份，占27.1%（本研究调查男性主要是为了和女性在职业变动方面进行比较，以期全面审视女性职业变动的情况）。问卷数据和调查所及的相关个案可以真实地再现2005—2006年河南省女性职业变动的图景。

一 河南省女性职业变动的现状

（一）女性职业变动的发生率

在此，主要考察2005—2006年河南省女性总体职业变动发生率和各职业阶层的职业变动发生率。首先，从表1可以看出样本所及的河南省女性在业人口上的职业分布状况：办事人员和专业技术人员所

---

* 原载《2007年河南社会形势分析与预测》，社会科学文献出版社2007年版，收录本书时有所修改。

占比例最高，分别为 35.9% 和 30.9%，其次，工人、服务人员、商业人员和负责人，所占比例差别不大。2005—2006 年河南省女性总体职业变动发生率不高，仅为 7.1%。其中，商业人员和负责人的职业变动发生率最低，其次是工人、服务人员、专业技术人员和办事人员。

表1　　　2005—2006 年河南省女性职业变动发生率　　　单位：份，人，%

职业	有效样本数	有效样本百分比	职业变动人数	职业变动人数百分比
负责人	45	7.0	1	2.2
专业技术人员	200	30.9	15	7.5
办事人员	232	35.9	21	9.1
商业人员	52	8.0	1	2.0
服务人员	58	9.0	4	6.9
工人	60	9.2	4	6.7
总计	647	100	46	7.1

* 负责人包括党政机关、企事业单位和群众团体的负责人。

另外，根据本次调查的统计结果，河南省男性职业变动发生率为 12.6%，远远高于女性的职业变动发生率。职业分布也与女性不同，主要表现为在高层次的职业阶层上的人数比例比女性所占比例大。而据以往研究表明，女性的生育经历和家庭因素往往会导致女性发生职业变动。如果排除这两个因素的影响，将男性和女性的前提条件放在同一水平线上，女性的职业变动发生率尤其是职业向上变动的发生率将会更低。

（二）女性职业变动的流向特征

为了分析女性职业变动的流向特征，有必要将目前我国不同职业者的阶层地位的排序加以说明。通过对收入、住房和拥有权力等诸多因素的综合考察，不同职业群体的社会地位排序应该是：国家机关、党群组织、企事业单位负责人；各类专业技术人员、办事人员和有关人员；商业工作人员；服务性工作人员、工人和有关人员。笔者以这一排序为标准分析各类职业者的流动情况（见表2）。

表2　　　　2005—2006 年河南省女性不同职业阶层流向特征　　　单位：人，%

现在职业	最初职业						
	负责人	专业技术人员	办事人员	商业人员	服务人员	工人	合计
负责人		↑1					1
专业技术人员		○14	↑1				15
办事人员		↓2	←18			↑1	21
商业人员		↓1					1
服务人员					←2	↑2	4
工人						←4	4
合计	0	18	19	0	2	7	46
统计%　向上	0	5.6	5.3	0	0	42.9	10.9
向下	0	16.6	0	0	0	0	6.5
水平	0	0	94.7	0	100	57.1	52.2
内部	0	77.8	0	0	0	0	30.4

* ↑表示向上流动，↓表示向下流动，←表示水平流动，○表示内部流动。

如表2所示，向上和向下流动的女性人数都很少，绝大部分女性只是在地位相等的阶层之间或是职业内部进行流动。各个职业阶层人员的流动情况又不尽相同。发生向上流动人数最多的职业阶层是工人，其向上流动的人数占总流动人数的42.9%，分别流向了办事人员和服务人员这两个阶层；专业技术人员向上流动的人数占总流动人数的5.6%，流向了负责人这个阶层；办事人员向上流动的人数占总流动人数的5.3%，流向了专业技术人员这个阶层；商业人员和服务业人员中均未有向上流动的情况发生。所有职业阶层中只有专业技术人员有向下流动的情况发生，流向是商业人员和办事人员。可见，河南省女性职业变动中最常见的情况是水平流动和内部流动。

总体来讲，河南省较高职业阶层上的女性水平流动者居多；较低职业阶层上的女性向上流动者居少，多为在低层次职业阶层之间的流动，流动跨度较小，虽然也有向上的流动，但流动质量较低。

从社会性别视角来看，与女性相比，河南省男性在职业变动过程中表现为向上及向下流动者的比例均高于河南省女性。其中向上流动者的比例为 22.2%，向下流动者的比例为 7.4%，而水平及内部流动者的比例较小。另外，低职业阶层向上流动时跨度大，流动质量高，不仅仅是像女性职业变动者那样在较为接近的职业阶层之间进行向上的流动，而是从较低的职业阶层直接流入较高的职业阶层。

（三）女性职业变动的相关意识、途径及影响因素

其一，职业获取意识。对于问卷中"如果您配偶所挣的钱足以使您全家生活得很富裕，在这种情况下，您还愿意出去工作吗"这一问题，有 627 位河南省女性对此做出了回答，其中回答"愿意"的有 440 人，占 70.2%，回答"不愿意"的有 131 人，占 20.9%，还有 56 人回答"不知道"，占 8.9%。由此可以看出，大部分河南省女性还是有很强的职业获取意识的。

其二，职业变动意识。当问及"您现在有变换工作的打算吗"，在回答此问题的 598 位河南省女性中，有变换工作打算的有 167 人，占 27.9%，没有变换工作打算的有 431 人，占 72.1%。在打算变换工作的 167 位女性中，将来想选择体制内单位的占 37.1%，想选择体制外单位的占 27.9%，想选择非单位的有 35.0%。

其三，职业变动的途径及其相关影响因素。当问及"您获得第一份工作的主要途径"时，在发生职业变动的 46 位河南省女性中，属于"单位招工应聘"的有 22 人，占 47.8%，由"同学和朋友帮助联系"的有 6 人，占 13.0%，由"父母和家人帮助联系"的有 4 人，占 8.7%，属于"亲戚帮助联系"和"自主创业"的各有 7 人，分别占 15.2%。当问及"您感觉您的户口对您当时的就业有什么影响"时，在做出回答的 44 名女性中，9.1% 的女性认为户口对自己当时的

就业"有帮助"，81.8%的女性认为"没影响"，还有9.1%的女性认为户口对自己当时的就业"不利"。

二 对河南省女性职业变动现状的相关评述

随着河南省经济与社会的发展，河南省女性的职业变动也在朝着现代化和合理化的方向前进，但其进步中也不可避免地存在着一些问题。

（一）女性职业变动的发生率较低

一般来说，无论对社会还是个人，适量的职业流动都是有利的。从对社会的意义来看，适量的职业流动能更好地实现社会劳动力在技术、年龄和心理上的最佳组合，改善社会组织成员的质量结构，从而使社会迅速发展；从对个人的意义来看，适量的职业流动可使每个人通过流动找到最适合于自己的"社会位置"，从而使个体的价值得到较好的实现。

总体来看，河南省女性职业变动的发生率较低，究其原因在于：

首先，受河南省地理位置的影响。河南省是地处中原的农业大省，经济水平和发达地区比较起来还有一定的差距，思想的开放程度相对较低，女性受市场经济的冲击相对较小。因此，她们更可能选择较稳定、风险较小的职业，发生职业变动的机会也就较低。

其次，受传统性别观念与性别定位的影响。河南省女性职业变动发生率低，更有可能是受传统性别观念与性别定位的影响。传统文化中，男性和女性在家庭及社会责任方面存在着很大的差异。"男主外"，即男性要事业有成，以确保一家人的经济和物质富足；"女主内"，即要求女性要承担起家庭大部分的家务劳动，相夫教子。因此，在选择工作时，女性更倾向于选择较稳定的职业，对工资待遇、是否适合自己的发展考虑得较少。当一个单位提供的工资待遇不能满足男性的要求时，或者是职业技能不能得到很好的发挥时，男性会选择变换工作单位，而女性则不然。即使女性想通过改变职业而获得更大的发展，也往往心有余而力不足，时间和精力上都不允许她们过多地关注自己职业方面的问题。下面两个个案就体现了河南省男性和女性在对待职业变动上的不同态度。

个案1，男，27岁，本科学历，现为郑州市某房地产公司销售人员（以下摘自访谈记录）。

"我是2003年毕业的，在校期间所学专业为会计，毕业后我应聘到一家公司做财务工作。这家公司的工作环境不错，公司老总对我很重视，工资待遇也还可以，如果我是女孩的话，我也就满足了。然而作为男孩，我要买房，要结婚，要养家糊口，这么一点工资收入是远远不够的。我的几个同学毕业后从事了销售工作，收入不错。他们的'表现'启发了我，于是我就辞去了这份工作，应聘到房地产公司做房地产销售工作。"

个案2，女，31岁，大专学历，现为河南省某中学教师（以下摘自访谈记录）。

"1996年，我毕业于某师范专科学校，毕业后我被分配到现在这个中学工作，教英语课。工资虽然不高，但在我们这里也达到了中等水平，并且旱涝保收，我也比较满意。工作环境嘛，很不错，学校领导看重我，让我带毕业班的课；学生尊重我，他们把我既当作师长，又当作朋友，有什么心里话也愿意和我说。在这里工作我有一种小小的成就感。"

个案1的初职是企业会计，工作稳定性很好，但最终变换了工作，主要原因是"作为男孩，我要买房，要结婚，要养家糊口，这么一点工资收入是远远不够的"。个案2作为女性，作为中学教师，虽然工资不高，但是她比较满意，公众对她所从事的职业也比较尊重，因此没有产生过变换工作的想法。通过这两个个案，可以发现不论是男性还是女性，在对待工作的态度上都不同程度地受到传统性别观念与性别定位的影响。

（二）女性在职业变动中向上流动者较少

与男性相比，女性在职业变动中向上流动较少，流动空间较为狭窄，说明女性在向上流动的过程中处于较为不利的地位。其主要原因在于：

首先，从社会方面来讲，男性和女性在职业变动中向上流动的机会是不一样的。相同条件的男性和女性在竞争同一个岗位时，雇主往往倾向于选择男性。对于那些技术性强，或者是高管层的岗位，用人单位很少考虑女性。只有当女性的能力高于男性竞争者，以至于其能力能弥补由于家庭因素可能导致的工作中断时，雇主才会给予女性以机会。

女性年龄的增长在女性向上流入较高职业阶层时也起着阻碍的作用。一般观点认为，女性的年龄和其工作能力是成反比的，年龄越大，越有可能回归家庭，倾注在工作上的精力越来越少，接受新生事物的能力也越来越低；相反，男性年龄越大，表明其工龄长，工作及社会经验丰富，正是事业有成的良好时机，因此更有可能经历职业的向上流动。

其次，从家庭方面来讲，家务劳动对女性职业流动影响显著，影响着女性职业上升和下降流动的概率。与男性相比，女性承担更多的家务劳动。而统计表明，职业上升女性的日均家务劳动时间比下降者要少 50 分钟，家务劳动不利于女性职业上升流动，并增加女性经历职业下降的可能性，而对男性职业流动不产生显著影响。由此可见，与男性相比，家务劳动时间的减少将更有利于女性职业上升流动。下面这个个案便是女性因为照料孩子而失去职业上升机会的很好例证。

个案 3，女，30 岁，大专学历。之前是一私营企业的会计，由于感觉工作卖力但得不到领导赏识，工资待遇低，一直有变换工作的打算。后来由于结婚生子，离开了单位。由于丈夫工资不高，孩子费用太大，便决定考会计证书，以便能找到待遇不错的职位。孩子半岁时，为备考要去学习，丈夫阻止，认为"女子无才便是德"，自己只好一边带孩子一边自学，由于时间很多都浪费在了家务劳动和照料孩子上，最后没有考过，只得放弃。现为一家私营企业的普通会计。

最后，女性和男性发生职业变动的初衷不同，变动后的结果也就有所差别。女性发生职业变动有相当一部分是因为家庭和生育经历，而男性发生职业变动则大多是受追求高收入和成就动机的驱使。为了抽出更多的时间照料家庭和孩子，女性往往会改变原有职业而选择较稳定和轻松的职业；而经历了生育后的女性，身体康复需要很长的时间，再回到劳动力市场的时候，原有职位往往已不属于自己了，面对激烈的竞争，能有一份像样的工作已经很不错了。而男性迫于"养家糊口"的生活压力和事业有成的勃勃雄心，职业变动的目标便是寻找工资待遇更高、职位更高的职业。因此，女性在职业变动中向上流动的几率低于男性，也就不足为奇了。下面两个个案便很好地体现了这一点。

个案4，男，26岁，中专学历。出生于河南省一个普通的小村庄。中专毕业后，放弃了在县城一个水利部门的职位，只身一人来到郑州打拼。面对许多人的不解，他说："我的兴趣在计算机，这里并不能很好地体现我的价值，这个工作虽然安定，但是我不想这么碌碌无为一辈子。"在一个合资企业做软件销售，四年之内，成绩斐然。然而这终究不是他的最终落脚点，他心里早已打好了算盘：一定要成立自己的软件公司，男人就要有所成就。现在，他已是一家刚起步的合伙公司的负责人之一。

个案5，女，36岁，中专学历，目前在荥阳市妇幼保健院工作。丈夫为荥阳一所中学副校长，有一个5岁的小女孩。变换工作之前在荥阳市广武镇（离市区20公里）卫生院上班。后来因为女儿该上幼儿园，市里条件好一些，对孩子发展有利；家里两位老人身体不好，经常生病需要照顾，因此将工作调入了荥阳市妇幼保健院，新调入的单位就在家对面，照顾老人和孩子都很方便。"有机会还是希望自己能够进修进修，好好工作。但是作为一个女人，变换工作主要根据家庭情况，家里有一个人挣钱多就行，只要他能安心工作，我做点牺牲也可以。"

同样是变换工作，个案 4 变换工作是为了获得事业上更好的发展，最终实现了职业阶层的上升，个案 5 变换工作是为了更好地照顾家庭和孩子，最终只能是在职业阶层内部流动。这两个个案体现了河南省多数男性和女性职业变动的现状：男性的成就动机受传统家庭责任分工观念的驱使，而女性未尝没有男性那样的成就动机，只是她们的成就动机往往受传统家庭责任分工观念的牵制。归根结底，传统家庭责任分工的观念不仅阻碍女性发生职业变动，还是女性在职业变动过程中更多的只是阶层内部或是水平方向上的流动而非向上流动的重要因素。

（三）先赋性因素仍然是制约女性职业变动的主要因素

近年来，河南省随着市场机制的建立，已逐步改变了以往单纯依靠计划分配劳动资源的局面，女性择业的自主性和自由性不断增强。女性可以通过个人后天的努力，提升自己的能力，增加个人的人力资本，更好地把握就业机会和职业变动的有利时机。但由于传统观念和旧体制仍在不同程度地发挥着影响作用，女性在职业变动中就会受到性别身份、家庭背景、户籍制度等一些先赋性因素的制约，如家庭责任分工的传统观念在职业变动过程中仍发挥着重要的影响作用。部分女性受"男主外，女主内"思想的影响，把家庭和孩子放在第一位，由此导致了女性的成就动机不如男性，工作上缺乏和男性一样的进取精神。用人单位也往往受这种思想的影响，当男性和女性竞争同一个工作岗位时会优先考虑男性，不少用人单位甚至禁止女性报考，严重阻碍了女性在职业变动中的进步；家庭背景越好的女性，拥有的社会关系越广泛，在职业变动的过程中也越有可能通过人际关系得到有关部门和决策者的照顾。在人情发挥重要作用的今天，她们往往比那些社会关系少、人力资本强的女性拥有更多获得理想工作的机会。凡此种种，都是女性在职业变动中需要克服的不公正因素。

河南省女性在职业变动的过程中虽然存在上述不足之处，我们却不能因此忽视了河南省女性在职业变动中所表现出来的诸多进步性。其中，女性职业意识的进步尤其值得一提。

首先，大多数女性都具有较强的职业获取意识。这种意识可能起源于女性对自己家庭地位的担忧，认为自己一旦没有了自己的职业，就会在家庭中处于劣势地位。但调查显示，这种意识更多的是起源于进步女性对实现自身价值的追求，这种价值已不仅仅是作为贤妻良母的价值，更多的是作为一个拥有与男子同等人格的独立女性的价值。这种自身价值的实现在现阶段需要付出一定的代价，即贤妻良母和职业女性的角色之间的平衡。正是在这种背景下，女性的职业获取意识就更值得称道。

其次，女性的职业变动意识显示了女性对职业本身的关注。女性职业变动意识是女性追求职业与兴趣的符合和职业的提升的体现。当然这里面不排除女性为了照顾孩子和家庭希望工作更为轻松的因素，但从相当一部分女性愿意选择工作较为辛苦但回报较高的非单位的现象来看，女性追求自身价值的实现在女性的职业变动意识中是起主导作用的。

三　河南省女性职业变动的对策建议与发展趋势

笔者认为，今后河南省女性职业变动应从以下两方面入手进行合理调控。

第一，就职业变动的主体女性而言，首先，应树立平等的社会性别意识，并把这一意识贯穿于自我的整个职业生涯。为此，在职业变动中，应尽力平衡工作与家庭的关系，适时把握职业发展的机遇，以推动职业变动中职业的提升和发展；其次，应不断提升自我人力资本和社会资本的含量，以提高自己在职业变动中的竞争力；最后，应特别注重培养良好的职业变动心态，以从容应对职业变动所带来的各种挑战。

第二，就女性职业变动的运行环境而言，首先，政府部门应着力消除职业变动过程中尚存的不平等的制度和政策，特别是应将女性的职业发展切实纳入政府决策当中，以便为男女两性提供公平的竞争平台；其次，政府及社会应积极推动家务劳动朝着社会化、公平化的方向发展，应鼓励家庭中的男性自觉去承担部分家务劳动，以使女性能够抽出较多的时间来应对职业带来的挑战；最后，媒体应广泛宣传女性自立、自强的思想，尽力去推动女性职业不断地向上流动。

在此基础上，笔者认为今后几年河南省女性职业变动会出现以下发展趋势：

1. 女性职业变动的势头会进一步增强。随着市场经济的发展，河南省女性职业变动也会呈现越来越强的态势。这一方面体现在女性职业变动意识增强、应对职业变动的心理准备更为充分上，另一方面也体现在女性中发生职业变动的人数的增长上。

2. 女性职业的流向会更加合理化。这一方面体现在女性在职业变动过程中向高职业阶层流动的比例将会增多，另一方面体现在安稳、轻松的择业标准对女性而言会有所淡化，越来越多的女性将有勇气投身到风险较大、竞争较激烈、能体现自身价值的职位上去。

3. 制约女性职业变动的一些不平等社会因素将逐渐弱化，包含性别平等的能力主义原则在女性职业变动中的作用将会逐渐增强。随着各项体现社会性别公正理念的相关制度和政策的逐步落实和媒体关于社会性别公平、公正理念的广泛宣传，以往制约女性职业变动发展的一些不平等社会因素，如女性在择业时遭遇的性别歧视、女性在职业发展中面临的性别不平等环境以及女性在退出劳动力市场时遭遇的性别不公正待遇等的制约作用将进一步弱化，包含性别平等的能力主义原则在女性职业变动中的作用将会逐渐增强。河南省女性职业变动将会在日益体现性别公正的社会环境中寻求发展的空间。

参考文献

宋月萍:《职业流动与性别:审视中国城市劳动力市场》,《经济学》2007 年第 2 期。

俞萍:《市场经济中市民职业流动与阶层分化重组的特征》,《社会科学研究》2002 年第 6 期。

专题三　女性社会参与

网络信息关注行为的性别差异分析*

一　问题提出

2012 年 7 月中国互联网络信息中心（CNNIC）发布的第 30 次"中国互联网络发展状况统计报告"显示，我国网民数量共 5.38 亿人，互联网普及率达 39.9%，均呈上升趋势；网民主要上网目的仍然是获取信息（79.7%）[①]，可见，网络信息日渐成为全民化的信息资源，网民不仅可以通过网络新闻关注信息，而且可以通过搜索引擎获得具体信息的内容。网络、新闻传媒、报刊资料作为人们日常生活中最常用的信息获取途径，它们各具特色、相得益彰，共同铸造了信息供给平台。而互联网由于其便捷性和广泛性，正日趋成为大众青睐的信息获取渠道。因此，对网络信息关注行为的研究，能有效地反映出个体或群体在获取和占有信息方面的差异问题。

那么，在网络信息关注行为方面，男性与女性的信息关注取向和关注度是否存在差异呢？有研究者认为，女人作为自然的一部分是男人的财产，男性天生就属于公共空间，而女性只属于私人空间，男性关注的主要是"家国天下事"，女性关注的则是"家长里短、柴米油盐"。这样的判断是否有足够的事实和理论依据，正是本文所要讨论的内容。

有研究者通过对中国网民性别比的趋势分析，乐观地认为我国网民

---

* 原载《山西师大学报》（社会科学版）2013 年第 5 期，作者：蒋美华、李翌萱，收录本书时有所修改。

[①] 《中国互联网络发展状况统计报告》，中国互联网络信息中心，1997—2012 年。

的男女性别比从 1997 年的 87.7∶12.3 稳步攀升到 2011 年的 55.9∶44.1，标志着男女平等已经率先在互联网世界得以实现。[①] 也有学者指出，网络在实际中普遍存在性别鸿沟，即男性比女性拥有更多的数字信息资源。[②] 还有一些学者认为网络空间更加平等化、更加去中心化甚至认为种族、性别、身体表象以及社会地位在网络空间中都失去了意义。其中性别因素，由于网络的匿名性和身体不在场性，性别的差异被很大程度弱化。[③] 另外，也有一些研究通过对网络互动参与过程中两性不同的言语风格或互动模式的分析，认为网络互动仍是日常社会性别权力模式的渗透，性别差异表现明显，男性权威仍然明显。[④] 关于网络空间中性别差异的研究比较多，有些是通过性别构成的外部数理特征得出结论，有些是通过分析网络空间特征对不同性别特质的影响得出结论，更多的是通过男女两性在网络空间里双向互动过程中的差异性而得出结论。研究进路不同，得出的结论也不尽相同。[⑤] 本文对网络信息关注行为的性别差异研究主要是对男女两性各自有关网络信息的关注取向和关注程度的分析，是男女两性对于网络空间的单向行为而非通过网络空间的双向互动，并试图通过对网络信息关注行为性别差异进行实证分析的同时挖掘其影响因素，进而探讨男女两性的网络信息关注图式差异。

二 数据分析

（一）研究方法

研究主要采用结构式问卷调查方法。采取随机抽样的方式，本次

---

① 《中国互联网络发展状况统计报告》，中国互联网络信息中心，1997—2012 年。

② 曹荣湘：《解读数字鸿沟——技术殖民与社会分化》，上海三联书店 2003 年版，第281 页。

③ 郑中玉：《网络互动的性别差异：从"原型"到"表现"》，《黑龙江社会科学》2009 年第 2 期。

④ 王小波：《网络化与社会性别结构》，《天津社会科学》2005 年第 1 期。

⑤ 唐魁玉：《网络化的后果》，社会科学文献出版社 2011 年版，第 96—110 页。

调查共发放问卷 3800 份，最后回收 3400 份，有效问卷 3291 份。调查样本来自河南、湖北、湖南、山西、广东、广西、甘肃、新疆、北京、天津、重庆等省市。问卷设计主题围绕的是网络意识与网络行为状况，其中包括网络使用意识、网络安全意识、网络自控意识等 9 部分内容，本文所涉及的内容属丁网络使用意识范畴。问卷整体调查内容比较宽泛，题目较多，因此与本文研究无关的数据和内容在此不作赘述，只对涉及的数据通过 SPSS17.0 进行描述和分析。

问卷对于网络信息关注行为特征的调查共有 10 个潜变量，调查采用量表形式进行关注程度测评。网络信息被归为政治、经济、社会、军事、娱乐、健康、体育、科技、美容、服饰 10 个方面，该量表陈述有"非常关注""比较关注""不太关注""从不关注"，分别记为 1、2、3、4，其数值即代表个人的关注程度。考虑到网络信息内容的多样性，若分别对 10 个要素进行分析，虽然能得出各自的具体数据信息分布，但对于网络信息关注行为特征的概括并不是十分适合。因此，本文尝试对其进行因子分析，以提取更有概括力和解释力的新因子，进而简化分析过程。通过对此量表数据矩阵进行 KMO 测度和巴特特利球形检验结果可看出，KMO 值为 0.795 大于 5，Bartlett 球形检验值为 9155.310，自由度为 45，达到显著，代表母群体的相关矩阵间有共同因素存在，适合进行因素分析。

此次因子分析对网络信息内容的分析结果较为理想。根据因子命名的规则及理论解释的合理性原则，我们可分别将包括政治、经济、军事、社会、体育、科技在内的"因素一"命名为公共类信息，将包括服饰、美容、娱乐、健康在内的"因素二"命名为生活类信息。本文对网络行为的性别差异的实证分析正是基于此项因子分析结果而展开的。结合量表"非常关注"记为 1 分、"比较关注"记为 2 分、"不太关注"记为 3 分、"从不关注"记为 4 分的陈述方式，通过对其 Mean 平均数以及平均数之和的对比来反映男女两性对网络信息内容的关注程度和关注取向的差异，分值越低则表示关注程度越高。

（二）基本结论

1. 网络信息关注行为的性别差异统计结果显示，男性对网络信息内容的关注取向和程度依次是政治（1.63）、经济（1.81）、社会（1.83）、体育（1.90）、健康（1.92）、军事（1.95）、科技（1.95）、娱乐（2.02）、服饰（2.29）、美容（2.38），女性依次为社会（1.95）、健康（1.98）、政治（1.99）、娱乐（2.03）、服饰（2.09）、经济（2.12）、美容（2.21）、科技（2.34）、体育（2.40）、军事（2.48）。由此可较为清晰地看出两性在网络信息关注行为上的确存在一些差异。

根据对此量表因子分析的模型，通过平均数求和的方法我们可以得出，公共类信息的平均数之和，男性为11.07，女性为13.28；生活类信息的平均数之和，男性为8.61，女性为8.31。因此可以得出结论，男性对于公共信息类关注度高于女性，女性对生活信息类关注度高于男性。

2. 介入城乡分布因素后的统计结果显示，公共类信息的平均数之和，城市男性为10.9，城市女性为12.34，农村男性为11.24，农村女性为14.22；生活类信息的平均数之和，城市男性为8.27，城市女性为8.22，农村男性为8.95，农村女性为8.4。因此，我们可以尝试得出如下结论，对公共类信息的关注程度由高到低依次是城市男性、农村男性、城市女性、农村女性；对生活类信息的关注程度由高到低依次是城市女性、城市男性、农村女性、农村男性。

3. 分别介入年龄、文化程度因素后的统计结果显示，在介入年龄因素后，对公共类信息的关注程度由高到低顺序依次是20—29岁男性、20—29岁女性、30—39岁男性、40—49岁男性、30—39岁女性、50岁及以上男性、40—49岁女性、20岁以下男性、50岁及以上女性、20岁以下女性；对生活类信息的关注程度由高到低顺序依次是20岁以下女性、20岁以下男性、50岁及以上女性、40—49岁女性、50岁及以上男性、30—39岁女性、20—29岁男性、20—29岁女性、30—39 岁男性、40—49 岁男性。另外，在介入文化程度因素后，对公共类信息的关注程度由高到低依次是硕士及以上男性、硕士及以上女性、本科女性、本科男性、专科女性、专科男性、高中或中专男性、初中及以下男性、高中或中专女性、初中及以下女性；对生活类信息的关注程度由高到低依次是高中或中专女性、专科女性、初中及以下女性、专科男性、高中或中专男性、初中及以下男性、本科男性、硕士及以上女性、硕士及以上男性、本科女性。

（三）调查总结

通过上述分析可以看出，若不考虑其他因素影响，网络信息关注行为的性别差异的确是整体呈现出男性对公共类信息的关注度高于女性，女性对生活类信息的关注度高于男性的特征。但介入城乡分布、年龄、文化程度因素的影响后，网络信息关注行为的性别差异则呈现出更加多元化的特征，与上述结论不尽相合。如城市男性对生活类信息的关注程度高于农村女性；20—29 岁女性对公共信息的关注程度高于 30 岁及以上男性；20 岁以下男性对生活类信息的关注度高于 30 岁及以上女性；本科及本科以上学历女性对公共信息的关注度高于本科及本科以下学历男性；本科男性对生活类信息的关注度高于本科女性，等等。可见，对网络信息的关注取向和关注度的性别差异因具体的城乡分布、年龄、文化程度情况而各异。但本文无意于对年龄、文化程度、城乡分布等因素和网络信息关注行为的性别差异的相关性程度进行对比，所调查的数据及分析也无法支持此类结论的生成。本文的研究发现可以归纳为以下几点：

其一，男女两性在网络信息的关注取向和关注程度方面的确存在差异。在对各个层次的数据对比中可明显看出女性对军事和体育的关注度普遍较低，而男性则不然，这是其中一个较为突出的共性差异。两性对其余网络信息类型的关注度差异因具体分类而呈现较为多元的分布状态，共性特征不明显。

其二，在城乡分布、年龄、文化程度这 3 个因素分别介入分析后，对公共类信息和生活类信息的关注取向和关注度的性别差异状况比较多元化。男性倾向于关注公共类信息，女性倾向于生活类信息，这样的判断必须置于具体的条件下才能成立，它并非"放之四海而皆准"。

其三，网络信息关注行为的性别差异是一个不断建构着的动态的实践活动。在本研究所采用的年龄和文化程度的分层统计调查中，可看出不同年龄阶段、不同文化程度伴随着的是两性不同的网络信息关注取向和关注度。

三　解释与讨论

通过上述研究发现，笔者认为可以借助布迪厄的发生结构主义公式（惯习 × 资本 + 场域 = 实践）来进行解释。网络信息关注行为作为一种实践活动，它的动态性和建构性，以及它所呈现出的多元性，与布迪厄"实践的逻辑不是普遍的、无条件的，而是在一些实践活动中发现的共同性[①]"的观点暗合。生活在社会中的个体并非只是一个个简单重复的抽象概念，而都是各具特色的社会特征的集合体，因此对人们行为的分析应该以其社会特征为依据，在性别差异的研究中尤其如此。在对网络信息关注行为的性别差异进行讨论时，通过对调查对象各自的场域、资本、惯习进行分析也是十分必要的。

（一）场域

"场域"是指以各种社会关系联结起来的表现形式多样的社会场合和社会领域，它是在各种位置之间存在的客观关系的网络和构型。每个人都处于不同的场域中，因此对人们实践活动的讨论也不能脱离其所处的具体场域，否则就容易犯以偏概全的错误。[②] 对男

---

① ［法］布迪厄、华康德：《实践与反思》，李猛、李康译，中央编译局出版社 1998年版，第 164 页。

② 同上书，第 139 页。

女两性在网络信息关注行为的差异进行分析时，有两个场域因素是
不容忽视的，一方面是城乡分布，另一方面是工作性质和场合。

随着农村电网改造和村村通工程的逐步落实，我国大部分乡村地
区都有了上网的基础设施条件，农民日益普遍地通过网络信息平台去
获取农业科技信息、农产品销售渠道、国家惠农政策等，城乡之间的
"数字信息鸿沟"逐渐缩小。在我国部分农村地区，男性仍然是家庭
生产活动的主导和主力，因此，农村男性对公共类信息的关注度较高
而对生活类信息关注度较低的调查结果是有一定现实依据的。1993
年联合国一份题为《世界妇女状况》的报告指出："在世界各地，工
作场所是按照性别分开的。"[1] 男性往往集中于技术含量和社会地位
都比较高的领域，女性通常承担的都是低技术含量和低社会地位的工
作，依照制度经济学理论，男性的工作集中于信息充分的主要劳动力
市场，女性的工作主要集中于信息不完全的次级劳动力市场。[2] 诚然，
我们不能给出当前男女两性的劳动分布格局已经得到了完全的改变这
样武断的判断，但我们也不能无视当今越来越多的女性正在向主要劳
动力市场转移这一事实，她们和男性一样做着高技术含量的工作，如
城市里涌现出大量"白骨精"（女性白领、骨干、精英）。即便是在
农村地区，劳动分工格局也逐步从"男耕女织"向"女耕男工"转
变，一些农村男性外出务工，农村女性便逐渐在生产活动中成为独当
一面的"铁娘子"[3]。因此将女性完全拒斥在主要劳动力市场外的观
点是不科学的，女性同样可以立足于信息充分的主要劳动力市场，她
们同样有对公共类信息的需求。

（二）资本

布迪厄所论及的"资本"包括经济资本、文化资本、社会资本、

---

① 联合国妇女发展基金会、儿童发展基金会等：《1970—1990 年世界妇女状况——趋势和统计数字》，1993 年版。

② 王郁芳：《信息性别分化的现状及对策》，《湖南行政学院学报》2007 年第 1 期。

③ 王宏维：《突出社会性别视角分析"女耕男工"》，《南方日报》2006 年 3 月 16 日。

符号资本（源于个人的荣誉和声望），较为宽泛，其中尤为强调的是文化资本状态对实践的影响和作用，他认为文化资本的固定性最强、影响力最大①。本文主要从经济资本和文化资本两方面展开分析。

　　首先，经济资本是直接影响两性网络信息关注行为的因素。曾有研究指出，受职业地位层次和家庭内部资源分配的影响，女性拥有的经济资源较少，信息投资能力较弱，女性的信息设备购买能力低于男性，因此女性的网络信息获取能力普遍低于男性。② 笔者认为这样的结论只能适用于特定的背景下。20 世纪末 21 世纪初，网络技术逐步推广和普及，在初期，电脑设备和网络使用费都比较高，然而近几年，随着信息技术的发展，电子产品价格大幅下降。与此同时，我国女性职业地位层次也发生着改变，经济收入也普遍获得提高。另外，手机上网的模式正在日益普及。据 2012 年 7 月中国互联网络信息中心发布的调查显示，我国手机网民规模已达到 3.88 亿人，手机已经首次超越电脑成为第一大上网终端设备③。因此，经济状况对人们网络信息获取的制约性正在减弱，网络正日益成为可以人人共享、不分性别的信息获取平台。

　　其次，文化资本也是对该实践进行分析所不可或缺的一个重要因素。有研究指出，信息主体在知识素质、语言程度、技术水平上的差异会引起其对网络信息的拥有和需求的不同。④ 对于人们文化资本的衡量标准是较为模糊和抽象的，通常人们会选择受教育程度作为一个具体尺度。本文介入受教育程度因素对男女两性的网络信息关注行为进行了对比分析，调查结果显示，同等教育水平下女性对公共类信息的关注度并非总是低于男性，对生活类信息的关注度也并非都高于男性。笔者认为一些研究中不考虑研究对象的具体文化程度，用文化程

---

① ［法］布迪厄、华康德：《实践与反思》，李猛、李康译，中央编译局出版社 1998年版，第 161 页。

② 王郁芳：《信息性别分化的现状及对策》，《湖南行政学院学报》2007 年第 1 期。

③ 《中国互联网络发展状况统计报告》，中国互联网络信息中心，1997—2012 年。

④ 王郁芳：《信息性别分化的现状及对策》，《湖南行政学院学报》2007 年第 1 期。

度较高的男性群体去和文化程度低于他们的女性群体盲目做类比，得出一些对女性群体而言失之偏颇的结论是不严谨的。多项研究表明，中华人民共和国成立以来，中国居民教育获得的性别不平等呈持续下降趋势，甚至开始出现女性超过男性的现象。[①] 因此，从某种程度上说，当今男女两性对文化资本的占有程度是不分伯仲的，我们在对男女两性的实践行为差异展开分析时应该抱有这一客观认识。从本次调查分析结果可见，同等教育水平下，男女两性的信息关注取向没有固定特征，例如，硕士男性对公共类信息的关注度高于硕士女性，然而本科女性和专科女性对公共类信息的关注度高于本科男性和专科男性等。基于本次调查结果，对网络信息关注行为的性别差异情况若笼统地给出男女二元对立、非此即彼的结论是不具有说服力的，我们应充分考虑研究对象的多元性，辩证对待，具体问题具体分析。

（三）惯习

"惯习是历史的产物，因此它是一个开放的性情倾向系统，不断地随经验而变。它是稳定持久的，但不是永久不变的。"[②] 生活在社会中的个体每个阶段都会有不同的生活主题，随着个体年龄变化，各自的场域和资本等因素都会发生变化，这些因素又会直接作用于个体的惯习，旧的惯习必然会被新的惯习所取代。本文介入年龄因素后的调查结果显示，男女两性的网络信息关注取向和关注度并未随着年龄段的变化而呈现出延续性特征，而是处于变动中。两性对于网络信息的关注取向正是一种"存在于身体之内，表现在实践之中，具有直接的操作能力"[③] 的惯习，它虽然会不可避免地受诸如父权制等一些社会因素影响，但更重要的是它具有生成性，它能不断将新因素纳入自身，在调整和重构自身的同时重新建构实践的对象。因此，男女两性

---

① 李春玲：《教育地位获得的性别差异》，《妇女研究论丛》2009 年第 1 期。
② ［法］布迪厄、华康德：《实践与反思》，李猛、李康译，中央编译局出版社 1998 年版，第 165 页。
③ 同上书，第 172 页。

对网络信息的关注取向不是对某种固定模式的一味沿袭，而是处于不断地重新建构过程之中。可以看出，并非所有的女性都会被网络信息的性别鸿沟所限制，她们同样可以畅享网络信息；并非所有的女性都只倾向于关注生活类信息，女性也日益将其聚焦转向公共类信息。总之，网络信息关注行为的性别差异整体呈现多元性、动态性和建构性，因此我们应打破男女性别二元化传统思维的束缚，从实践角度去理解和分析其差异性。

e时代女性网络意识探究[*]

互联网的崛起，无疑是 20 世纪下半叶一个重要的社会、政治、经济与文化事件，而且是一个全球性的事件。它正十分迅捷地改变着人类的行为方式、思考方式、自我认同以及社区形态，带来社会结构的重大转型，逐步形塑一个全新的数字化、信息化、网络化的社会空间①。据 2013 年 7 月 17 日中国互联网络信息中心（CNNIC）发布的第 32 次"中国互联网络发展状况统计报告"显示，截至 2013 年 6 月底，我国网民规模达 5.91 亿人，互联网普及率 44.1%，较 2012 年年底提升了 2.0 个百分点。截至 2013 年 6 月底，中国网民的男女性别比例为 55.6∶44.4②。本文从社会性别视角出发，对 e 时代女性网络意识进行初步探究，希望能够助推女性网民与网络世界的和谐共进。

一 数据资料的来源与调查样本的基本情况

（一）数据资料的来源

本文的数据资料主要来源于教育部人文社会科学研究项目"网络意识对女性网民行为的影响研究"的前期调查数据。本次调查时间是

---

* 原载《山东女子学院学报》2013 年第 6 期，作者：蒋美华、汤秀丽，收录本书时有所修改。

① 王海明、任娟娟、黄少华：《青少年网络行为特征及其与网络认知的相关性研究》，《兰州大学学报》2005 年第 4 期。

② 《中国互联网络发展状况统计报告》，中国互联网络信息中心，2013 年。

2011 年 10 月至 2012 年 4 月。本研究主要采用访谈和结构式问卷调查来收集资料。调查采取随机抽样的方式，共发放调查问卷 3800 份，回收 3400 份，其中有效问卷 3291 份。调查样本来自河南、湖北、山西、广东、甘肃、新疆、北京、天津等省市。调查结束后，全部问卷数据由调查员核实后进行编码录入，然后用 SPSS17.0 统计分析软件进行数据分析。

（二）调查样本的基本情况

从性别分布看，在回收的 3291 份有效样本中，男性有 1053 人，占 32.0%；女性有 2238 人，占 68.0%，这基本符合调查的宗旨。本调查重点研究对象是女性网民，目的在于调查网络意识和网络行为发展的特点，了解女性网络意识对女性网民行为的影响，因此女性样本相较于男性样本要多。另外，为了发现男女两性网民网络意识和网络行为是否存在差异，还需要调查适当数量的男性网民，以便就有关议题进行社会性别视角下的比较分析。

从年龄分布上看，调查样本中，网民的年龄多集中在 19—25 岁，这一比例占 56.6%，16—18 岁的占 19.2%，26—30 岁的占 7.9%，其他年龄段所占比例都在 5.0% 以下。可见，当前使用网络的还是以青少年居多。

从文化水平构成看，所调查的样本学历层次较高，其中，高中或者中专文化的占 22.4%，大专学历者占 22.7%，本科学历者占 42.9%，初中及以下学历者仅占 8.9%。可见文化水平与网络使用状况之间存在一定关系。

从职业和身份构成看，在校学生占所调查样本的 60.3%，事业单位员工占 11.3%，企业公司员工占 8.6%，国家公务员占 4.3%，农民工、个体工商户、自由职业者和无业/待业人员所占比例均在 2%—3%，农民、家庭主妇和退休人员所占比例为 1.3% 左右。可见，有没有使用网络的意识与职业和身份密切相关。

二　e 时代女性网络意识的现状分析

（一）网络使用意识

从统计数据来看，调查样本中女性网民的网络使用意识比较强，网龄在一年以上的比例占 87.4%，通常每天上网的时间在一小时以上的占 78.9%，从上网的频率看，每天都上网或经常上网的比例占 69.2%。在插入性别变量以后发现，男性网民和女性网民每天使用网络的时间和网络使用频率并无太大差异，差异主要体现在男性网民的网龄主要集中在 3—5 年，比例为 39.4%，女性网民的网龄主要集中在 1—3 年，比例为 38.2%，女性网民的网龄整体来说要低于男性网民。

女性使用网络的目的大多很明确，需求也是多样化的，主要包括获取信息、交流知识、联络感情、休闲娱乐、结交朋友、解决问题和实现自我价值，还有一少部分女性上网主要是为了跟潮流。从调查对象对互联网的看法和评价上看，60% 以上的女性认为网络对自己的工作、生活、学习以及心情方面是有影响的，只有少部分认为互联网对自己几乎无影响。

本次调查显示，我国女性网民信息关注意识较高，涵盖了政治、经济、社会、娱乐、健康、科技、美容和服饰等诸多方面，女性对上述网络信息内容的关注度依次是：服饰（45.3%）、美容（36.7%）、政治（31.1%）、健康（26.5%）、社会（26.8%）、娱乐（25.2%）、经济（21.8%）、体育（16.2%）、科技（17.2%）、军事（14.8%）。男性网民对上述网络信息内容的关注度依次是：政治（52.2%）、社会（37.0%）、经济（36.5%）、科技（35.7%）、体育（34.8%）、军事（33.8%）、健康（30.9%）、娱乐（29.0%）、服饰（24.5%）、美容（20.9%）。如果我们将包括政治、经济、军事、社会、体育、科技在内的因素命名为公共类信息，将包括服饰、美容、娱乐、健康在内的因素命名为生活类信息，从整体上可以明显看出，男性对公共类信息的关注度要高于女性，而女性对生活类信息的关注度要高于男性。

（二）网络安全意识

这方面的意识突出表现在以下几个方面：

一是95%的女性被调查者都会定期或不定期地为电脑杀毒，只有5%的被调查者从不杀毒。对于收到的垃圾邮件，92.6%的女性会删除或设置过滤。二是普遍设置登录密码，在公共场所上网结束后，77.7%的被调查者会检查所登录的网站或账号是否已经退出。三是74.4%的女性介意向网友透露诸如姓名、工作单位和电话号码等真实信息。相比之下，71.6%的男性网民介意向网友透露诸如姓名、工作单位和电话号码等真实信息。可见，女性网民更介意向陌生网友透露自己的真实信息。当被问到"假如有亲密的网友约你见面，你会去吗"时，只有5.4%的女性回答"肯定去"，30.5%的女性回答"考虑后再说"，其他的明确表示不去。相比之下，6.9%的男性网民选择"肯定去"；40.6%的男性网民选择"考虑后再说"。可见，女性网民比男性网民在网友见面一事上更具有警觉性。当被问到"你怎么看待网络中的好朋友"时，只有21.3%的女性认为网络也有真情实感，其他被调查者都认为网络不可信。相比之下，19.1%的男性网民认为网络也有真情实感，比例略低于女性。四是对于网上购物、网上银行，76.1%的女性被调查者认为网上银行虽方便，但存在安全隐患，只是偶尔使用甚至从不使用。

（三）网络休闲意识

就网上娱乐休闲而言，调查显示，被调查样本中女性网民的网络休闲意识较强，其网络休闲最主要的方式有听歌、看电影、玩游戏和登录个人空间等。调查显示，25.4%的女性最喜欢的网络休闲方式是听歌，47.1%的女性最喜欢的是看电影，19.8%的女性最喜欢的是玩游戏。在插入性别变量以后，发现男性与女性网民的主要网络休闲方式有所不同。男性网民中 33.1% 的被访者上网的主要休闲方式是玩游戏，36.2% 的被访者上网的主要休闲方式是看电影，25.6% 的被访者上网的主要休闲方式是听音乐。此外，73.0% 的被调查女性经常登录 QQ 空间、个人微博主页等空间以展示自我、娱乐消遣和分享交流。相比之下，只有 58.6% 的男性网民拥有空间。这些拥有空间账号的男性网民并不是所有的都经常登录，有一部分男性网民并不经常登录空间。

就网上购物休闲而言，40.6% 的被调查女性有过网上购物的经历，其中有 36.6% 的女性网上购物较频繁，至少每周一次甚至每周多次。相比之下，男性网民中只有 37.1% 有过网购的经历。进一步调查显示，女性网民网购物品种类由高到低依次为服饰（55.0%）、图书音像（32.2%）、化妆品（24.2%）、电子产品（17.9%）、配饰（17.2%）、食品（11.5%）、户外运动（7.0%）；男性网民网购物品种类由高到低依次为服饰（42.0%）、图书音像（31.4%）、电子产品（24.9%）、化妆品（16.4%）、户外运动（10.8%）、食品（9.8%）、配饰（9.5%）。从数据中我们可以看出，女性网民对服饰、化妆品和配饰的网购热情比较高，而男性网民对电子产品、户外运动的网购热情比女性网民要高。

（四）网络自控意识

调查数据显示，被调查样本中女性网民的网络自控意识一般，17.7% 的女性明确表示自己不能控制上网时间，48.7% 的女性网民觉得自己的网络自控能力"一般"，只有 26.5% 的女性网民觉得自己的上网控制能力"很好"。当被问到"不能上网时的心里感觉"时，17.9% 的女性表示"心里很不舒服"，还有 4.0% 的女性表示"会想方设法去上网"，其余被调查女性认为"和平常一样"或"有点想上"。这说明网络确实对女性网民的生活产生了重大影响。调查显示，与男性相比，女性群体对于网络的使用还是有一定的自控能力和自控意识的，但从理性上网的角度来看，女性网民的网络自控意识有待进一步加强。

（五）网络学习意识

从男性网民与女性网民的数据对比中可以看出女性网民的网络学习意识比较强。调查数据显示，40.2%的女性网民经常上网查阅资料，48.1%的女性网民表示偶尔会上网查资料，从来没有在网上查过资料的只有11.2%。相比之下，只有30.2%的男性网民经常上网查阅资料；54.7%的男性网民偶尔上网查阅资料；有14.9%的男性网民从来不上网查阅资料。调查数据还显示，56.5%的女性网民"经常上网关注与自己兴趣和专业相关的东西"。相比之下，只有44.3%的男性网民"会经常上网关注与自己兴趣或专业相关的东西"。此外，70.5%的女性网民上过或用过付费的网上学习资源，83.5%的女性网民感觉经常上网会比别人懂得更多。这也说明女性网民对于网络资源的作用持肯定态度，具有较强的网络学习意识。

（六）网络经营意识

调查显示，女性网民的网络经营意识比较淡薄，只有15.1%的女性网民在网上和别人交换过东西，14.9%的女性网民表示会在网上进行炒股之类的投资，29.2%的女性网民对网上创业感兴趣，16.8%的女性网民开过网店。可见，绝大多数女性缺乏网络经营意识，其上网的主要目的是进行经营以外的其他活动，女性网民的网络经营意识有待建立和提高。

（七）网络道德意识

网络道德是指以善恶为标准，通过社会舆论、内心信念和传统习惯来评价人们的上网行为，调节网络时空中人与人之间以及个人与社会之间关系的行为规范。

调查显示，对于网络安全道德与文明，67.0%的女性网民认为讲究网上安全与道德文明"很重要"。在上网过程中，有58.5%的女性网民能"遵守基本的网络道德要求",但仍有16.7%的女性网民"不知道什么是基本的网络道德要求",24.7%的女性网民"没有遵守基本的道德要求",这一现象需要引起我们的重视。

关于在网站上填写自己的个人信息方面,男性选择最多的是"不会",占到47.9%;而女性选择最多的则是"看情况",比例为44.9%,另有14.5%的女性网民会在网站上填写自己的个人真实信息,40.5%的女性网民不会在网站上填写自己的个人真实信息。调查显示,多数男女两性网民都表示不会主动浏览黄色网站或者裸聊网站,比例高达80.9%和85.6%。在"想过攻击别人的网站,但是自己无能为力"的调查中,男性为41.7%,女性为34.6%,说明男性的网络攻击性比女性强。关于"人肉搜索"这一现象,男女两性表示不支持和无所谓的都比较多,男性为37.3%和37.5%,女性为36.5%和35.2%。对于"上网散布互相谩骂的信息的现象"男女两性都是"非常讨厌"的居首,分别为38.9%和44.8%,其次是"无所谓,但不参与",男女两性所占比例分别为29.1%和30.4%,只有极少数网民表示"时常参与",男女两性所占比例分别为1.6%和0.9%,说明男女两性都比较重视网络世界中的道德建设,彰显出我国网民的整体素质在提高。

三 e时代女性网络意识的特点呈现

(一)整体发展的快速性和不平衡性

通过对样本资料的综合分析及男女网民的分组比较不难发现,随着网络的普及,我国网民的网络使用意识、网络休闲意识和网络学习意识等方面意识已经觉醒并快速发展,只是在发展的程度上不平衡。相比较而言,不管是男性网民还是女性网民,网络使用、休闲、学习、安全、自控等意识发展较好,但是网络经营等意识发展不理想,需要积极加以引导,形成良好的发展态势。

（二）男女两性的共同性和差异性

关于网络世界的性别问题，一直以来争论不断，研究成果很多。有学者指出，网络世界中普遍存在性别鸿沟，即男性比女性拥有更多的数字信息资源①。调查数据显示，男女两性的网络意识发展，在一些方面差异不大，具有明显的共性特征，如网络经营意识普遍较差。但是在有些方面男女网民的网络意识差异明显。比如网络使用中的信息关注意识，虽然男女两性普遍关注网络信息，但关注的方面不同。通过对调查资料的因子分析可以看出，若不考虑其他因素影响，网络信息关注的性别差异整体呈现出男性对公共类信息的关注度高于女性，女性对生活类信息的关注度高于男性的特征。此外，在各个层次的数据对比中可较明显地看出女性对军事和体育的关注度普遍较低。当然，网络信息关注的性别差异是一个动态的实践活动，在本研究所采用的年龄和文化程度的分层统计调查中，可看出不同年龄阶段、不同文化程度伴随着两性不同的网络信息关注取向和关注度。

（三）女性内部的差异性和不平衡性

通过对样本资料的分析不难发现，介入年龄、文化程度、地域分布和职业身份等因素后，女性网民网络意识发展极不平衡。比如网龄5年以上的被调查者中，从年龄结构上看，16—30岁的占83.5%，而55岁及以上的仅占1.2%；从文化水平上看，高中、中专及以上学历的占96.3%，而初中及以下学历的仅占3.7%；从职业身份上看，在校学生、国家公务员和事业单位员工以及企业公司人员占87.5%，而农民工、个体工商户、家庭主妇、无业待业人员和退休者等仅占12.5%。这也说明，同样是女性，由于自身在年龄、文化和职业等方面的不同，会导致网络意识发展状况的差异。

---

① 曹荣湘：《解读数字鸿沟——技术殖民与社会分化》，上海三联书店2003年版。

突出表现在城市年轻知识女性和农村老年女性等弱势女性之间就存在着较大的数字鸿沟，而老年女性、低学历女性和农村弱势女性由于网络意识和网络技能落后，在信息社会中将会越来越落伍。网络的商业气息决定了它的目标群体绝大多数是城市中有较高收入和生活无忧的未婚年轻人，网络中所体现的有关女性的内容也绝大多数是针对这部分女性群体的，宣传的生活方式也是这部分女性的生活方式。这说明不同的社会环境、不同的生活场域以及女性自身"资本因素"和"惯习"的差异使得女性个体网络意识的发展呈现出差异性和不平衡性。

（四）虚拟世界和真实世界的区分性

网络时代的到来使网络世界与现实世界融合加剧，也使人类实践活动的空间向崭新的领域发展，人们在网上可以获取信息、休闲娱乐、沟通交流，甚至购物创业。从统计资料不难看出，虽然有一小部分的网民整天都在这个特殊的世界中生活、忙碌，沉迷当中，如被调查的女性网民中有4.0%的人表示不能上网时会想方设法去上网，但绝大多数女性网民都有很强的自控意识，能够在现实的生活和网络世界出入自如，比如只有21.3%的女性认为网络也有真情实感，只有5.4%的女性明确表示会去与亲密的网友见面等。这些资料表明，绝大多数的女性网民在潜意识中能够把网络虚拟世界和现实真实世界加以区分，呈现出一定的理智性。

四　e时代女性网络意识合理发展的建议

（一）加强社会管理和舆论引导，营造网络意识良性发展的社会环境

从宏观运作层面来看，健康向上的网络意识需要国家、社会、网络运营商、网民等多元主体的积极有效的良性互动才能形成。在此，尤其需要国家和社会积极承担责任，加强社会管理和舆论引导，营造

网络意识良性发展的社会大环境，让包括女性在内的全体网民形成健康向上的网络意识，进而形成良好的网络行为，促进网络运用与社会发展的良性互动。

（二）加大网络文化规范力度，构建合法有序的网络运行平台

从中观层面来看，要想维护网络空间的有序性，就需要让网络运营商能够增强规范运作意识，就需要不断完善相关的网络法律规范，加大对网络犯罪和传播不良信息的打击力度，这样才能为女性网民营造健康的上网平台，为网络文化建设提供良好的法律环境。同时，国家和社会应该将保护女性网民健康安全上网、净化网络环境作为义不容辞的职责。要开设女性思想道德教育网页专栏，扶持建设非营业性的女性网民上网服务场所，大力开发适合女性群体的教育活动阵地，努力打造代表社会主义先进文化发展方向和健康文化精髓的文化精品，构建网络主导文化的核心内容。

（三）建设健康向上的女性网站，提升女性网民的网络话语权

从中观层面来看，目前网络平台中的女性网站亟须介入社会性别视角、充分吸纳"性别、平等、发展"的理念进行全新的建设。女性网站是女性走入网络世界的捷径和平台，但面对不断发展的女性网民，女性网站并没有跳出传统媒体的窠臼，仍然是以男性的眼光来观照女性美容、情爱等话题，而对关乎女性发展的职业、理想等创业类话题却不多见，或者是次要内容。为此，女性网站需要真正从女性的生活利益出发，提升社会性别平等意识，走出单一的"小女人"天地，拓宽网站话题，丰富网站内容，如提供就业、保健、购物、法律援助、心理咨询、生活帮助等多方面的实用信息，多一些反映女性健康向上的精神诉求方面的内容，为女性网民发出自己的声音提供有效的话语平台，真正助推女性网络意识的健康成长。

（四）培养女性网络主体意识和昂扬向上的精神，弥合网络世界中的性别鸿沟

女性网民与男性网民在网络使用上存在落差的主要原因就在于女性网民并未突破传统的性别角色限定的领域，女性网民所关心的内容仍旧摆脱不了传统性别规范下的"家庭""情感"等私人生活领域。对此，就需要积极宣传社会性别文化，以"性别、平等、发展"的理念培养女性网络主体意识和昂扬向上的精神，充分发挥女性在网络世界中的平等参与精神和主动学习精神，使其积极融入信息技术高速发展的 e 时代，不断提升自我的网络运用能力，更好地推动自我的良好发展，推动网络世界的有序发展，推动整个社会的良性发展。

互联网对青年女性旅游行为的影响

——基于河南省的调查分析[*]

互联网的快速发展，正逐步塑造着一个全新的数字化、信息化、网络化的社会空间。截至 2015 年年末，我国网民数量达到 6.88 亿人，互联网的普及率为 50.3%，高于 2014 年同期的 47.9%，截至 2016 年年末，我国网民数量达到 7.31 亿人，与 2015 年相比增长了6.25%[①]。随着女性网民数量的快速增长和大众生活水平的逐步提升，女性旅游行为在互联网的影响下正在进行新的建构。有别于传统社会女性"足不出户"、远离社会、远离旅游休闲的生活处境，网络时代的女性尤其是青年女性正在数字化时代的裹挟下，在倡扬女性平等发展的时代机遇的推动下，建构着全新的旅游行为方式。

一 相关概念的界定及调查样本的情况

（一）相关概念的界定

1. 互联网，又可以称为因特网，或者国际网络。互联网始于1969 年美国的阿帕网，是网络与网络之间所串联成的庞大网络。这

---

* 原载《山东女子学院学报》2017 年第 4 期，作者：蒋美华、李兴珍，收录本书时有所修改。

① 参见中国互联网络信息中心（http://www.cnnic.net.cn/hlwfzyj/hlwxzbg/hlwtjbg/201601/t20160122_ 53271. Htm）。

种将计算机网络互相联接在一起的方法可称作"网络互联"，在这个基础上发展出的覆盖全世界的全球性互联网络称为互联网，即互相连接在一起的网络结构。目前，随着互联网使用人数的不断增加，我国开始进入"互联网＋"的时代。

2. 青年女性。本文是在对河南省进行调查的基础上展开研究的，在此"青年女性"是指"河南省青年女性"，即当前户口所在地为河南省行政区域内的年龄在18—40岁的女性群体。

3. 旅游行为。旅游行为是指旅游者在旅游过程中的行为，包括旅游前、旅游中及旅游后的行为。在本研究中，将旅游行为分为旅游前信息搜索行为、旅游决策行为等；旅游中的消费行为、交际行为等；旅游后的安全体验、满意程度等。本文主要从这几个维度来探讨互联网对河南省青年女性旅游行为的影响。

（二）调查样本的情况

本文主要通过自填问卷法和结构式访谈法对河南省的青年男女进行调查，调查对象涵盖了来自河南省郑州、洛阳、开封等不同地区的青年男女。在此需要说明的是，调查将男性青年也包括了进去，主要是为了在社会性别视角下进行性别的比较研究。本次调查共收到有效样本442份。

1. 调查样本的基本情况。调查样本的基本情况如下：从性别情况来看，女性居多，占64.7%；从年龄情况来看，被调查者中18—25岁的超过半数，占58.8%，其次是26—29岁的，所占比例为20.1%；从文化水平来看，本科生居多，所占比例为36.7%，其次为大专，所占比例为36.4%，研究生及以上者占21.3%；从婚姻状况来看，未婚人数几乎是已婚人数的3倍；从户口情况来看，农村户口占56.3%；从职业情况来看，在校学生占54.5%，其次是事业单位及企业单位员工，分别占13.6%、10.6%；从收入情况来看，由于被调查者中在校学生居多，所以49.5%的被调查者收入在1000元以下，7.5%的被调查者的收入在1000—2000元，12.7%的被调查者收入在 2000—3000 元，1.6% 的被调查者收入在 3000—4000 元，6.8% 的被调查者的收入在 4000—5000 元，9.7% 的被调查者的收入在 5000—10000 元；被调查者的网龄均值为 4.7 年，其中 5 年以上者占 59.4%，3—5 年的占 20.2%，每天上网时间 2—4 小时的占 38.9%，1 小时以内的占 6.3%。

2. 被调查者的旅游情况。被调查者的旅游情况基本如下：从旅游频率来看，26.2% 的被调查者表示几乎不出门，57.7% 的被调查者旅游频率为每年 3 次以内，11.5% 的被调查者旅游频率为每年 3—5 次，2.5% 的被调查者旅游频率为每年 5—10 次，2.0% 的被调查者旅游频率为每年 10 次以上；从日程选择来看，大部分被调查者选择 5 日以内出游；从人均年花费来看，花费在 3000 元以下的占 75%；从出游方式来看，2/3 的人选择自助旅游；从旅伴和目的来看，一般是选择与父母（27.6%）、朋友（25.8%）和伴侣（21.1%）一起旅游；在旅游目的方面，放松休闲、开阔眼界是主要目的。调查样本的基本情况和旅游情况为下面进行更深入的分析奠定了良好的基础。

二 互联网对青年女性旅游行为的影响
——定量分析

有鉴于互联网时代对大众旅游生活方式的影响，本文提出了基本假设：其一，性别和互联网对大众旅游行为的影响存在显著相关性；其二，互联网和河南省青年女性旅游行为存在显著相关性。定量分析进一步验证了所提出的研究假设。

（一）定量分析：互联网对不同性别被调查者旅游行为的影响

由表 1 可以看出，在性别与互联网旅游关注度的相关性检验中，性别与手机上是否存在与旅游相关的应用软件，以及是否关注与旅游相关的自媒体信息和是否留意他人发布的信息的 sig 值均小于 0.05，因此存在显著的相关性；在性别与对互联网旅游信息的态度的相关性检验中，性别变量与信息满意度不存在显著相关性；在性别与互联网旅游中分享行为的相关性检验中，性别与分享旅游信息目的之间存在显著相关性；在性别与互联网旅游中的交友行为的相关性检验中，性别与是否加入旅游类网络群组、是否与群组出游的 Sig 值分别为0.019 和 0.000，均小于显著水平 0.05，因此呈显著相关关系；在性别与互联网旅游中安全问题的相互性检验中，性别与是否存在经济被骗问题以及如何处理此类问题，存在相关性。

表1　　　　　**互联网对不同性别被调查者旅游行为的影响**

维度	具体变量	Sig. 值
对互联网旅游的关注度与性别	手机上是否有旅游类应用软件＊性别	.030
	微博、微信是否关注与旅游相关的自媒体信息＊性别	.033
	是否留意网络上他人发布的旅游信息＊性别	.022
对互联网旅游信息的态度与性别	旅游前是否会在网络上搜索旅游信息＊性别	.765
	在哪类网站搜寻旅游信息＊性别	.263
	网络提供的旅游信息可信度＊性别	.910
	出游前查询的网上推荐的旅游信息与自己经历的旅游感受的相差程度＊性别	.018
互联网旅游中的分享行为与性别	是否曾将自己的旅游体会在网络上分享＊性别	.642
	会首选哪种渠道分享旅游经历＊性别	.685
	为何将自己的旅游体验上传网络＊性别	.024
互联网旅游中的交友行为与性别	是否加入网络旅游群组＊性别	.019
	通过什么渠道了解到网络旅游群组＊性别	.201
	是否与网络旅游群组中的个人或者群体出游＊性别	.000
	是否与网络旅游群组中的个人形成亲密关系＊性别	.200
互联网旅游中的安全问题与性别	所在网络群组所组织的旅游是否购买保险＊性别	.298
	是否觉得与网络群组中的人一起旅游安全＊性别	.606
	在利用网络进行旅游准备时，是否有过被骗金钱的经历＊性别	.003
	涉及金钱被骗问题时，是如何解决的＊性别	.030

（二）定量分析：互联网对青年女性旅游行为不同维度的影响

调查数据显示，互联网对青年女性旅游行为不同维度有不同的影响，具体如下。

1. 互联网对青年女性出游方式和安全性的影响。具体见表2。

表2　　　　　　　**互联网对青年女性出游方式和安全性的影响**

	偏差平方和	自由度	偏差均方值	F	Sig.
旅游的频率	10.948	6	1.825	3.459	.003
行程时间	6.004	6	1.001	2.148	.049
您觉得与网络群组中的人一起旅游安全吗	3.168	6	.528	2.494	.023

由表2可见，互联网对青年女性出游的频率、日程的选择、对旅游类网络群组出游安全性等影响显著。这说明网络使用程度越深，越经常出游，越容易选择较长的出游时间，越觉得与网络群组的人一起出游不安全。

2. 互联网对青年女性旅游信息利用的影响。具体可见表3、表4。

表3　　　　　　**互联网对青年女性旅游信息利用的影响（1）**

		偏差平方和	自由度	偏差均方值	F	Sig.
您认为，在您选择旅游时，网络上信息的影响程度是怎样的	组间	5.887	6	0.889	1.658	.000
	组内	160.428	245	.525		

由表3可见，网络的使用程度与网络对青年女性旅游行为的影响程度呈负相关，表明网络使用程度越深的青年女性，在旅游中越容易被网络信息所影响。

表4　　　　　　互联网对青年女性旅游信息利用的影响（2）

	偏差平方和	自由度	偏差均方值	F	Sig.
改变行程	110.985	6	18.935	2.601	.023
信息查询	23.011	6	3.698	.523	.873

　　表4是对被调查者是否会根据网络信息而改变行程及信息查询情况的测量。结果表明，网络使用程度对因为信息而改变行程的行为有显著影响，互联网使用程度越深的青年女性越容易根据网上提供的旅游信息而改变原计划。

　　3. 互联网对青年女性旅游中交际行为的影响结果见表5。

表5　　　　　　互联网对青年女性旅游中交际行为的影响

	偏差平方和	自由度	偏差均方值	F	Sig.
您在生活中是否留意网络上他人发布的旅游信息	3.343	6	.557	2.287	.036
您是基于何种目的将自己的旅游体验上传到网络上的	63.272	7	9.039	2.266	.029

　　由表5可见，互联网使用程度对是否留意别人分享的旅游信息与是否上传旅游信息有显著影响。互联网使用程度越深入的青年女性，越关注别人在网上发布的旅游信息。

　　4. 互联网对青年女性旅游消费行为的影响。结果见表6、表7。

表6　　　　　　互联网对青年女性旅游消费行为的影响（1）

		偏差平方和	自由度	偏差均方值	F	Sig.
您平均每年在旅游上花费多少	组间	53.367	6	8.894	5.074	.000
	组内	443.537	253	1.753		
	总计	496.904	259			

表6显示了互联网使用程度对青年女性旅游消费行为的影响情况。从中可见，互联网使用程度对于旅游花费有显著影响，互联网使用程度越深的青年女性在旅游中的平均花费越多。

表7 　互联网对青年女性旅游消费行为的影响（2）

		偏差平方和	自由度	偏差均方值	F	Sig.
网上支付情况 = E2.1 + E2.2 + E2.3 + E2.4 + E2.5 + E2.6 + E2.7	组间	116.754	6	19.459	2.190	.047
网络旅游产品的正品印象 = E4.1 + E4.2 + E4.3 + E4.4	组间	36.283	6	6.047	2.345	.032
	组内	611.275	237	2.579		
	总计	647.557	243			

表7反映了互联网使用程度与青年女性旅游消费行为的关系。互联网使用程度与网上支付和网上旅游产品的正面评价呈显著相关关系。随着青年女性互联网使用的深入，越来越多的女性对网络旅游产品表示好感，并愿意在线支付网络旅游类产品。

三　互联网对青年女性旅游行为的影响：正面影响与负面影响

网络时代，女性旅游生活方式建构取得了新的进展，但也面临着新的挑战。互联网对青年女性的旅游行为既有正面影响，也有不容忽视的负面影响。

（一）互联网对青年女性旅游行为的正面影响

调研显示，互联网对青年女性旅游行为的正面影响主要如下。

1. 互联网信息获取平台的搭建为其理性旅游提供了可能。互联网的发展和普及为旅游生活带来了全新的面貌，为包括青年女性在内的旅游者进行理性旅游提供了可能。其一，旅游网络信息的丰富性。

政府官网、专业旅游网站以及景区官网等将旅游信息进行分门别类的归纳，为旅游者选择旅游目的地提供了方便。特别是目前出现的旅游网，如携程、驴妈妈等，使得网络旅游产品具有多样化、方便、价格透明等特征，使旅游者在选择旅游产品时可以进行充分的比较，进而有助于其作出理性的选择。其二，旅游网络信息搜索的便捷性。互联网最大的特点就是不受时空限制，使一切信息都可以尽在人们的掌握之中，从而使旅游者通过网络可全面地了解相关信息资源。

2. 互联网信息选择的多样化开辟了青年女性旅游者理性旅游的新路径。其一，被调查的青年女性旅游者大多数会比较关注网络上其他人发布的旅游信息，这些信息会在一定程度上对女性旅游者形成外界刺激，进而激发其旅游动力，有助于提升青年女性旅游者的生活质量。其二，互联网可以为人们提供多样化的信息资源，这可以确保青年女性在旅游行为操控过程中更加具有主动性、针对性。在旅游过程中，青年女性旅游者可根据互联网的信息而对旅游目的地、具体风景区、旅游路线、出游方式、交通方式、酒店等进行及时关注和改变，从而成就更为科学合理的旅游行为。

3. 互联网旅游平台的人际互动拓展了人际交往的领域。互联网平台上，旅游类的旅游群组为青年女性提供了交际交往的全新平台，青年女性可以在此发布旅游信息，书写旅游体验，从而加强互动，并拓展旅游信息资源。在互联网平台上，在与他人的交往活动中，青年女性旅游者可以接触到拥有不同人生态度和生活方式的人群，促使其重新审视自己的生活方式和生活态度，为更好地适应社会和时代发展的要求构建充实的人生。

4. 互联网先进技术的支持应用带动了旅游现代功能的顺利实现。其一，各种旅游信息在互联网上进行交汇融合，旅游者可以从中选择最佳旅游行为。其二，在线支持和在线产品等的出现彰显了旅游现代化带来的便捷性。各种在线支付方式的出现，使得旅游者的支付行为更加便利；各种在线旅游产品的出现，为青年女性旅游者进行旅游产品的选择和消费提供了便捷的途径；多样化在线地图的出现，使得青年女性旅游者可以更全面地掌握旅游路线，进而了解旅游环境，从而为青年女性旅游者在旅游过程中增强安全感。

（二）互联网对青年女性旅游行为的负面影响

调查显示，互联网对青年女性旅游行为的负面影响主要如下。

1. 互联网带来的旅游安全隐患问题。互联网带来的旅游安全隐患问题主要包括：人身安全问题、财产安全问题、信息安全问题等。第一，人身安全隐患。随着互联网的出现和不断发展，旅游网络群组作为一种新的群组方式开始出现并得到发展。旅游网络群组是由一群热爱旅游的人士自发形成的，他们会不定期地举办旅游活动。本次调查显示，被调查者中有约 1/3 的人加入过旅游网络群组，有大约 1/7 的旅游者参与过旅游网络群组组织的旅游活动。对于青年女性来说，参加此类旅游活动，在人身安全方面存在着较大的隐患。第二，财产安全隐患。近年来，随着在线支付方式的普及，其越来越被包括青年旅游者在内的旅游大众所接受。本次调查显示，约 1/5 的被调查者在进行互联网旅游支付时，有过金钱被不法分子以不同方式骗取的经历。第三，信息安全隐患。在网上购买旅游产品时，往往需要旅游者填写个人真实信息，包括姓名、身份证号等。由于部分旅游者对自己信息安全的警惕性不够，加之部分旅游网站对旅游者的信息保密工作做得不到位，不仅容易引起旅游者个人信息遭到泄露和窃取，还会引发资金的无故损失。

2. 互联网带来的旅游的信任危机问题。本次调研显示，3.4% 的被调查者认为互联网上所提供的旅游信息非常可靠；3.0% 的被调查者对于网络群组内的成员很信任；15.9% 的被调查者认为他们所到达的实际旅游目的地与网络所提供的信息基本没有差别。同时，也有 1/3 的被调查者认为互联网上所提供的旅游信息不可靠；80% 的被调查者认为实际景区与网络所提供的旅游信息存在很大差别；96% 的被调查者对于网络群组内的成员表示不信任，认为网络群组不安全。以上调研数据充分说明，青年女性在旅游行为中对于互联网信息的信任度较低。互联网带来的旅游信任危机问题需要引起相关部门的关注。

四 强化互联网对青年女性旅游行为正面影响的相关对策建议

由上述可见，"互联网＋"旅游的发展模式改变了以往传统的旅游模式，为包括青年女性旅游者在内的全体旅游者带来了全新的旅游休闲方式，但是我们也同时看到了互联网带给青年女性旅游者的双重影响。为此，需要进一步强化互联网对青年女性旅游行为的正面影响，消除互联网给青年女性旅游者带来的负面影响。笔者认为，应从以下几方面进行努力。

（一）增强女性安全意识，规范女性的网络行为

互联网时代为旅游带来了新的平台和新的体验。作为青年女性旅游者，为了更有效地提升互联网的使用效度和使用安全度，尤其需要不断提升自身的网络素养，增强网络使用的安全意识，并不断规范自我的网络行为。具体来说，互联网时代，需要青年女性自觉地提升自身的文化水平和使用互联网的技能，为提高自己的旅游休闲生活质量提供便利。在此过程中，青年女性旅游者尤其应该加强安全防范意识，对于网络群组中的陌生人保持警惕，对于网络支付中的问题更要理性对待，防范风险的出现。在此过程中，青年女性旅游者应从自身做起，在网络旅游平台发布和交流真实的旅游信息的过程中，严格规范自己的网络行为，为营造健康有序的网络旅游环境做出积极的贡献。

（二）加强旅游信息监管工作，搭建"绿色"互联网平台

调查发现，人们对于网络上旅游信息的真实程度大多持怀疑态度，普遍认为网络上的旅游信息可信度不高。为此，亟须加强旅游信息监管工作，搭建"绿色"互联网平台。加强旅游信息监管工作重

在保证网络信息的真实性，增强人们对网络信息的认可程度。同时，要加大对包括网络旅游诈骗在内的一系列网络诈骗行为的监管、惩治力度，净化网络旅游空间。

（三）加强旅游景区建设，优化景区网络运用环境

从前述互联网对青年女性旅游者带来的负面影响可以看到，加强旅游景区建设、优化旅游场域环境已是势在必行。为此，旅游景区应充分利用互联网平台，进行真实信息的传播和推广。可以通过建立微信和微博的景区官方公众号等方式进行旅游信息的宣传，以提高青年女性对于旅游景区的认知度。同时，还要积极宣传旅游相关安全知识，提高旅游者的安全意识，尽可能地避免互联网旅游带来的负面问题。此外，旅游景区还应进一步完善相关公共设施建设，放置标识牌和标识语，积极提醒游客旅游注意事项，同时增加安全巡视人员，进而把线上安全宣传与线下安全防护有机地结合起来，进一步增强互联网对青年女性旅游行为的正面影响。

（四）强化网络多元系统的治理，营造健康有序的旅游社会环境

互联网时代，要营造健康合理的旅游社会环境，需要强化网络多元系统的治理。要整顿目前网络信息环境的无序状态，需要政府、社会等多元主体的共同参与，同时也需要社会各界媒体的大力监督。只有多管齐下，多元共治，才能营造出健康有序的旅游社会环境。也只有这样，才能充分发挥互联网对青年女性旅游行为的正面影响，促进女性旅游与互联网发展的良性互动，进而提升包括青年女性旅游者在内的全体旅游者的旅游生活质量。

社会性别视角的审视：
老年妇女的生存现状
——以郑州、漯河五个社区为例*

一 引言

（一）问题的提出

进入 21 世纪，人口老龄化问题日益严峻，已经成为国际社会普遍关注的热点问题。在中国，人口老龄化所带来的各种负面影响日益凸显，已经成为经济社会发展中带有全局性、战略性的重大问题。据预测，未来的几十年将是中国人口老龄化发展速度最快的时期，老年人口规模日益扩大、比重迅速上升，再加上中国所特有的未富先老、女多男少、城乡倒置、地区发展不平衡及高龄化等特点，预示着我国的老龄人口问题将面临严峻的挑战。[①] 河南省作为全国人口第一大省，也是老年人口大省，较全国更早地进入了老龄化社会，老龄化程度也远远高于全国平均水平。据河南省老龄工作委员会办公室、南开大学老龄发展战略研究中心 2008 年 8 月 12 日共同发布的《河南省人口老龄化发展趋势预测研究报告（2006—2050 年）》表明，河南省将经历3 次人口老龄化和老年人口增长的高峰期，2047 年将突破 30% 的水

---

　* 原载《2009 年河南社会形势分析与预测》，社会科学文献出版社 2009 年版，作者：蒋美华、段新燕，收录本书时有所修改。

　① 《中国人口老龄化发展趋势预测报告》，2006 年 2 月 24 日，中国网（http：// www. china. com. cn/zhuanti/115/shbz/txt/2006-02/24/content_ 6134589. htm）。

平，正式进入重度老龄化的社会。① 从河南省发展的实际情况来看，河南省是农业大省，绝大多数老年人口生活在经济发展水平比较落后的农村地区。因此，老年人口比重高、增长快，加之社会经济发展水平相对落后，未来河南的老龄人口问题将更为严峻。在老龄化进程中，由于男女两性预期寿命的差异以及中国传统的男大女小的婚姻模式，使老年妇女要远远多于老年男性人口。由于历史的、社会的以及自身的原因，老年妇女往往处于文化程度低、经济收入低、社会和家庭地位低等弱势，她们的弱势地位是其一生弱势的积累，她们往往更少、更晚地从社会发展中受益，而社会和家庭的震荡产生的各种冲击和困难却总是作用到老年妇女身上。② 因此，老龄问题将越来越成为老年妇女问题。

为了能更深地解读老年妇女的生存现状，本研究引入社会性别理论作为分析工具。社会性别是由社会文化形成的有关男女角色分工、社会期望、行为规范等的综合体现，是通过学习得到的与男女两性生物性别相关的一套规范的行为。它提供了一种思维方法，即如何用辩证的、历史的、比较的视角来分析社会性别不平等现象。从社会性别视角出发，引入老年男性作为参照群体，从经济来源、生活照料、精神慰藉三个养老基本层面，在对老年妇女生存现状进行实证调查的基础上进行深度剖析。进而从价值理念、社会支持体系、老年组织等方面提出改善老年妇女生存现状的对策与建议，希望有助于提升老年妇女的生存质量，推进性别和谐社会的建设步伐。

（二）研究方法

本研究所采用的数据来源于河南社区教育研究中心受经费资助的"老年妇女生存现状调查"项目和"积极老龄化"策略倡导项目。笔者参与了这两个项目的整个调查和资料统计分析过程。

---

① 《河南省人口老龄化发展趋势预测研究报告（2006—2050 年）》，2008 年 8 月 12 日（http://health.sohu.com/20080812/n258777399.shtml）。

② 黄鹂：《关注老年妇女问题》，《安徽大学学报》2007 年第 4 期。

本次调查采取了访谈和问卷调查相结合的方法来获取调查资料。首先，通过个案访谈和座谈会等形式对老年妇女的经济状况、生活照料、精神慰藉三个方面进行了解。然后，在具体调查过程中，我们设计了调查老年人个人基本情况的问卷和老年人生活基本现状的问卷，分别采用了当面访问法和自填式问卷法。这主要是鉴于一方面老年人的文化水平程度偏低和老年人的生理特点，另一方面我们又希望他们亲自参与调查。在调查方式上，我们对于老年人个人基本情况采用当面访问法，由中心所培训的老年志愿者作为访问员填答；而对于老年人生活中所存在的问题及养老意愿等内容，主要采用参与式的调查方法。具体做法是 10 人一组，将被调查的内容设计在一张大白纸上，然后被调查者分性别用不同的颜色在被选答案处贴点（男性用绿点，女性用红点）。这样做不仅方便，而且可以清晰地看到男女两性的不同选择倾向。

（三）样本基本情况

本次调查所有的调查对象均为 60 岁以上的老人，共计 1265 人。女性样本 715 人，占 56.6%；男性样本 550 人，占 43.4%。其中，男性样本作为参照群体。本次调查共涉及五个社区。分别是郑州 A 社区、B 社区、C 社区；漯河 D 社区、E 社区。其中，郑州 A 社区是老城区，老年人经济收入水平较低，养老有 定困难，参与人员 211 人；郑州 B 社区属老城改造后的搬迁社区，回汉杂居，参与人员 444 人；登封市 C 社区地处山区，土地全部退耕还林，参与人员 168 人；漯河 D 社区，地处市区繁华地段，该社区老年人中既有退休干部，也有老城区的居民，并办有"四老学校"，老年人参与社区活动的热情很高，参与人员 100 人；漯河 E 社区为一个城乡接合部，参与人员为 340 人。这些样本的情况基本可以反映不同类型的社区状况。

样本年龄结构分布：60—69 岁的占 45.5%，其中女性占 25.5%，男性占 20.1%；70—79 岁的占 34.7%，女性占 18.8%，男性占

15.9%；80—89 岁的占 16.4%，女性占 10.6%，男性占 5.8%；90—100 岁的占 2.3%，女性占 1.5%，男性占 0.8%。

样本受教育程度分布：文盲的占 28.9%，女性占 21.9%，男性占 7.0%；小学的占 35.2%，女性占 19.5%，男性占 15.7%；初中的占 22%，女性占 10.0%，男性占 12.0%；高中的占 7.7%，女性占 3.0%，男性占 4.7%；大学以上占 3.4%，女性占 0.9%，男性占 2.5%；缺失值为 2.6%。

样本婚姻状况分布：已婚的占 66.7%，女性占 32.0%，男性占 34.7%；未婚占 2.2%；男女各占 1.1%；丧偶占 29.6%，女性占 22.8%，男性占 6.8%；缺失值 1.5%。

二　老年妇女的生存现状

（一）经济来源

有经济来源是老年人养老的基础和前提。马斯洛的需求层次理论表明，首先必须满足一定的生存条件才能进一步讨论发展。老年人的收入水平直接影响其晚年生活质量，更影响着其在社会和家庭中的地位。他们晚年的经济来源主要有以下几种途径：自己挣、儿子儿媳、女儿女婿、老伴、低保及其他。

调查结果显示，经济来源于自己挣的 755 人，占 61.4%，其中，老年妇女 346 人，占 24.3%，老年男性 409 人，占 37.1%；依靠儿子儿媳给的 274 人，占 21.1%，其中，老年妇女 183 人，占 12.8%，老年男性 91 人，占 8.3%；女儿女婿给的 63 人，占 4.7%，其中，老年妇女 47 人，占 3.3%，老年男性 16 人，占 1.4%；老伴给的 108 人，占 7.8%，其中，老年妇女 97 人，占 6.8%；老年男性 11 人，占 1.0%；享受低保的 26 人，占 2.0%，其中，老年妇女 15 人，占 1.0%；老年男性 11 人，占 1.0%；其他 38 人，占 3.0%，其中，老年妇女 25 人，占 1.8%；老年男性 13 人，占 1.2%。笔者主要从经济自主、经济依赖两个方面进行分析。

1. 经济自主

分性别来看：如图 1 所示，不论是城市社区，还是农村社区，老年妇女经济来源于自己挣的比例远远低于老年男性。这种结果产生的原因在于：第一，传统的"男主外、女主内"的角色分工造成的。老年妇女的很多劳动如照顾孙子女、家务劳动等得不到社会的认可，没有货币的表现。访谈中间，她们都在反映"家务劳动没有功，累得哼啊哼"。第二，农村妇女的收入主要靠劳作、养殖等获取，随着体力的逐步减弱，老年妇女的收入越来越低，生活条件也越来越差。第三，城市老年妇女同老年男性相比，由于文化程度低，退休前通常在工资低、福利和工作条件较差的部门工作，即使在相同职业中，女性的待遇也比男性低。此外，我国实行的女 55 岁、男 60 岁的退休制度，在一定程度上也致使城市老年妇女的收入比老年男性低。这些造成了很多城市老年妇女无力为自己的老年生活提供一份可靠的经济保障。

老年妇女群体内部的差异。由于中国城乡二元化结构的存在，农村老年妇女与城市老年妇女之间差别巨大。城乡差距而言，C 社区、E 社区老年妇女的经济来源于自己挣的占所调查老年妇女的 3.2％ 和 18.8％，远远低于 A 社区、B 社区、D 社区三个城市社区的 72.0％、72.0％、74.6％。这主要是因为城市劳动保障制度比农村健全，经济来源渠道多，城市老年妇女大部分有退休工资等。

2. 经济依赖

经济来源于下一代。与老年男性相比，老年妇女经济来源于儿子儿媳、女儿女婿的比例高于老年男性，这说明子女供养还是老年妇女养老的主要方式。其中，经济来源更多地来自儿子儿媳。一方面是由于传统的"养儿防老"观念的影响。另一方面，由于父权制作用下的父系财产传承主要是出儿子继承，传男不传女。我们在调查中，发现老年妇女是最辛苦的，用她们的话是"活到老，干到老"。60—70 岁的老年妇女，常常说自己就像是家里的"后勤部长"，除了田里的劳动，还要洗衣、做饭、喂养牲畜家禽。她们说："就算是到了 80

岁，只要还能走动，就得下地劳动，身体不好也得硬撑着，没办法，要吃饭啊。"但是，即便是这样，哪怕她在家里是个老保姆，她还得靠子女养。

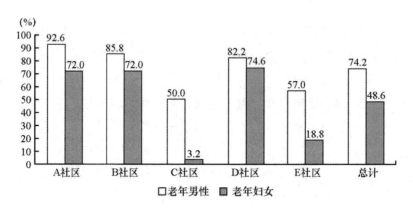

图1　经济来源于自己挣的分布情况

经济依赖于伴侣。如表1所示，五个社区经济来源于老伴的老年妇女所占的比例都远远高于老年男性。这些都反映了老年妇女在经济上的依附地位，突出表现了老年妇女所处的弱势地位。

表1　　　　　　　　　　　　　经济来源于老伴　　　　　　　　　单位:%

社区	A 社区		B 社区		C 社区		D 社区		E 社区		总计	
	男	女	男	女	男	女	男	女	男	女	男	女
频数	1	3	6	12	1	22	0	4	3	56	11	97
比例	0.50	1.30	1.60	2.40	0.70	11.70	0.00	3.60	1	14.30	1	6.80

（二）生活照料

生活照料是养老的主要内容之一。由于随着年龄的增长，身体生理功能的自然衰退，老年人的健康状况一般呈下坡趋势，大部分老人在日常生活中，尤其是生病时，需要他人的照顾。在照顾对象的选择上，部分人选择了老伴，部分人选择了儿子儿媳、女儿女婿，少部分人选择了邻居、敬老院。我们在这五个社区的调查状况显示：选择儿子儿媳照顾的 454 人，占 34.6%，其中，老年妇女 307 人，占 21.1%，老年男性 147 人，占 13.5%；女儿女婿照顾的 135 人，占 10.0%，其中老年妇女 102 人，占 7.0%，老年男性 33 人，占 3.0%；老伴照顾的 632 人，占 51.3%，其中，老年妇女 293 人，占 20.2%，老年男性 339 人，占 31.1%；邻居的 4 人，占 0.3%；敬老院的 2 人，占 0.1%；无人照料的 24 人，占 2.0%；其他 10 人，占 1.0%。从调查结果可以得出，生活照料方面主要还是依赖于家庭，社会化的养老服务体系还不够完善。因此，笔者主要从下一代、老伴的照顾两个层面来进行分析。

1. 来自下一代的照顾

从上面数据可以看出，不论是老年妇女还是老年男性，尤其是老年妇女，在生活照料方面大部分选择了主要由儿子儿媳来承担。在访谈中，笔者发现儿子实际上就是给钱，最多是跑跑腿买买药，剩下的没有了。由于女儿嫁出去了，80.0% 都是儿媳在承担洗衣、做饭、生病照顾等义务。但是，婆媳关系是世界上最复杂、最微妙的人际关系，它是个"千古难题"。较之传统中国，如今的婆媳关系正在发生逆转，婆婆作为老一代妇女，在婆媳矛盾和冲突中越来越处于弱势地位，她们晚年的生活照顾尤为堪忧。仅有 10.0% 的老人选择了女儿女婿。导致这种现象产生的原因：一方面是根深蒂固的"养儿防老"传统思想的影响。访谈中，当我们问道："一旦老人生病躺在床上，是谁照顾得多，是儿子还是闺女"？有几位老人都说："儿子不孝顺，闺女怪孝顺，但是还是得让儿子守着。"另一方面是"从夫居"的婚居模式。在社区文化的认同层面，人们都认为媳妇养公婆是天经地义的，女儿养父母看情分，社会对女儿养老也没有过多的要求。但随着计划生育政策的影响和养老问题的突出，女儿在养老方面也承担了更多的责任。现在很多老人觉得闺女比儿子更孝顺，没有人再说"嫁出去的闺女，泼出去的水"，反而一再强调"年轻时光想生儿子，老了只想要闺女"，"生儿子是名誉，生女儿是福气"。

2. 来自伴侣的照顾

如图 2 所示，老年妇女在生活照料方面依赖于老伴的远远低于老年男性。由于传统的社会角色分工，照顾家庭和男性老人常常被视为女性的责任，这也使老年妇女不仅没有成为被照顾的对象，还要承担照顾者的角色，她们是被掩盖的照顾者，在生活照料方面她们仍然处于弱势。

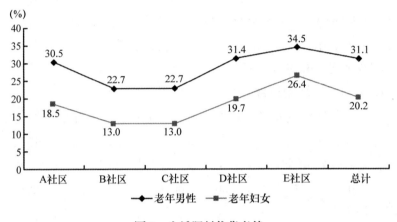

图 2　生活照料依靠老伴

（三）精神慰藉

随着城乡生活水平的不断提高，老年人的精神需求日益成为养老主题内容之一，精神状态的好坏直接影响着老人生存质量的高低。为了便于测量，便于老年人群的理解与作答，我们把精神慰藉概念操作化为"跟谁说心里话"，通过调查可知，其精神慰藉的获得主要通过儿子儿媳、女儿女婿、老伴、邻居、老年工作者等途径。调查结果显示：通过儿子儿媳获得精神慰藉的有 246 人，占 18.7%，其中老年妇女 174 人，占 12.1%，老年男性 72 人，占 6.6%；女儿女婿给予慰藉的 158 人，占 11.7%，其中，老年妇女 124 人，占 8.6%，老年男性 34 人，占 3.1%；依靠老伴的 686 人，占 55.7%，其中老年妇女 322 人，占 22.5%，老年男性 364 人，占 55.7%；选择邻居的 69 人，占5.5%，其中，老年妇女37人，占2.6%，老年男性32人，占2.9%；选择老年工作者的7人；其他的96人，占7.7%，其中老年妇女55人，占3.9%，老年男性41人，占3.7%。

1. 来自下一代的精神慰藉

从调查数据可以看出，20.7%的老年妇女较9.7%的老年男性更多地通过子女获得精神慰藉。这是因为：第一，传统社会性别角色的定位和女性自身特点的影响。在社会文化的建构中，传统的性别观念将男性定位在"外"，要求他们刚强、坚韧、不脆弱，"有苦不外言，有屈不外诉，有泪不轻弹"，把困苦和磨难都装在心里；而把女性则定位于家庭，要求她们要温柔、善良、善解人意、相夫教子，在家庭中跟家庭成员的关系比较和睦，起到了沟通、协调的作用。因此，女性在情感疏导上的渠道和机会比男性要多，她们也乐于与家人分享自己的喜怒哀乐。第二，老年妇女的文化程度低，精神生活简单，更多地把感情寄托于子女。受教育程度是考察老年人口精神状况的一个重要因素，对老年妇女的社会参与和精神生活质量有很大影响。然而，"重男轻女"的传统思想剥夺了大多数妇女受教育的权利，使老年妇女在文化程度方面总体低于男性老人，在我们所选取的样本中，老年妇女文盲（21.9%）是男性（7.0%）的3倍，男性接受大学以上、高中、初中教育的比例都远大于女性。这就使得老年妇女比老年男性更需要通过子女来获得慰藉。但是，由于人们存在一种认识上的误区，强调了"老有所养、老有所医"，忽视了"老有所爱、老有所乐"，尤其是那些对父母已经尽了赡养责任（付出钱与物）的子女，常常忽视老人在情感方面的需求。

2. 来自伴侣的精神慰藉

虽然老年妇女与老年男性相比向老伴寻求帮助的较少，但是，向老伴寻求精神慰藉也是保障老年妇女晚年精神生活的一个重要途径。相濡以沫一生的老伴，是其安度晚年最重要的人。但是，由于我国传统的"男大女小"的婚配模式，再加上老年妇女的预期寿命比老年男性长，预示着老年妇女得到配偶的情感性支持率较小。

三　改善老年妇女生存现状的对策建议

由前述可见，从社会性别视角来看，城乡老年妇女在经济来源、生活照料、精神慰藉等方面都存在不同程度的问题，笔者认为可以通过下面途径来改善老年妇女的生存现状。

（一）倡导积极老龄化的理念，营造老年妇女发展的良好文化氛围

为应对人口老龄化问题，世界卫生组织曾提出积极老龄化的政策框架，目的在于使人们认识到在一生中能够发挥自己在体力、社会、精神等方面的潜能，按自己的权利、需求、爱好、能力参与社会活动，并得到充分的保护、照料和保障。积极老龄化不仅是应对老龄化的有效途径，而且也是"不分年龄，人人共享"社会中老年人公平参与社会发展进程的权利。符号互动论认为，人们是在他们的社会环境中，在与他人的交往中获得他们的自我概念的，换句话说，人们是根据他人对自己的评判、态度来思考自身的。[①] 如果家庭成员、社区工作者把老年妇女看成疾病、伤残、抑郁、无能的群体，那么就会把老年妇女当作被照顾、被关怀的对象，忽视老年妇女身上存在的能动性、积极性和创造性，从而阻碍老年妇女的发展，导致老年妇女依赖行为的增加。因此，积极老龄化理念的倡导，有利于改变人们对老年妇女的错误认知，为老年妇女营造良好的生存发展环境。

（二）建立具有社会性别视角的长效的老年妇女社会支持体系

"九五"世妇会后，尽管中国制定了一系列的政策推动"男女平等"，但传统的以父权为基础的"男强女弱"和"男主外、女主内"为格局的性别分工仍然深深地根植于人们的日常生活中。老年妇女，

---

① 王思斌：《社会工作概论》，高等教育出版社 2003 年版，第 93 页。

她们处于性别、年龄的双重弱势，再加上少收入或无收入、文化程度低、享受的社会保障水平低等现状，更需要关注和支持。体现在家庭和社会所提供的生活资料、日常生活的照料、生病时的照顾等工具性支持；子女、朋友、邻居、志愿者所提供的关心、温暖，孤独、寂寞情绪的排解等情感性支持；国家所提供的政策性支持等社会支持体系。① 在制定政策时，要充分考虑老年妇女的特殊需要和这些需要产生的特殊社会背景，融入性别视角，维护她们的权利。

（三）培育、发展老年组织，推动老年妇女积极参与

培育老年组织，有利于增强老年人社会参与的意识和能力，有利于拓展老年人参与社会的途径，有利于老年人利益的诉求和意见表达的制度化。老年组织是老年人参与社会的有效载体，它的建立，为老年人参与社区事务、发挥余热等搭建了有效的平台。鉴于我国老龄人口女性化的现实，在推动老年组织建立及发展的过程中，应有社会性别的视角，让更多的老年妇女参与其中。在条件成熟的社区，还应大力扶持老年妇女组织。为了使这些组织具有持续发展的能力，并在改善老年妇女境遇方面起到实质性的作用，就需要得到各级政府的支持，把老年组织的发展，尤其是老年妇女组织的发展，纳入政府经济社会发展的规划日程之中，为老年组织的进一步发展找到一个有力的支撑点。

（四）多途径入手、多主体参与，提升老年妇女的生存质量

老年妇女在生活中仍存在不同程度的问题，与老年男性相比，还有落差，处于弱势地位。她们的弱势地位是由于历史、社会、文化等多方面的原因造成的，因此，她们生存状况的改善是一个长期渐变的过程，需要全社会共同参与。要从经济、政策、文化及观念等多种途径入手，通过政府、家庭、集体（社区）、企业、民间组织的通力合

---

① 郅玉玲：《老年妇女的社会支持系统研究》，《华东理工大学学报》2006 年第 2 期。

作，形成以老年妇女的需要为核心的多方参与合作机制，以充分调动老年妇女的积极主动性，发挥她们的潜能，为她们提供更多参与社会发展的机会。同时，在全社会倡导关爱老年妇女的社会文化，改变过去认为老年妇女无用、老年妇女是负担的传统观念，使老年妇女能够共享社会发展的成果，进而推动包括性别和谐在内的和谐社会的建设步伐。

参考文献

陈功：《我国养老方式研究》，北京大学出版社 2003 年版。

梅陈玉婵：《老年学理论与实践》，中国社会科学出版社 2004 年版。

社会流动中农村外出务工
女性的阶层分化研究
——以河南省为例[*]

在我国工业化、城市化和市场化的进程中，农村外出务工女性群体成了一个非常值得关注的新型群体。在社会流动的过程中，农村外出务工女性的阶层分化已经成为值得深入探讨的研究议题。

一 农村女性社会流动的背景：对样本资料的基本描述

本文数据资料主要来自河南省社科规划项目"社会流动中河南农村外出务工女性的阶层分化与福利获得"于 2012 年 1—2 月作的问卷调查。本次调查样本范围较广，从流出地看，样本均来自河南各地农村。从流入地看，包括广东、吉林、北京、天津、山东等省市。本次调查实际回收有效问卷 911 份，其中，女性样本为 665 人，占 73%；男性样本为 246 人，占 27%。在此介入对男性的调查，主要是为了能与女性样本做比较分析。

（一）年龄分布

调查样本中女性的年龄分布情况为：20 岁及其以下的 77 人，约

　　* 原载《山东女子学院学报》2012 年第 3 期，作者：蒋美华、汤秀丽，收录本书时有所修改。

占女性样本总量的 11.66%；21—30 岁的 394 人，约占 59.22%；31—40 岁的 119 人，约占 17.9%；41—50 岁的 70 人，约占 10.5%；50 岁以上者 5 人，约占 0.8%。30 岁以下的女性占到女性样本总量的 70.8%。

（二）文化程度

调查样本中女性的文化程度分布情况是：小学及以下者 76 人，占 11.4%；初中者 327 人，占 49.2%；高中者 141 人，占 21.2%；中专者 34 人，占 5.1%；大专及以上者 87 人，占 13.1%。高中及其以下的女性占女性样本总量的 81.8%。男性样本的文化程度分布情况是：中专、大专及以上学历占男性样本总数的 19.5%，比例略高于女性。

（三）外出动因

1. 为了挣钱改善家人生活状况。这也是广大农村女性外出务工最直接的动因。在农村，一些最早到城里打工的人通过外出打工改善了自己的生活条件，很多人盖了小楼，还有一些人在城里买了房子，这对于那些没有外出打过工的人具有一定的刺激和示范作用。从问卷资料显示的信息来看，有 73.4% 的被调查女性选择了此项。

2. 为了见识世面，争取自我发展空间。选择此项的女性也不在少数，约占 50.2%。这表明多数农村年轻女性已把进城务工当成了提高个人能力以适应社会发展的重要手段，尤其是那些学历层次较高的女性更看重这一点，体现出较强的独立和自我发展意识。

3. 从众行为，跟风外出。调查资料显示，在选择外出务工原因时，约有 12.9% 的女性选择了"左邻右舍都进城务工，跟风出来"这一项。

4. 其他多种原因。还有一部分女性选择"已辍学，在家待着没事"，约占 17.9%；选择"有亲朋在外面，好照应"的约占 4.1%；

选择"配偶在外务工,不想两地分居"的约占 6.1%;选择"积累经验,返乡创业"的约占 3.0%。

二 社会流动中农村外出务工女性阶层分化的现状与特点

关于社会分层,传统理论方面,最具代表性和影响力的是马克思的一元社会分层理论和马克斯·韦伯的多元社会分层理论两大流派。马克思认为,社会分工是阶级起源和存在的基础,生产资料是最重要的社会资源,生产资料的占有、财产所有制对社会分层有决定性意义。因此,应根据人们对生产资料的占有关系来划分社会阶层。韦伯不仅强调经济利益关系,还提出了社会群体因素的作用,认为社会分层有三个要素:财富、声望和权力。社会分层理论发展到现在,主要形成四种分层指标:第一种是按职业划分,第二种是按收入和财富分层,第三种是按阶级阶层划分,第四种是按知识和技术分层①。这些分层方法对于我国研究社会分层具有借鉴意义。

陆学艺在《当代中国社会阶层研究报告》一书中,提出了"以职业分类为基础,以组织资源、经济资源和文化资源的占有状况为标准来划分社会阶层的理论框架",据此,把当代中国社会阶层结构划分为十大社会阶层,即国家与社会管理者阶层,经理人员阶层,私营企业主阶层,专业技术人员阶层,办事人员阶层,个体工商户阶层,商业服务业员工阶层,产业工人阶层,农业劳动者阶层,城乡无业、失业、半失业人员阶层。本文对农村外出务工女性的阶层分化进行研究,主要以《当代中国社会阶层研究报告》的阶层位序为依据,采用多元理论,综合考虑职业、收入和知识技术三种要素进行阶层划分。本次调查发现,农村外出务工女性阶层分化初步显现,主要体现出以下几个特点。

---

① 邓凌:《当代中国社会转型中的阶层分化》,《中央社会主义学院学报》2001 年第 2 期。

（一）绝大多数农村女性通过外出务工，实现了社会阶层的向上流动

这一点首先体现在职业变动上。调查显示，广大农村女性在外出务工前基本都是地地道道的农民，约有86.3%的农村女性样本在外出前都是纯务农人员或自由职业者，月收入只有几百元；约有8.7%的被调查者曾是企业单位员工、村委会或支部成员。她们进城后基本上都实现了从农业向工业、服务业等领域进行的职业变动，约有48.1%的女性被调查者成为国营、私营或外资等企业工人，约有37.0%的女性被调查者成为商贸、旅游、饭店、家政等服务人员，约有4.8%的女性被调查者成为个体工商户，约有2.4%的被调查者成为私营企业主，另外还有少数成为专业技术人员、行政办事人员等。

其次，外出务工也增加了她们的收入。调查显示，在所有女性被调查者中，只有12.7%的女性进城后第一份工作的月工资在一千元以下，70.7%的女性月工资在一千至两千元，16.6%的女性月工资在两千元以上。转换工作类型或部门后，只有2.6%的女性月工资在一千元以下。

最后，在外出流动过程中，广大农村女性的学识和个人能力得到进一步提高。调查显示，约有8.2%的女性在工作期间进行了学历文凭方面的学习，56.5%的女性进行了职业技能方面的学习，还有5.9%的女性进行了其他方面的学习，学识和职业技能的提高也有利于女性更好地实现向上流动。

（二）农村外出务工女性在社会流动过程中层次分化已经初步显现，但是层次分布很不合理

虽然所有的女性被调查者都是从农村出来向城市寻求发展的，但是由于个人学历、技能、社会关系等差别，她们的工作种类、工资报酬、社会地位及占有新的社会关系的机会等都有很大的差别，在社会流动过程中层次分化初步显现。

调查显示，首先在外出务工女性阶层分化过程中，职业声望、社会地位和收入较高者已经出现，如经理人员（约占女性样本的0.3%）、私营企业主（约占2.4%）等，但是所占比例太低；其次是专业技术人员（约占1.4%）、行政办事员（约占0.6%）和个体工商户（约占4.8%），所占比例也很低；再次是商业服务人员，即从事第三产业的人员，包括商业贸易人员、旅游或饭店等服务人员、保姆或其他家政服务人员等，这一层次所占比例较高，达37.6%；最后是产业工人，包括在各私营、国营、外资和合资企业中从事制造业、建筑业等的操作工人，在诸如纺织、服装、电子、玩具、塑料制品等行业里从事劳作的一线工人，她们是体力和半体力劳动者。这一层次所占比例最高，占被调查女性样本总量的48.1%。

（二）农村外出务工女性在阶层分化中除少数留在城市成为新的阶层外，多数走的是流出农村—流入城市—回流农村的流动路线

由于工资低、福利差、家中有老人孩子需要照顾等各种原因，绝大多数农村女性在外出务工一段时间后又回到农村继续务农。57.6%的被调查女性表示周围外出务工人员多返回了农村，回到农村后大多数是继续务农，有一部分做了个体小商贩（11.9%），还有很小一部分（3.9%）成为私营主。当被问及个人今后的打算时，只有37.0%的女性表示要留在城市，大多数选择回到农村。

三　农村外出务工女性阶层分化的相关影响因素分析

（一）自身因素的影响

1. 性别、年龄和婚姻状况。首先是性别因素本身。社会学家吉登斯（Giddens）提出，"性别本身是分层的一个具有深远意义的范例"。作为女性，农村外出务工女性身份本身直接影响了她们的社会流动尤其是向上流动的机会。改革开放后，我国出现社会结构转型和阶层分化，在这一社会结构转型及社会阶层分化过程中，当代中国女性社会群体的社会经济地位状态验证了曾被西方学者讨论过的工业化社会结构转型过程中较普遍的两个命题：第一，在"女性地位机会增加"（第一个命题）的同时，两性社会经济地位差距在不断扩大；第二，不仅存在"女性地位分布的边缘化"（第二个命题）问题，同时出现了女性整体地位的弱势化问题①。

其次，年龄也是影响农村外出女性阶层分化的重要因素。国内外实证研究的一致结论是，年轻的农村劳动力具有较高的流动迁移倾向。就农村女性劳动力而言，年龄更是其进入城镇就业的一道重要的门槛。一般来讲，流动转移的农村女性劳动力多为农村未婚女青年，大部分外出务工的农村女性劳动力年龄在 17—30 岁②。无论是从感情角度还是从成本收益角度分析，年轻女性的流动倾向都更强一些。问卷显示，进城后能够顺利找到工作、较易转换工作类型、实现职务变动的女性绝大多数年龄在 18—25 岁。而那些年龄较大的女性，进城后找工作相对较难，所从事的大多是保姆或其他家政服务人员、清洁工等层次较低的工作，工资待遇普遍较低。

最后，婚姻状况也是影响农村外出务工女性阶层分化的重要因素。国内大量的实证调查研究都表明，婚姻是农村女性劳动力外出就业的分水岭，结婚意味着绝大多数农村女性外出务工的中断。一般认为，婚姻会减少农村女性外出务工的概率，进而减少农村女性在整个阶层结构中向上流动的可能性。

2. 受教育程度及个人能力。农村外出务工女性受教育程度普遍较低，文化程度以初中学历为主，高中学历次之，还有不少农村女性小学未读完或初中未读完就辍学在家或外出打工。农村外出务工女性专业技能水平不高。调查中我们发现，有一小部分（中专占 5.1%，大专及以上占 13.1%）女性进城务工前上过中专或者大专，进行过

① 张宛丽：《现阶段中国社会分化与性别分层》，《浙江学刊》2004 年第 6 期。
② 汪力斌、李小云、肖艳：《当前中国农村妇女状况透视》，《中国农业大学学报》（社会科学版）2004 年第 4 期。

某一专业的学习。绝大多数女性外出务工前从未进行过任何形式的职业技能训练，她们对一些新型的科技知识基本处于蒙昧状态。

受教育水平较低，缺少专业训练，直接影响农村外出女性个人能力的发展，这使绝大多数农村务工女性只能从事一些不需要多少科技含量的工作，制约了她们阶层位序的向上流动。而那些具有大专及以上学历，受过专业技能培训，能力较强者，较易实现向上流动，成为管理者阶层。

（二）传统性别文化、性别意识、性别规范等因素的影响

在漫长的历史演进中，"男主女从""男强女弱"的传统性别文化对整个社会依然有着较为深刻的影响。在本次调查中，有42.3%的被调查女性赞同"男主外、女主内"的说法。男性优先的传统思想导致广大农村女性享受教育、劳动技能培训的机会要比同层次、同年龄段的男性低。这就使得农村女性在社会流动中处于被动、从属的地位，性别主体意识、流动动机、自我保护意识不强，直接限制了她们向更高层次的发展。

在二元经济结构下，女性与农民两个身份的叠加，使传统性别规范通过劳动力市场对农村外出务工女性产生更大的负面影响。基于社会性别角色、性别歧视和性别分层而建立的劳动力市场，体现着性别隔离和性别分层，进而直接限制了农村外出务工女性社会阶层的合理分化。

（三）生产力的不断发展、产业结构的优化调整等因素的影响

生产力的不断发展、社会分工的不断细化是社会阶层分化的基础。改革开放以来，我国以市场经济为导向的经济体制改革进一步促进了生产力的快速发展。在经济发展的拉动下，城市社会为农村外来务工人员提供了职业发展的广阔平台，推动了农村外来务工人员在城市社会进行阶层的分化与重组。

与此同时，我国市场经济的发展加速了产业结构优化调整的步伐，加速了我国社会阶层的分化。改革开放以来，我国的产业结构发生了重大变化，第一产业即农业在国民经济总产值中的比重逐渐下降，第二、第三产业所占的比重逐渐上升，尤其是第三产业的发展，诸如商业、金融业、保险业、旅游业和信息业等，衍生出许多新的行业和就业方式。在这种产业结构的优化调整过程中，我国从事第一产业的人口数量急剧减少，而从事第三产业的人数急剧增加，绝大多数就业人口流向第三产业。这种变化改变了社会各阶层的比例，直接推动了我国社会阶层结构的改变，也为农村外出务工女性的阶层分化提供了现实条件。

（四）社会政策、制度安排等因素的影响

国家各种相关制度的安排、社会政策的实施也是影响农村外出务工女性合理分层的重要因素。一方面，我国一些传统社会制度和社会政策的实施阻碍了农村外出务工女性的阶层分化；另一方面，随着改革的深入，我国正在逐步改变一些不合理的制度和政策，这也有利于促进农村外出务工女性的阶层分化。但是，随着我国城市化进程的加快，国家户籍制度的改革，城镇新增人口中一半以上是从农村人口中转移出来的。他们有的到乡镇企业当兼业农民，有的进入城市当农民工，还有一部分搞个体经营、创办企业等。由此，出现职业分化——离土，地域分化——离乡，身份分化——干部身份的农民、农民身份的干部、干部身份的工人、工人身份的干部、工人身份的农民、农民身份的工人等。其中，人数最多、规模最大的就是"农民身份的工人"（即农民工）[①]。又如伴随着我国现代化的发展，国家越来越强调、重视和普及各种层次的职业教育，通过加大财政投入，低费用、生活费直接补贴等政策吸引广大农村女性到职业学校接受教育，这也使得越来越多的农村女性有机会得到相关职业技能培训，在外出务工

---

① 刘祖云、戴洁：《农民工：转型中的中国社会的特殊阶层》，《江汉论坛》2006 年第 1 期。

的过程中更容易实现向上流动。我们的研究也证实了这一点，那些中专或大专及以上学历的农村女性更容易找到收入较高的工作，顺利实现向上流动，在农村外出务工女性的社会分层结构中位于上层。

四　促进农村外出务工女性合理
进行阶层分化的建议

（一）大力宣传社会性别平等文化，努力培育社会性别平等意识

通过多种形式的宣传，力争使社会性别平等文化能够走进人们的思想观念中，逐步消除社会上存在的对女性的偏见和歧视，为农村外出务工女性的发展创造良好的社会文化环境。在此过程中，尤其要努力增强农村外出务工女性的社会性别平等意识，积极培育她们的发展观念和维权意识，从而促进她们更好地实现向上流动。

（二）加大对农村女性劳动力的教育培训力度，提高农村女性劳动力的就业能力

本文的研究表明，农村外出务工女性能否顺利实现向上流动，关键取决于其自身的受教育程度和从业技能的高低。因此，为了促进农村外出务工女性更加合理地进行阶层分化，一方面，必须大力加强农村女性的基础教育，提高她们的文化水平；另一方面，还要有针对性地对农村女性进行职业技能培训，提高她们的从业技能，增强她们的职业竞争力。

（三）积极在农村发展多元化的托幼养老组织，解决农村已婚女性外出务工的后顾之忧

受社会性别规范和家庭内部角色分工的影响，"男主外、女主内"的传统社会分工模式使得农村女性劳动力在婚后还要肩负起抚养子女、照顾老人、操持家务的重任。调查显示，在被问及你周围的农村外出女性返回农村的原因时，44.4%的被调查者选择了"家里有老人和孩子需要照顾"。对此，政府需要积极在农村开办托儿所和养老院，尽力化解农村女性外出务工的顾虑，增强她们外出务工的可能性和阶层位序向上流动的可能性。

（四）继续深化户籍制度改革，着力提升城市社会对务工女性的公共服务水平

通过分析影响农村外出务工女性合理分化的因素，我们发现，户籍问题、外出务工劳动环境问题、子女教育问题、住房条件问题等对农村外出务工女性实现向上流动具有很大的负面影响。在被问及你周围的农村外出务工女性返回农村的原因时，37.7% 的被调查者回答是"工资低、福利差"。这也说明根深蒂固的户籍观念、高昂的城市住房、没有劳动保障的恶劣工作环境和难以解决的子女教育问题使许多流动转移到城市的农村女性劳动力难以在城市立足，更别提实现阶层位序向上流动了。因此，政府应切实为农村女性外出务工创造更为公平的制度政策环境和政府服务环境，应从继续深化户籍制度改革、提高外来人口工资待遇、平等提供廉价住房、有效解决流动子女教育和完善各种社会保障措施等方面入手，使农村外出务工女性能够在城市社会获得真正的城市居民身份，能够与城市居民一样平等地享受就业、住房、医疗、养老、教育等各项福利保障①。在此过程中不断促进其阶层地位提升，进而推进整个经济社会的发展。

---

① 王东平：《城市化进程中农村女性劳动力流动转移问题研究》，博士学位论文，河北农业大学，2010 年 6 月。

河南省妇女福利事业的发展研究报告[*]

当前，河南省在妇女福利事业的建设方面取得了重大进展，呈现出福利供给主体多元化、服务对象广泛化、福利内容丰富化及服务方式多样化的发展态势。进一步分析发现，河南省妇女福利事业的发展仍存在诸多问题，主要表现为福利服务不充分、城乡发展不均衡、财政投入尚不足以及社会福利组织发展不完善等。为此，需要从社会治理的角度出发，进一步促进河南省妇女福利事业的长足发展，主要包括强化社会治理理念，增强社会性别意识；完善妇女福利政策，加强妇女权益保障；加大政策监督力度，促进城乡均衡发展；关注特殊妇女群体，推动福利机构建设；扩大财政专项投入，满足妇女福利需求等，以提升广大妇女的获得感、幸福感与安全感。

一 河南省妇女福利事业发展的时代背景

在我国大力推进适度普惠型福利社会的构建过程中，妇女福利事业发展如何直接关系着福利社会的整体发展水平。对于社会福利制度的内涵，学界有广义与狭义之分。广义的社会福利制度是国家为保障公民的基本生活需要和社会权利，通过法律和政策法规的形式为社会福利的实施所做的制度安排，如社会保险、公民住房及社会服务等。

---

* 原载《2018 年河南社会形势分析与预测》，社会科学文献出版社 2018 年版，作者：郑州大学课题组。课题组负责人：蒋美华；课题组成员：朱琦、谷晨晨、张菡、酒宇航、梁晶晶，收录本书时有所修改。

狭义的社会福利制度是社会保障体系中的一个组成部分，与社会保险相并列，通常是指由国家或社会为立法或政策范围内的所有对象普遍提供的在一定的生活水平的基础上尽可能提高生活质量的资金和服务的社会保障制度。① 本文主要从广义层面来理解妇女福利事业，包括妇女的就业保障、生活保障、安全保障、教育福利、生育福利、老年福利、健康福利、住房福利等一系列福利获得状况。其中，就业中的特殊劳动保护、生育中的相关福利的获得、健康福利中对女性的关照等是女性因其生理性别身份所具有的特殊福利需求。

随着中国特色社会主义进入新时代，我国社会福利制度建设面临机遇的同时也面临更多的挑战。党的十九大报告提出："中国特色社会主义进入新时代，我国社会主要矛盾已经转化为人民日益增长的美好生活需要和不平衡不充分的发展之间的矛盾。"进入新时代以来，女性对于福利的需求也发生了新的变化，尤其是对教育、就业、未来发展等提出了更高的福利诉求。党的十九大报告中多次提及妇女儿童事业，特别指出："坚持男女平等基本国策，保障妇女儿童合法权益。完善社会救助、社会福利、慈善事业、优抚安抚等制度，健全农村留守儿童和妇女、老年人关爱服务体系。"② 在新时代，进一步发展妇女福利事业是时代的必然要求。

妇女福利事业的进一步发展需要放在社会治理的视野下进行整体思考。早在党的十八届三中全会通过的《中共中央关于全面深化改革若干重大问题的决定》就指出："紧紧围绕更好保障和改善民生、促进社会公平正义、深化社会体制改革，改革收入分配制度，促进共同富裕，推进社会领域制度创新，推进基本公共服务均等化，加快形成有效的社会治理体制，确保社会既充满活力又和谐有序。"③ 这是自

---

① 曲大维、罗晶、储丽琴：《社会保障基金管理》，清华大学出版社 2014 年版。

② 党的十九大报告，中华人民共和国中央人民政府门户网站（http://www.gov.cn/zhuanti/19thcpc/baogaohtm）。

③《中共中央关于全面深化改革若干重大问题的决定》，中华人民共和国中央人民政府门户网站（http://www.gov.cn/jrzq/2013/11/15/content-2528179htm）。

党提出"五位一体"建设后，对社会建设的重要战略部署，也是党深化社会治理的重要安排。党的十九大报告明确提出："打造共建共治共享的社会治理格局。加强社会治理制度建设，完善党委领导、政府负责、社会协同、公众参与、法治保障的社会治理体制，提高社会治理社会化、法治化、智能化、专业化水平。""加强社会心理服务体系建设，培育自尊自信、理性平和、积极向上的社会心态。加强社区治理体系建设，推动社会治理重心向基层下移，发挥社会组织作用，实现政府治理和社会调节、居民自治良性互动。"这为妇女福利事业的发展指明了前行的方向。

作为全国人口大省和经济大省，河南省妇女福利事业取得了长足的发展，但在新时代仍然面临着一系列需要解决的问题。对此，需要在社会治理视野下全方位加以审视，进而积极助推河南省妇女福利事业不断向前发展。

二　河南省妇女福利事业发展取得的成就

近年来，河南省多策并举，多元联动，推动妇女福利事业取得了较大进展，主要成就如下。

（一）妇女福利事业的供给主体多元化

近年来，河南省妇女福利事业发展形成了以国家政府供给为主、单位供给为辅、社会有效补充的妇女福利事业多元供给格局。国家政府提供的妇女福利主要体现在我国保护妇女享受应有的合法权益上。近年来，河南省先后出台了《河南省妇女发展规划（2001—2010年)》《河南省妇女发展规划（2011—2020年)》等一系列政策法规，并积极落实《中华人民共和国妇女权益保障法》（1992 年通过，2005年修正）等有关保护妇女权益的法律法规，有力地推动了妇女福利事业的发展。单位提供的妇女福利主要为用人单位依照《女职工劳动保护特别规定》（2012 年 4 月公布施行）等相关法律法规保障女性职员的健康安全和合法权益，并为妇女提供有关职业福利等。近年来，社会组织在为妇女提供福利服务方面也扮演了积极的角色。如河南省民政厅、郑州市金水区民政局向郑州市豫馨社会工作服务中心购买了"妇女家庭社会工作服务项目"和"反家庭暴力服务项目"，郑州市比邻社会工作服务中心承接了政府购买的"两癌"妇女特殊家庭社会工作服务项目等。这些妇女服务项目的开展，使受助的妇女群体在维护自身权益、保障身心健康方面获得了社会工作专业力量的支持，彰显了社会组织在妇女福利事业发展中的积极作用，推进了妇女福利服务事业走向深入。

（二）妇女福利事业的服务对象广泛化

妇女福利事业服务对象的广泛化主要体现在两个方面：年龄维度上的广泛化和区域范围上的广泛化。

年龄维度上的广泛化主要表现为河南省妇女福利事业服务对象覆盖了各个年龄段的女性，并针对不同年龄段的女性，实施个性化的福利项目。近年来，河南省积极创建儿童友好型社会环境，依法保护女童合法权益。如2016年12月河南省开封市举行了关于"女童保护"项目的首次公开课，提高了女童的自我保护意识。新县妇联举办的"女童青春期保健知识讲座"，有助于帮助女童确立性别意识和健康意识。河南省妇联十分关注女童受教育状况，并在各地开展爱心捐助和举办助学款发放仪式。① 河南省对于农村中年妇女，开展了技能培训，以促进妇女就业；对于女职工，落实劳动保护政策，提高女职工职业福利；对于老年妇女，逐步完善养老保障制度，积极营造敬老孝老文化，并开展了一系列关爱帮扶工作。如郑州市多家社工机构承接了政府购买的社会工作服务，对失独老人、空巢老人进行社会工作介入，提升了老年妇女的生活质量。

---

① 《"女童保护"项目在开封市举行首次公开课》，2016年12月29日，河南妇联网（http：//www.hnflw.gov.cn/n3296c15aspx）。

区域范围上的广泛化主要表现为妇女福利从城镇妇女向农村妇女的延伸,基本公共服务均等化正在全力推进。如漯河市妇联启动城镇困难女性群体调研工作,通过调研,漯河市妇联进一步了解了城镇困难妇女的整体情况,并推动政府采取措施,开展针对性帮扶。对于农村妇女,在漯河市妇联的努力下近万名农村贫困妇女进行了"两癌"免费检查,进一步保障了农村妇女的身体健康。[①] 鲁山县张官营镇妇联依托"互联网 +"网络平台积极开拓农村电商市场,通过培训力争使所有学员能够独立进行淘宝开店等网上销售业务。[②] 灵宝市、濮阳市、商丘市关爱农村留守儿童的健康成长,努力促进社会和谐发展。[③] 河南省各地市关注农村妇女的精神文化生活,大力推进农村妇女文化生活建设,提升了农村妇女文化生活质量。

(三) 妇女福利事业的服务内容丰富化

近年来,河南省妇女福利事业服务内容日益丰富,涵盖了就业、教育、养老、健康等诸多方面,切实地保障了妇女的权益。

在就业领域,开展了一系列富有成效的妇女服务工作。如 2017 年 3 月 8 日,河南省人力资源和社会保障厅、河南省妇女联合会联合举办了河南省第十五届女子专场招聘会暨女性就业创业咨询服务活动。[④] 商水县是国家级集中连片扶贫开发重点县,2012 年起,在河南省服装协会的指导下开始实施"巧媳妇工程",既为大批留守妇女提供了就业岗位,又为她们找到了一条致富路。到 2016 年年底,商水县"巧媳妇"工程已涵盖 20 多个领域,培育出渔网编织、服装服饰、

---

① 《漯河市妇联为近万名农村贫困妇女进行"两癌"免费检查》,2017 年 1 月 3 日,河南妇联网 (http://www.hnflw.gov.cn/n3299c9aspx)。

② 《鲁山县张官营镇妇联依托"互联网 +"网络平台积极开拓农村电商市场》,2016 年 1 月 29 日,河南妇联网 (http://www.hnflw.gov.cn/n2767c9aspx)。

③ 《商丘市召开关爱保护农村留守儿童工作推进会》,2016 年 2 月 26 日,河南妇联网 (http://www.hnflw.gov.cn/n2782c9aspx)。

④ 《河南省举办第十五届女子专场招聘会暨女性就业创业咨询服务活动》,2017 年 3 月 14 日,河南妇联网 (http://www.hnflw.gov.cn/n3352c13apx)。

无纺布制品三大特色主导产业，遍布全县 25 个乡镇（场、办、集聚区）。目前，商水县共有"巧媳妇"工程示范基地、企业、加工点582 家，其中规模在百人以上的 130 家，50 人以上的 135 家，10 人以上的 312 家，在建企业 5 家；稳定从业人数在 11 万人以上，人均增收 1.2 万元，年创产值 46 亿元，带动近 2 万名贫困人口脱贫致富，成为全县脱贫增收的主要渠道。① 在妇女劳动就业保护方面，根据《女职工劳动保护特别规定》，河南省制定实施办法，并积极推动落实。

在教育领域，积极提供有助于妇女成长的相关服务。近年来，河南省妇女整体受教育水平不断提升，妇女所享有的各类教育培训机会也日益增多，针对妇女成长的相关服务工作得到广泛开展。我们通过调研了解到，目前河南省依托社区为妇女们提供的电脑、厨艺、手工制作、职业技能等方面的培训充实了她们的生活，提高了她们的劳动技能。近年来，伴随着社会工作的蓬勃发展，河南省郑州市、洛阳市等多家社会工作服务机构积极承接政府购买的社会工作服务项目，针对社区中的老年妇女成立老年大学，对社区中遭遇家庭困境的妇女进行家庭关系调试方面的教育辅导等，助推了妇女素质的提升和妇女的健康成长。

在养老保障领域，养老保障享有的性别差异在逐步减小。在 2010年第三期中国妇女社会地位调查中，全国女性养老保障享有比例为50.2%，男性这一比例为 51.6%，基本没有性别差异。在 1990 年的第一期中国妇女社会地位调查中，女性能够在单位享受到养老退休金的比例为 19.8%，比男性低 53 个百分点，性别差异较大。② 与全国发展趋势相一致，河南省妇女养老保障享有的性别差异也在逐步减

---

① 《2017 河南（商水）产业扶贫研讨会会议纪要》，2017 年 10 月 19 日，河南省人民政府发展研究中心网（http://www.hndrc.org/indexphp？m = content&c = index ＊ a = show&catid = 21&id = 21&id = 1242）。

② 黄桂霞：《妇女养老保障 20 年：发展及性别差异状况》，《中国妇女报》2016 年 4月 26 日。

小，这主要是因为 21 世纪以来基于居民身份的新型农村养老保险制度以及城镇居民养老保险制度的建立，使得养老保障只与居民身份相关，妇女的受益程度提高，性别差异缩小。

在女性健康领域，相关的福利服务和福利设施建设持续跟进。《中华人民共和国母婴保健法》（1995 年施行，2017 年修订）明确指出"母婴保健事业应当纳入国民经济和社会发展计划"，规定了将婚前保健、孕产期保健等作为妇幼健康保障的主要内容，将医疗保健机构作为提供母婴保健服务的阵地。① 据此，妇幼保健医院和妇产医院在各地陆续建立。河南省近年来也在妇幼保健医院和妇产医院的建设中进一步强化了软硬件建设，为孕产期、育龄期妇女等提供了更好的福利服务。在发展妇幼保健事业的过程中，河南省积极推进妇女"两癌"（乳腺癌、宫颈癌）免费筛查项目。2010 年以来，郑州市政府已连续多年将妇女"两癌"（乳腺癌、宫颈癌）免费筛查项目列入十大民生实事，市妇联、市卫计委积极推动"两癌"免费筛查工作。自 2015 年起，郑州市开始对适龄妇女开展人类乳头状瘤病毒（HPV）免费检测，全市累计投入资金 14 亿多元，共进行宫颈癌、乳腺癌筛查各 70 余万人次、（HPV）DNA 检测 10 万人次。濮阳市连续两年推动农村妇女"两癌"筛查"龙都妇康"项目成为政府十项重点民生工程之一。两年来，市、县两级财政共出资 1088 万元，为全市 85 万名农村妇女免费进行"两癌"筛查。② 此外，有关女性心理健康的关爱服务活动也在河南省各地区广泛开展，并产生了积极的效果。

在休假福利、托育福利等方面，相关服务也被提上了议程。如根据新修订的《河南省人口与计划生育条例》（2016 年 5 月修正），"依法办理婚姻登记的夫妻，除国家规定的婚假外，增加婚假十八日，

---

① 《中华人民共和国母婴保健法》（中华人民共和国主席令第 33 号），1994 年 10 月 27 日，中华人民共和国国家卫生和计划生育委员会网站（http：//www. moh. gov. cn/zwgkzt/pfl/200804/17584shtml）。

② 《郑州"两癌"免费筛查工作已全面启动附定点机构名单》，2017 年 8 月 8 日，河南省人民政府门户网（http：//www. henan. gov. cn/zwgk/system/2017/08/08/010733160shtml）。

参加婚前医学检查的，再增加婚假七日；符合法律、法规规定生育子女的，除国家规定的产假外，增加产假三个月，给予其配偶护理假一个月；婚假、产假、护理假期间视为出勤"。①

各级妇联积极建言献策，化解妇女"生二孩"的后顾之忧。此外，近年来，河南省还通过"2338"妇女维权热线宣传实施工作、"和睦家庭"创建工作等，维护妇女合法权益，提升为妇女服务的水平。②

（四）妇女福利事业的服务方式多样化

为了大力推进妇女福利事业向前发展，近年来，河南省在妇女福利事业的服务方式上也积极进行了探索和创新。服务的方式有借助互联网平台开展线上服务，也有依托城乡社区开展线下服务；有运用社会工作方法对有需要的妇女开展个案社会工作服务、小组社会工作服务和社区社会工作服务，也有运用心理学方法开展心理咨询服务等；对有需要的妇女开展专题讲座服务，也有发放津贴、提供上门服务等。如濮阳市整合资源，完善机制，构筑维护妇女儿童权益新格局。以"建设法治濮阳巾帼在行动"为主题，五年来累计开展"送法下基层"活动40余次，发放宣传资料5万余份，服务群众5万余人次，举办维权培训讲座、群众性宣讲活动158场。③活跃在河南省的社会工作服务机构通过承接政府购买的社会工作服务项目、社会工作服务岗位，为服务所涉及的妇女提供了所需的专业服务，发挥了积极的作用。

---

① 河南省人民代表大会常务委员会：《河南省人口与计划生育条例》，2016年5月30日，河南人大网（http：//www. henanrd. gov. cn/hnrd/article＿contentjsp？ColumnID＝443&TID＝201605301050471692022230）。

② 《砥砺奋进的五年·妇女事业发展篇：濮阳》，2017年10月23日，河南妇联网（http：//www. hnflw. gov. cn/n3468c9aspx）。

③ 同上。

三 河南省妇女福利事业发展面临的问题

近年来，河南省的妇女福利事业发展虽然取得了令人瞩目的成就，但仍面临着一系列不容忽视的问题。

（一）福利服务发展不充分

党的十九大报告明确指出要按照兜底线、织密网、建机制的要求，全面建成覆盖全民、城乡统筹、权责清晰、保障适度、可持续的多层次社会保障体系。全面实施全民参保计划。目前，河南省妇女福利服务发展尚不充分，妇女福利所覆盖的人群尚有限，有的福利项目落实不到位，离适度普惠型福利社会的要求还有距离。如在郑州等地有大量的进城务工妇女，她们的生活得不到应有的保障。根据我们2012年对河南省农村外出务工的妇女的调查，48.0%的妇女选择"自己租房住"，37%的妇女选择"在自己买来的房里住"，46.1%的妇女选择"单位提供集体宿舍"，选择"其他"情况的占2.2%，公共租赁房等她们很少能享用。在教育福利方面，调查显示，外出务工妇女中只有28.6%的人的所在单位提供技术培训，教育福利缺失较严重。[1] 另据国家统计局河南调查总队2017年的调查，高达65.8%的外出务工人员没有与雇主签订劳动合同。外出务工人员由于文化水平低，只能从事劳动密集型行业。调查发现，初中及以下文化水平的外出务工人员占71.9%，大学专科及以上文化水平的仅占11.4%。其中包括大部分农村外出务工妇女。[2] 这说明外来务工妇女在教育、就业等方面获得的福利服务还远远不够。与此同时，在推进妇女福利事业发展的过程中，有的福利项目并不能落实到位，如妇幼保健医院等福利服务设施在一些地方还没能建设到位，生育津贴、产假标准、

---

[1] 调查数据来源于笔者所主持的2011年河南省社科规划项目"社会流动中河南农村外出务工女性的阶层分化与福利获得"的结项报告。

[2] 《我省外出劳动力月均收入3430元》，《河南日报》2017年5月17日第3版。

女职工特殊劳动保护规定等在一些单位还不能很好地落实，托育服务在一些地方还不能满足现实的需要等，这些都对充分发展妇女福利事业提出了更高的要求。

（二）城乡发展不均衡

中国特色社会主义进入新时代，社会主要矛盾已经转化为人民日益增长的美好生活需要和不平衡不充分的发展之间的矛盾。在妇女社会福利方面，河南省同样存在着这样的矛盾，河南省妇女福利存在着城乡发展不平衡、地区差距较大的特点。如河南省妇幼保健在城市中发展状况较好，各类福利性服务相对完善，而在农村的发展却较为滞后。在公共服务的享有方面，农村社区经济文化条件落后，公共服务福利设施建设落后，工作人员队伍难以保证，使得农村妇女很难享有和城市妇女一样的公共服务。政府购买的社会工作服务项目很难惠及河南偏远的农村社区，社区文化活动、家庭关系辅导、生产技能培训等也不能覆盖到所有有需要的农村妇女群体。目前，在河南省的贫困县中，有许多处于贫困生活中的留守妇女群体，她们的就业、教育等福利获得意识较淡薄，所获得的福利资源和服务也非常有限，和城市妇女形成了较大的落差，是亟须被关注的群体。

（三）政府财政投入尚不足

近年来，河南省在公共服务方面投入的力度虽逐步加大，但社会急剧增长的对社会福利服务的需求和现有的福利服务供给不足的矛盾却日益加剧，各级财政对妇女福利事业的投入还远远不足，针对妇女需要所投入的福利项目仍非常欠缺。如我们的课题组通过调研发现，近两三年，郑州市金水区的豫馨社会工作服务机构、比邻社会工作服务机构等虽然承接了政府购买的有关妇女家庭的社会工作服务项目，但由于经费支持的有限性和可持续性问题，项目所能惠及的地区只能是郑州市金水区的部分社区，并不能扩展到更多的地域。调查中，一些社会工作机构的负责人也道出了资金不足带来的发展困难。社工机构开展的项目需要有专门的社工来负责，去除社工的工资后，项目能用于服务对象的资金非常有限。资金方面的困难，导致妇女福利供给不足，满足不了妇女的多样化需求，也难以覆盖到更大范围的人群、地区等，制约了妇女福利服务的整体水平提升。而在郑州以外的其他地市，省内有关政府购买的妇女社会工作的服务项目少之又少。此外，针对妇女托幼服务的财政投入尚不足。在全面放开二孩政策背景下，只有在托幼服务方面加大财政投入的力度，才能为妇女发展提供更好的保障平台。

（四）社会福利组织发展不完善

福利事业的发展离不开作为服务载体的社会组织的发展。目前，河南省社会福利组织发展尚不完善，不能为妇女福利事业提供良好的服务。河南省社会福利组织的发展仍面临诸多的制约因素，政策支持的力度、财政支持的力度等尚不足以支撑社会福利组织在数量上的发展和所提供的服务质量的提升。譬如，近几年，河南省的社会工作服务机构虽然在不断发展，但在数量上仍远远不能满足人民日益增长的对美好生活的需要，在服务质量上也有待进一步提升。其中，能够开展专项妇女社会工作服务项目的组织少之又少。与此同时，慈善公益组织、志愿服务组织等虽然也有了蓬勃的发展，但这些组织的发展还缺乏有力的社会支持，它们所提供的很多服务还没有很好地惠及城乡各类妇女群体。

四 社会治理视野下推进河南省妇女福利事业发展的对策建议

新时代，为了进一步推进河南省妇女福利事业的向前发展，需要在社会治理视野下进行整体的思考，主要应从以下几方面入手。

（一）强化社会治理理念，增强社会性别意识

党的十九大报告提出了要"打造共建共治共享的社会治理格局"，在社会治理视野下推进河南省妇女福利事业的发展，需要把社会治理理念和社会性别意识纳入河南省妇女福利事业发展中。新时代下，要想充分实现妇女权利和经济社会同步发展，必须强化社会治理理念，把妇女群体日益增长的美好生活需要作为政策研究的出发点和落脚点，做到人人共享妇女福利事业的发展成果。必须增强社会性别意识，深入挖掘和弘扬社会主义先进文化中的性别平等理念，主动跟进依法治国实践中妇女权益保障出现的新问题和新情况，注重将社会性别意识纳入社会治理的全过程。如在社会政策制定、执行评估、调整的全过程中加入社会性别意识。一方面，政策制定者应该充分具备社会性别意识。如果政策的制定者没有性别敏感度和平等意识，那么出台的政策就不能反映妇女的利益诉求，甚至在某一方面间接损害妇女的福利。另一方面，需要将社会性别意识贯穿到政策的执行、评估、调整的其他环节之中。通过政策的执行、评估和调整，提高资源的整合度，使福利服务资源公平地惠及妇女群体。

（二）完善妇女福利政策，加强妇女权益保障

在社会治理的视野下推动河南省妇女福利事业的进一步发展，必须完善妇女福利政策，使妇女相关权益得到有效保障。其一，在就业领域完善相关政策。在我国，虽然法律明确规定男女享有平等的就业权，但现实中对女劳动者的歧视屡见不鲜。因此在制定就业政策时，应鼓励企事业单位多雇用女职工，对雇用女职工达到一定比例的单位给予政策优惠、税收减免等。此外，政府应适当分担单位生育保险的费用压力，减少雇用女职工所带来的人力资源成本。鼓励女性积极创业，为女性创业者提供优惠政策。其二，将性别意识纳入教育政策体系。政府在加大教育投入时，应增加对女童的专项教育投入，尤其要持续关注偏远落后地区的女童义务教育落实情况，关注流动女童的义

务教育落实和质量问题，减少或者杜绝女童受教育权利被剥夺的现象。还应加强对女职工的职业教育培训，包括农村妇女劳动力转移就业培训和城镇妇女再就业培训。其三，加大针对非正规就业妇女的社会保险、劳动保护等政策的落实力度。进城务工妇女主要是在非正规就业领域就业，她们在养老保险、医疗保险、失业保险、工伤保险等社会保险和劳动保护等方面福利权益受损现象比较严重，亟须进一步加大政策落实力度。同时，还需要通过完善户籍制度，切实解决进城务工妇女的居住、落户等问题，化解由政策制度导致的妇女福利受损问题。

（三）加大政策监督力度，促进城乡均衡发展

加快城乡妇女福利事业的统筹发展，需要各级政府部门充分考虑当前河南省妇女福利获得状况和地区差距，加大政策执行的监督力度。其一，要加大对各市、县农村妇女生育、卫生福利等政策落实的监督力度，使城镇居民医疗保险与农村合作医疗制度真正落到实处。应当特别关注就业妇女与非正规就业部门签订劳动合同问题，依法参加社会保险以及劳动保护等问题。同时，应向农村妇女普及卫生保健等方面的知识，改善农村妇女的福利服务环境。其二，要改革创新农村妇女的社会福利服务制度。如应优先解决农村妇女的大病医疗保障问题，加快解决农村妇女养老保障问题，加快建设农村公共福利服务设施和工作人员队伍等。其三，加大对就业妇女福利政策落实的监督力度，尤其要加大对非正规部门、非公企业妇女福利政策落实的监督力度。要认真贯彻《中华人民共和国母婴保护法》的基本要求，逐步完善健康服务、生育保险以及为育龄妇女在哺乳和婴幼儿照料方面提供的各种服务。① 严格落实《河南省人口与计划生育条例》的有关规定，加大对女职工依法享受产假及其配偶享受护理假的监督，切实

---

① 韩振燕、王中汉：《妇女福利政策对城市女性二孩生育意愿的影响研究——基于全国十地区城市育龄女性的调查》，《中国人力资源开发》2017 年第 9 期。

关注女职工的生育权和产假期间的福利权，把妇女应享有的福利权利落实到位。

（四）关注特殊妇女群体，推动福利机构建设

在大力推进福利事业的发展过程中，从社会治理的视野出发，尤其应关注单亲贫困母亲群体、农村失地妇女群体、流动妇女群体、城市大龄就业困难妇女群体等特殊困难妇女群体的福利获得状况。在制度设计和资源分配上，对处于特殊困境中的低收入妇女群体给予特殊关怀和保障。其一，政府应加大对社会福利组织机构的政策支持，推动妇女福利向社会化发展的方向迈进。在福利社会的构建过程中，要充分发挥社会福利组织机构在保障特殊困难妇女群体的生活需要中的作用，如在福利组织机构中可增设公益性岗位，安置大龄失业妇女就业，扩展她们的生存空间。其二，推动社会工作介入多元共治的福利服务体系的运行。在社会治理的视野下推进妇女福利事业的向前发展有赖于政府和社会的合作共治，有赖于加大政府购买社会工作服务的力度，有赖于充分发挥社工介入的重要作用。应以城乡社区为平台，搭建起"社区、社会组织、社工"三社联动的福利服务机制，通过社会工作机构的运行，充分发挥社会工作者在服务城乡妇女中的积极作用。在此，尤其应大力推动农村社会工作的发展，以积极化解城乡社区发展不平衡带给农村妇女的福利落差，以更好地提升农村妇女的生活福祉。

（五）扩大财政专项投入，满足妇女福利需求

妇女福利事业的发展，离不开政府财政的大力支持。其一，政府要加大对妇女福利事业发展的财政投入力度，尤其要加大对农村地区和贫困地区的财务投入，为妇女福利制度建设、完善基础设施建设提供充足的财政支持。要加大对教育、就业等妇女发展所急切关注领域的财政投入，优化妇女尤其是农村妇女、进城务工妇女等妇女群体的福利生存空间。其二，探索建立家庭津贴制度，最大限度地扩大妇女

福利事业的覆盖面和受益人群。如可积极探索家务劳动补偿机制，对优秀学生、优秀员工所在家庭，悉心照顾老人、让老人安度晚年者所在家庭，夫妻关系、子女关系、家庭关系和睦者所在家庭，都应当给予相应的物质奖励和精神奖励，对家庭贡献制定衡量标准，使妇女从中获益，从而提高妇女福利水平；[①] 同时，可实行儿童补贴制度。对儿童进行补贴不仅有助于减轻家庭抚养子女的负担，也有助于妇女实现就业和再就业。此外，还应加大对托儿所、幼儿园的财政补贴，增加托儿所老师的数量，从而释放出更多的妇女劳动力。其三，加大对妇女身心健康福利服务的财政投入力度，加大对城乡社区公共服务平台建设的财政投入力度，为提升妇女福利服务水平提供有力的保障。

走进新时代，河南省妇女福利事业的发展需要在社会治理视野下进行科学规划，统筹发展，积极化解河南省妇女福利事业发展面临的发展不平衡、不充分问题，不断满足妇女群体日益增长的美好生活需要，以更好地提升全体妇女的生活福祉。

---

① 王利玲：《家务劳动补偿制度研究》，《人民论坛》2016 年第 8 期。

专题四　女性社会问题

暴力侵害妇女问题研究*

1993 年联合国大会通过的《消除对妇女的暴力行为宣言》中指出，对妇女的暴力是指"对妇女造成或可能造成身体、心理及性方面伤害或痛苦的任何基于社会性别的暴力行为，包括威胁进行这类暴力行为、强迫或任意剥夺自由等，不论其发生在公共生活还是私人生活中"①。基于此，暴力侵害妇女就包括杀害妇女、伤害妇女、强奸妇女、拐卖妇女、性骚扰妇女、侮辱妇女、日常生活中针对妇女的家庭暴力等行为。与世界上其他国家一样，中国在事实上大量存在上述各种形式的对妇女施暴行为，这些暴力行为严重侵害了妇女的人身权益，是妇女维权之路上亟待解决的问题。

一 中国妇女遭受暴力侵权的现状

我国立法对妇女的人身权益虽已有不同层次的保护条款，但现实生活中暴力侵害妇女问题仍时常发生。就现有的统计数据来看，1995—1997 年公安机关立案的对妇女施暴的刑事案件情况如下：强奸妇女案，1995 年 41823 起，占当年刑事案件总数的 2.4%；1996 年 42820 起，占当年刑事案件总数的 2.68%；1997 年 40699 起，占当年刑事案件总数的 2.52%。拐卖妇女儿童案，1995 年 10670 起，

* 原载《中州学刊》2006 年第 1 期，收录本书时有所修改。
① 朱力:《社会问题概论》，社会科学文献出版社 2002 年版，第 365 页。

占当年刑事案件总数的 0.63%；1996 年 8590 起，占当年刑事案件总数的 0.52%；1997 年 6425 起，占当年刑事案件总数的 0.40%。治安案件中的侮辱妇女等流氓活动，1995 年 63220 起，占当年治安案件总数的 0.5%；1996 年 63808 起，占当年治安案件总数的 0.5%；1997 年 53976 起，所占比例不详①。与其他国家相比，中国上述案件的人均发案率虽然非常低，但从发案总数来看，3 年竟高达 332031 起，不能不让人揪心。实际上，以上数字只能部分地反映中国妇女受暴力侵害的状况。因为在中国，对妇女的暴力行为涉及妇女的隐私及其未来的生活，许多受害者宁愿保持沉默，也不愿因为报案而受到第二次甚至更多的伤害。为此，本文将"拐卖妇女""性骚扰妇女"和"针对妇女的家庭暴力"三大问题整合到一起，从暴力侵权的视角来探索中国妇女的维权之路。

（一）中国拐卖妇女问题的现状

拐卖妇女是指以营利为目的，采取暴力、威胁、欺骗、引诱等手段，拐带妇女并将其卖给第三者的一种侵犯公民人身权利、民主权利的行为。近年来，拐卖妇女现象在我国有以下发展特点：1. 涉案区域扩大化。拐卖妇女现象已由原来的少数省份扩展到大多数省份，由偏远的农村、山区向经济条件好的城镇、城市发展。2. 拐卖流向明显化。拐出地多为经济落后的省份或欠发达地区，拐入地多为经济较发达的省份和地区②。3. 犯罪主体团伙化、职业化。一些外地一道人贩子与当地二道、三道人贩子相勾结，实行"拐卖—接送—中转—出卖"一条龙作业，增加了破案的难度。4. 犯罪手段多样化、现代化。除言语哄骗、物质引诱、暴力威胁、药物麻醉、公开绑架等人贩子拐卖妇女的常用手段外，许多人贩子在交通工具、通信工具等方面进行

---

① 佟新：《不平等性别关系的生产与再生产——对中国家庭暴力的分析》，《社会学研究》2000 年第 1 期。

② 崔小凤等：《打拐为何屡打不止——拐卖妇女犯罪的特点根源及对策的调查分析》，《北京统计》2000 年第 10 期。

现代化武装，加快了犯罪进程。5. 被拐妇女多层化。近年来，被拐卖的除了农村妇女，还包括城市妇女甚至智商较高、学历较高的大学生和研究生。6. 犯罪性质严重化。过去，犯罪分子主要将妇女拐卖到贫困的农村为"妻"，卖价低，获利少。现在则有部分人贩子将受害妇女拐骗到广东、深圳、福建等沿海地区从事色情服务和卖淫活动，卖价高，获利大①。拐卖妇女行为使受害妇女处于一种丧失自由的地位，不但给许多家庭造成了悲剧，而且严重危害了社会治安，应引起高度重视。

（二）中国性骚扰妇女问题的现状

"性骚扰"一词最早由美国女权主义法学家凯瑟琳·麦金农提出，我国1999年新版《辞海》对其的解释是："性骚扰是20世纪70年代出现于美国的用语。指在存在不平等权力关系的背景条件下，社会地位较高者利用权力向社会地位较低者强行提出性要求，从而使后者感到不安的行为，是性别歧视的一种表现。"可见，性骚扰实质上是一种不健康的性调情及性挑逗行为，是将自己的性意志强加于他人，迫使他人服从自己的性行为，由于其往往使对方产生厌恶及不愉快的负性心理情绪，故容易造成对方身心健康受损等不良后果。

中国到底有多少女性遭遇过性骚扰，我们无从得知具体的数字。但有关资料显示，在我国，有相当多不同年龄层次的女性遭受过不同形式的性骚扰。1992年下半年至1994年上半年，中国社会科学院社会学所研究人员唐灿用非随机抽样的办法，在北京和上海对她所接触到的169位女性进行调查，发现有142人（占被访者的84.02%）表示曾遭受到过不同形式的性骚扰，其中有107人（占被访者的63.31%）表示遭到过两次以上的性骚扰；有152人（占被访者的89.94%）表示，她们知道有其他女性受到过性骚扰。公共场所的性骚扰问题相对比较严重，调查中有119人（超过被访者的70%）说

---

① 赵光荣：《新形势下拐卖妇女犯罪的特点》，《人民公安》1996年第18期。

曾在公共场所被陌生的异性抚摸；有 102 人（占被访者的 60%）说在公共场所遭到过异性以性事为内容的玩笑、谈论和辱骂；在工作场所遭到过男性同事或领导、上司以性事为内容的谈笑、辱骂的有 81 人（占被访者的 47.93%）①。这个调查报告发表以后，引起了学界对性骚扰问题的关注。为了研究妇女遭受性骚扰的现象或问题，北京红枫妇女心理咨询服务中心对所开通的妇女热线中有关性骚扰问题的来电作了单独统计。从统计中看到，关于性骚扰的求助电话虽然每年仅占妇女热线来电总数的 1% 左右，但问题的性质十分严重。从这些求助电话中得知，性骚扰主要来自工作场所，其中一半以上来自被骚扰妇女的上司，另外来自其熟人、朋友或长辈。在挑逗和骚扰方式中，以不必要的身体触摸和摩擦的占了一半，讲淫秽笑话或语言挑逗的占了四分之一左右，向对方透露性需要和性要求的也比较多②。应特别注意的是，性骚扰现象在中学生中也时有发生。北京市海淀区对 4 所中学的 1909 名中学生进行调查发现，有 56 例女生（占被调查女生 959 人的 5.9%）曾受到过被迫性亲吻、拥抱、抚摸等性行为的骚扰；有 19 例男生（占被调查男生 950 人的 2.0%）有性骚扰妇女的经历③。由此可见，性骚扰问题已成为一个不容忽视的社会问题。值得庆幸的是，今天，女人已不再沉默。据妇联等有关部门最近几年来接受的投诉情况显示，有关性骚扰问题的投诉已经越来越多，而且，已经有妇女开始付诸法律维护自己的权益。如 2001 年 7 月，西安市一位 30 岁的国有企业女职员童女士向该市莲湖区法院起诉，指控她的上司对她进行了性骚扰，这就是备受关注的全国首例性骚扰案④。又如 2002 年 7 月，武汉市某商业学校的女教师何某，因不堪原教研室副主任盛某的性骚扰行为而向法院起诉。

---

① 仲春：《法律，请直面性骚扰》，《广西政法管理干部学院学报》2002 年第 8 期。
② 王行娟：《性骚扰的现状与研究》，《妇女研究论丛》1998 年第 3 期。
③ 常春：《性侵犯受害青少年的心理、态度、行为——北京市海淀区四所中学的调查》，《中国心理卫生杂志》1991 年第 6 期。
④ 张贤海、朱淮兵：《性骚扰问题探讨——由全国首例性骚扰案引起的法律思考》，《广西政法管理干部学院学报》2002 年第 8 期。

在我国，由于经济发展不平衡，不同地区、不同行业性骚扰问题的状况大不相同。大致说来，经济发达的东南沿海地区性骚扰问题较为严重，而中西部经济欠发达地区性骚扰现象的发生率则较低；管理规范性程度较高、规模较大的企业中性骚扰现象相对较少，而管理松散混乱、规模较小的企业中容易发生性骚扰现象。另外，服务行业是性骚扰现象的高发行业。据辽宁省妇联 2000 年对餐饮娱乐服务员的一项调查显示，70% 以上的服务业女性受到过不同形式的性骚扰①。

（三）中国针对妇女的家庭暴力问题的现状

本文探讨的家庭暴力，主要是指家庭中丈夫对妻子的暴力，既包括肉体上的伤害，也包括精神、情感上的折磨以及性暴力等。肉体上的伤害具体表现为殴打、体罚、行凶、残害、捆绑、限制人身自由等行为；精神上的折磨通常表现为以威胁、恐吓、咒骂、讥讽、凌辱人格等方式造成对方精神上的痛苦和心理上的压抑；性暴力包括性虐待和婚内强奸，具体表现为伤害妻子性器官、强迫与妻子发生性行为、性接触等。上述各种类型的家庭暴力交互存在，加重了对受害者的伤害程度。家庭暴力是困扰全球的社会痼疾，也是我国突出的社会问题和妇女问题。大量调查资料显示，家庭暴力在我国城乡都程度不同地存在着。1990 年一项对"中国妇女地位的调查"表明，有0.9%的女性在与丈夫发生冲突时经常挨打，8.2%的女性有时挨打，20.1%的女性偶尔挨打，三者合计占中国女性总人数的29.2%②。《中国妇女报》1996 年"家庭暴力问题公众调查"显示，有11.2%的女性曾经挨过丈夫的打，这与14.6%的男性承认打过妻子大体一致，不过其中有44.9%的男性认为妻子挨打总有其自身原因，从中可以看出家庭暴力行为是受隐性观念支配的③。现实生活中发生的家庭暴力行为

---

① 张贤海、朱淮兵：《性骚扰问题探讨——由全国首例性骚扰案引起的法律思考》，《广西政法管理干部学院学报》2002 年第 8 期。
② 蓝瑛波：《家庭暴力根源剖析》，《江苏社会科学》1995 年第 4 期。
③ 赵霞：《家庭暴力问题的社会学探因》，《淮海工学院学报》1999 年第 8 期。

远比统计调查出来的数据多。有学者认为，现有的一些调查似乎都不足以说明中国家庭暴力的发生状况，如果我们视"打了老婆一耳光"为基本的暴力形式的话，可以说，"打老婆"已成为人们日常生活的一部分，甚至成为一种被普遍认可的夫妻互动的方式①。可见，家庭暴力对妇女权益的深度侵害不能不引起我们的警醒。

二　中国妇女遭受暴力侵权的原因

就宏观理论而言，国内外对妇女遭受暴力侵权问题的研究至少有5种观点，即社会主义女权主义的观点或马克思主义女权主义的观点、人权的观点、社会性别的研究视角、激进主义女权主义的观点和生态女权主义的观点，尤以前3种观点为主流。从社会主义女权主义的观点或马克思主义女权主义的观点来看，对妇女的暴力根源于性别劳动分工所产生的父权统治，这种不平等的两性劳动分工导致男权思想成为一种普遍的意识形态，它不仅存在于社会中也渗透到家庭生活的方方面面；从人权的观点来看，对妇女的暴力意味着作为独立个体的妇女在家庭和社会上缺乏安全，因此对妇女的暴力就不仅意味着对某个女性的暴力和暴力类型，而且意味着妇女作为整体处在缺失社会安全的地位；性别研究的视角从两性间的互动关系进行分析，强调性别互动生产和再生产有着不平等的性别关系。在借鉴以上三种观点的基础上，笔者认为，中国暴力侵害妇女现象大量存在的最根本原因，在于传统不平等的性别结构已深深渗入每个男女的意识形态和行动之中的既有事实，具体讲有主客观两方面的因素。

（一）客观因素：社会运行环境

1. 社会文化氛围的影响。其一，男权文化和夫权思想是暴力侵

---

① 佟新：《不平等性别关系的生产与再生产——对中国家庭暴力的分析》，《社会学研究》2000 年第 1 期。

害妇女行为的文化底蕴。今天，父权统治、男强女弱依然是中国一些地方两性关系的基本格局，对妇女施暴就是这种不平等两性关系的反映。在现实社会中，女性的地位虽较以往有了明显的改观，但男性仍然是社会的主导群体，女性依然是社会的弱势群体。正是在男权文化和夫权思想的影响下，妇女成了可供拐卖、性骚扰和实施家庭暴力的对象。其二，社会态度助长了男性对女性施暴。在传统的性别文化观念和家庭观念的支配下，一些群众对妇女被施暴现象要么不闻不问，要么姑息纵容，要么对受害女性横加指责。如在一些经常输入被拐卖妇女的贫困地区，买被拐妇女当媳妇被认为是合乎情理的事，周围群众对此麻木不仁，甚至集合可能集聚的力量，加强对被拐卖妇女的看管和"驯化"。诸如此类的态度，无形中助长了施暴者的嚣张气焰，消磨了受害女性的反暴意志。

2. 法制运作空间的影响。（1）立法不完善。主要表现为现行保护女性人身权利的立法太分散，有的规定过于原则，针对性不强，缺乏可操作性。中国至今没有《反对家庭暴力法》和《反对性骚扰法》，对拐卖妇女犯罪行为的制裁散见于刑法中。实际上，目前对妇女权益的暴力侵害已到了非常严重的程度，远不是一部《妇女权益保障法》所能简单应对的，必须尽快制定更具有制裁力的专项法律。（2）执法不力。主要表现为：其一，在执法过程中，法治宣传教育力度不够，不能形成反对向妇女施暴的社会支持网络。其二，公安、司法部门对某些暴力侵害妇女事件观念陈旧，介入、干预的积极性不高。其三，执法环节薄弱，没有针对保护妇女的法律配设相应的执法保障机制。其四，法律援助的普及性不够，用于援助妇女的社会有效资源短缺。其五，司法监督机制不完善，有法不依、违法不究的现象客观存在。此外，许多执法不力的现象还是根源于立法不足。譬如对于性骚扰案，现行法律缺乏明确、具体的规定，实践中如何认定"性骚扰"，何种程度的"性骚扰"可视为侵犯公民人身权利，对此应给予何种程度的制裁等，这些都"无法可依"。而且，性骚扰行为一般发生在当事人双方单独相处的时候，证据的收集远远难于普通案件，这也使得性骚扰受害人的合法权益难以得到全面维护。

3. 社会连带问题的影响。对妇女的施暴侵权行为之所以在当今社会得以存续，与中国社会转型时期出现的部分社会问题相关。（1）家庭暴力问题与市场竞争所引发的失业下岗问题、竞争焦虑问题等相关。（2）性骚扰问题与市场经济引发部分男性道德滑坡、占有欲望过度膨胀等问题相关。对经济利益的角逐使部分男子人文道德滑坡、占有欲望过度膨胀，对女人的占有成为其无数欲望中的一种，于是，性骚扰、包二奶、婚外情等现象就出现了。（3）拐卖妇女问题非常明显地与地区贫困问题、贫富悬殊问题、农村大龄未婚男性积压问题、流动人口问题、卖淫嫖娼问题等社会问题相关。具体而言：其一，地区贫困使不少农村女性想通过婚嫁甚至离家出走的方式走出山区、摆脱贫困，这样既使本地未婚男性增多，又为人贩子借机拐卖妇女创造了条件。其二，农村社会保障体系不完善，对家庭养老的过度依赖导致少数贫困地区出现大龄男性靠买媳妇来延续后代的现象。其三，农村大龄未婚男女比例严重失调，大量大龄未婚男性的存在是被拐卖妇女的潜在买方市场。据 1995 年对全国的一项调查资料显示，30—49 岁的农村男性未婚人口有 704 万，而同龄段的女性只有 26 万，男性是女性的 27 倍。这些大龄未婚男性多以种地为生，或家庭贫苦、相貌不佳，或有生理缺陷、智力残疾，或无一技之长，而且文化程度偏低，其中 17.8% 的人未上过学或只上过扫盲班，他们要想娶个当地女子很难，由此就形成了一个很大的买媳妇市场①。其四，卖淫嫖娼现象的存在，也给一些人贩子将被拐妇女转卖为妓女提供了商机。

（二）主观因素：所涉个体

任何针对妇女的暴力行为都与其所涉主体（包括受害者和施暴者）的心理状态和行为模式存在内在联系，因此，考察对妇女的暴力

---

① 崔小凤等：《打拐为何屡打不止——拐卖妇女犯罪的特点根源及对策的调查分析》，《北京统计》2000 年第 10 期。

侵权行为还必须从主体因素入手。就受害者而言，其个人原因主要有：自我保护意识差，不易警觉暴力侵害行为的发生；自我保护能力差，遭遇暴力侵害行为时不知道如何进行有效自救；存在屈从忍耐的心理，遭遇暴力侵害事件后不愿张扬；法律意识淡薄，不懂或不愿运用法律武器维权；自我人力资本或社会资本不足，难以摆脱受暴力侵害的环境，等等。就施暴者而言，其个人原因主要有：法律观念淡薄，不能正视自己施暴行为的违法性；男权思想严重，对女性有过度的控制欲望，无视女性的平等权益；曾置身于某种程度的暴力环境，具有一定的暴力控制意识；思想素质不高，人生修养差，有某些不良的性格和品格，等等。

三 预防和消除暴力侵害妇女现象的对策

（一）改善保护妇女权益的社会运行环境

1. 净化社会文化氛围。主要是通过各种宣传教育活动，清除传统的男权文化和夫权思想对社会成员的腐蚀，向全社会成员进行深入的性别平等观念培训，使性别平等意识和人权意识扎根于每个社会成员的头脑中，进而潜移默化地改变一些社会成员对妇女受暴的冷漠态度和纵容态度。

2. 完善法制运作空间。（1）加强法制宣传。要大力普及法律知识特别是有关妇女维权的法律知识，尽快提升社会成员的法律素质，使大批受害妇女懂得并敢于拿起法律武器来保护自己。（2）完善立法。要进一步完善保障妇女权益的法律机制。除《宪法》《刑法》《婚姻法》《妇女权益保障法》等依法保障妇女人身权利的现行法律规范外，还应尽快出台专项的反对暴力侵害妇女的法律，如《反对家庭暴力法》《反对性骚扰法》等，具体内容包括对相应暴力行为的认定、处罚等。考虑到目前制定全国性的《反对家庭暴力法》和《反对性骚扰法》的条件尚不成熟，可先由各省、直辖市、自治区针对本地情况制定具有可操作性的地方法规，等积累了经验之后再制定全国性的法律。另外，目前对拐卖人口的犯罪活动虽已有刑法予以规范，但无相应的治安处罚条例，对一批未触犯刑法但专门为人贩子牵线搭桥拿介绍费的人缺少相应的治安处罚措施，使人误以为卖者有罪、买者无罪。对此，应尽快出台相应法规，使买卖人口的双方都受到法律的制裁，彻底消灭拐卖人口现象的消费市场。（3）强化执法。立法是基础，执法是关键。执法人员首先应破除传统观念，积极介入暴力侵害妇女事件。在此基础上，对于像拐卖妇女这样的严重暴力侵害妇女行为，应从系统运作的视角布局整个执法过程，做到指挥统一、组织精密、协同作战、执法有力。预防和消除对妇女的暴力侵权现象，尤其应广泛动员全社会的力量积极介入，共同援助受害妇女，形成全社会反对对妇女施暴的大执法环境。如对家庭暴力现象就可充分发挥社会的调解功能和救助功能，发挥现有的法律咨询、新闻传媒及各级工会、妇联、社区居委会、派出所等的作用，形成多层次、多方位的救助网络，使家庭暴力事件能够得到及时解决。另外，可开通妇女热线，设立"妇女避难所""心理咨询所""精神治疗中心"等机构，减轻受害妇女的精神痛苦，使受害妇女在暂时逃离家庭后能获得有效的帮助，身心能得到恢复。同时，有关行业的妇女组织如女法官协会、女律师协会、女记者协会等，应发挥各自的优势，加强对家庭内暴力侵害妇女人身问题的研究工作，提出切实可行的对策，把保护妇女的合法权益工作落到实处。

3. 解决社会连带问题。要在短期内全部解决地区贫困问题、农村大龄未婚男性积压问题、婚姻市场问题、流动人口问题、道德滑坡问题等一系列与暴力侵害妇女相关的社会问题是不现实的。实际上，有的社会问题如失业下岗问题、竞争焦虑问题、贫富悬殊问题、卖淫嫖娼问题等在短期内只能得到缓解，而不可能得以根除。笔者认为，发展经济是解决这些问题的根本。在积极扶贫的过程中，各级政府和妇联组织要充分认识到根除买卖妇女这种丑恶现象的长期性、复杂性和艰巨性，要通过各种保障措施来保护群众正常的婚姻家庭关系，营造良好的婚姻家庭氛围。其中，应特别关心大龄未婚男性的婚姻问题，要帮助他们科技致富，使他们早日通过正当的途径成家立业。

（二）提升全社会成员的素质

正如前述，一切针对妇女的暴力都与所涉主体的自身素质相关。因此，国家和社会应扮演积极的推动者和引导者的角色，不断开展女性赋权运动（empowerment），从经济、法律、教育等方面增加女性的社会资源。作为广大妇女的娘家人，各级妇联组织尤其要注重对妇女进行普法教育，并积极介入各种针对妇女的暴力事件中，为妇女应对暴力提供策略和实际帮助。与此同时，妇女也应该成为主动的学习者，而不是被动的受助者，以最终争得自身权益的充分实现。

农村已婚女性贫困状况及脱贫对策

——以河南农村已婚女性为例[*]

  建设社会主义新农村是我国现代化进程中的重大历史任务。而当我们用社会性别的视角来审视农村贫困问题时就会发现，目前农村实际上存在着明显的贫困女性化和女性贫困化倾向。这一倾向不但使女性在两性共存的社会中明显处于弱势地位，而且也使社会的良性运行受到严重的制约。

  "贫困"的概念包括哪些具体内容？世界银行研究报告明文指出：贫困"不仅表现为饥饿、寒冷、无助，远离政治生活、绝望、没有尊严同样也是贫困"。基于此，笔者认为，贫困不仅应包括收入的贫困，而且也应包括知识的贫困、权利的贫困和精神的贫困等。这种贫困状态贯穿于个体生活所涉及的政治、经济、文化、婚姻家庭等诸多领域。从这一概念出发，笔者赋予"女性贫困"两层含义：其一，从社会性别的视角来看，在两性共存的社会中，女性与男性相比，在整体上处于贫困状态；其二，单以"贫困理论"来衡量，在社会主义新农村建设中，我国现存大量的贫困人口，其中一半以上是贫困女性。本文重点阐释第一个层次上的女性整体贫困状态，并特别关注第二个层次上的"贫困女性"的生存态势，以此来全面解读河南农村已婚女性的贫困问题。就研究方法而言，本文主要是通过问卷调查来获取第一手资料，在此基础上进行定量统计、分析，进而与定性分析

---

 * 原载《中州学刊》2007 年第 1 期，收录本书时有所修改。

方法相结合来进行深度揭示。此次调查共发放问卷370份，最后收回的有效问卷为352份，有效回收率为95%。调查样本是由来自河南省各地农村的郑州大学社会工作专业的本科生，在各自的家庭所在地，通过随机发放的方法最终汇集而成的。本次调查遍及河南省的郑州市、开封市、洛阳市、平顶山市等地56个县市的郊区与农村。调查样本可以真实地再现河南农村已婚女性贫困的基本现状。

一 河南农村已婚女性的贫困现状

（一）走近她们：样本的年龄分布

样本的平均年龄为39岁。其中20—30岁占19.6%，31—45岁占51.3%，46—60岁占28.5%，60岁以上老年女性占的比例最低，仅为0.6%。可知我们选取的样本兼顾了农村已婚女性的各个年龄段，调查数据能够全面反映农村已婚女性贫困的整体风貌。

（二）政治的贫困：农村已婚女性的政治参与

政治参与水平是反映女性在社会中所处地位的重要标志。女性的政治参与主要包括知政、议政和执政。本次调查显示，在被调查的女性中，9.6%是普通群众，党员的比例仅为4.3%；有85.5%的被调查者承认自己不经常参加村里的活动，有69.1%的人表示不愿意参加干部竞选；经常参加村里活动者只占14.2%，愿意参加干部竞选的占30.7%。这就反映出河南农村已婚女性参政意识的薄弱与参政行为的严重不足。

（三）文化的贫困：农村已婚女性的文化资本

女性的受教育状况是衡量女性社会地位的重要指标。本次调查结果显示，在河南的广大农村，女性受教育状况仍处于低水平，女性平等的受教育权利并未得到充分实现。在被调查的农村女性中，初中学历的最多，占总体的38.6%，文盲率为14.2%，小学以下文化程度者占样本总数的 45.5%，初中以下文化程度者占样本总体的 84.1%，高中以上学历者所占的比例为 15.7%，而大专及以上学历的知识女性占的比例最小，只占总体的 0.9%。由此可见，被调查女性的文化程度主要集中于初中以下的较低层次。通过把女性受教育程度与年龄进行相关分析，发现妇女受教育状况有明显的时代差异，即年轻一代的女性受教育程度明显高于她们的上一代。这反映出，随着时代的发展，女性在文化资源上的贫困状况正在逐步得到改善，虽然这种状况在两性横向的对比中并无多大的改观。

（四）经济的贫困：农村已婚女性的经济资源

首先，从职业归属看她们的阶层位序的贫弱。关于农民的阶层分化，陆学艺先生以个体为单位、以职业为标准，将当前的中国农民分为 8 个阶层，即农业劳动者、农民工、雇工、农民知识分子、个体劳动者和个体工商户、私营企业主、村镇企业管理者、农村管理者。本次调查得知，河南农村已婚女性中的大多数还属于农业劳动者阶层，这一比例占到 67.0%；个体劳动者和个体工商户比例是 13.1%；农民知识分子的比例为 9.4%；农民工和雇工的比例为 7.6%；而其余几个阶层所占的比例则微乎其微。由此可见，绝大多数农村女性的阶层位序仍是处于最底层的。由于农业是弱势产业，女性大多数滞留于农业，势必就造成女性在经济收入上整体低于处于农村其他阶层位序的男性。也就是说，农业女性化趋势造就了女性的贫困化。

其次，从打工经历和意向看她们的择业能力的贫困。在被调查女性中，有过打工经历的约占样本总体的 28.7%，而有 70.7% 的人承认从未有过打工经历。而当被问到"是否愿意外出打工"时，则有近一半的调查对象选择了"不愿意"（47.7%）。打工经历和意向的不足，严重制约了农村女性的向前发展。

再次，从家庭的经济水平看她们的生活贫困。女性的经济地位是衡量妇女社会地位的首要标志。本次调查显示，河南省农村已婚女性所在家庭的经济状况差别较大。年人均收入在 500 元以下的家庭占样本总数的 15.7%，1000 元以下的家庭占 46.8%，而年人均收入在5000 元以上的家庭则只占总体的 3.6%。以上样本的年人均收入为1930.92 元。由此可见，近一半河南农村已婚女性，在经济收入上仍处于绝对贫困的状态，这与她们所在家庭的贫困是紧密联系在一起的。以上样本所在家庭的年最高收入和年最低收入差别较大，最低为130 元，最高则达 50000 元，这显示出农村家庭的贫富差距已经比较严重。

就农村已婚女性每年为家庭创造的纯收入而言，我们会看到，女性在家庭创收中所占的份额明显不足。51% 的女性个人年纯收入在1000 元以下，个人年纯收入在 2000 元以下的占 76.3%，在 2000 元以上的仅占 23.7%。由此可见，女性在家庭创收方面与男性相比，仍处于相对弱势地位，这也是女性在家庭中生活贫困的原因之一。

考虑到家庭饮食水平客观测量的难度，我们采用了主观评价的办法，由调查对象对自家的生活进行评价。统计结果表明：她们中有半数以上的人（52.3%）认为自家的生活水平属于"能吃饱，但没条件讲究营养"；另外，还有 43.5% 的家庭已经能够保证经常吃到肉类和时令蔬菜；而至今还吃不饱饭的家庭即温饱以下的家庭仅占0.9%；极为讲究科学饮食的家庭仅占 3.4%。由此可见，河南省农村已婚女性的生活贫困，基本上是处于吃饱饭基础上的贫困。

最后，从日常开支看她们的消费贫困。日常消费开支是衡量女性生活质量的一个显著标志，它包括女性消费水平和消费结构两个重要指标。本次调查显示，有 31.8% 的农村已婚女性承认，她们每年花的钱"明显少于丈夫"；53.1% 的人认为，自己"与丈夫花的钱差不多"；而只有 14.5% 的人认为"自己花的钱明显多于丈夫"。在个人消费方面，女性还未能与男性看齐，凸显出性别的差异；在个人化妆品使用方面，被调查女性"每天都用"的占 14.8%，"偶尔用"的占59.1%，回答"从来不用"的占 25.9%；在每年为自己买衣服所花的钱上，样本均值为 229 元，其中 100 元以下的占 39.2%，500 元以上的仅占 6.2%。笔者认为，从上述数据看，河南省农村已婚女性消费生活仍处于相对的性别贫困和明显的绝对贫困境地。

（五）婚姻家庭生活的贫困：农村已婚女性的居家生活

首先，从结婚年龄看女性的婚姻意识。样本的平均结婚年龄为22.3岁，最大的结婚年龄为35岁，最小的为16岁。其中，20岁以下（不包括20岁）结婚的占样本总体的8.0%，在20—25岁结婚的占88%，在25—35岁结婚的占4%。通过把结婚年龄和被调查者现在实际的年龄进行比较分析，发现年轻一代结婚年龄普遍往后推迟，早婚现象逐渐减少，晚婚在农村已露端倪。可以说，河南农村女性正在向贫困的婚姻意识抗争，向着现代婚姻模式迈进。

其次，从择偶标准看女性的婚姻意识。在选择丈夫时，河南农村女性考虑的因素依次是：对方的性格人品（58%）、双方的感情（39.5%）、对方的相貌身材（37.5%）、对方的家庭经济条件（34.9%）、对方的年龄大小（20.5%）、对方的文化程度（13.1%）、对方的能力才干（9.5%）。从择偶标准可以看出，农村女性在择偶时对情感因素已非常关注，这是婚姻意识走向现代化的一种表现。但择偶时对男方内在素质的整体关注度还不够，除了对男方的性格人品关注的比例较高，对关系未来家庭发展前景的文化程度和能力才干给予关注的比例却非常低，这也反映出农村女性婚姻意识的水准明显不高。

再次，从生育调查看女性的生育意识和生育行为。与传统的早婚多育现象相比，近年来河南农村女性初婚年龄的推后已使生育率明显下降。本次调查发现，河南农村女性生育一胎率为19.9%；生育两胎的最多，占48.9%；其次是三胎，占21.9%。把被调查女性的年龄和生育数量进行相关分析，发现随着年龄的下降，多育现象逐步减少，农村生育行为正从制造贫困的"多子多福"，向"一对儿女"的目标进行艰难跋涉。

与生育行为相比照，在生育意愿调查中，被调查女性中回答"想要1个孩子"的仅占11.6%，"想要2个孩子"的占48.9%，想要3

个的占17.3%；当问到"如果您渴望再要一个孩子，但计划生育罚款会使您家生活水平下降，负债累累，您还愿意要这个孩子吗"，统计结果显示，回答"不愿意"的占77.3%，"愿意"的占20.7%；当问到"您觉得计划生育罚款对农民贫困的影响有多大"时，认为计划生育罚款对农民生活影响很大的占64.5%，认为没有影响的占5.4%。由此可见，农村已婚女性生育行为的变化，更多的是受制于硬性的计划生育控制，离生育行为的自觉解放还有一段距离。

另外，通过调查也了解到河南农村已婚女性的生育健康状况。当问到"您的第一个孩子是在哪儿出生的"，回答"家里生的"竟占到52.6%；当问到"是否自愿在产前或产后做检查"，回答"不愿意"的也有19.3%。这反映出河南农村女性的生育健康还得不到有效的保证。

最后，从夫妻关系、家务分工等因素看女性的婚姻、家庭地位。本调查显示，河南农村已婚女性在婚姻与家庭中的地位仍相对低下。当问到"您家里的家务事主要由谁做"这一问题时，回答"自己做"的占58.0%，选择"夫妻共同做的"占34.9%，而家务事主要由丈夫做的只占3.7%；在"家庭大事的决定权"这一问题的调查中，由丈夫决定的占31.3%，夫妻协商解决的占61.4%，而由女性自己决定的占5.4%；在有关"您家现在谁管钱"这一问题中，回答"自己管"的占42.9%，丈夫管的占33.8%；在农村的红白事中，选择"自己去"的占17.9%，让丈夫去的占54.5%，两人一起去的占22.4%。由此可见，在家庭中，农村女性中的多数还没有取得与丈夫同等的地位。

（六）精神的贫困：农村已婚女性的精神家园

关于信息来源。精神文化生活是人们的意识形态在生活中的反映，是生活方式的深层次内容，主要由人们闲暇时间的活动和人与人之间的社会交往表现出来。调查显示，电视是当前河南农村妇女获取信息的主要来源之一（85.8%），获取信息的另一渠道是"熟人"

（52.9%），而信息来源的渠道在两种以上的只占51.4%。这说明农村女性的信息获取距现代化还相去甚远。

关于闲暇安排。"做家务"和"看电视"是已婚农村女性在闲暇时间里从事的主要活动，分别占样本总体的56.0%和45.6%；其余依次是串门聊天（40.4%）、打麻将（18.5%）和参加宗教活动（8.0%）。这说明农村女性闲暇安排还很不科学，尤其是麻将风盛行，让人不得不为农村女性的精神空虚担忧。

关于活动范围。当问到"您一年内去县城或县城以外的其他城市几次"时，选择0—1次的占28.4%，2—4次的占34.9%，进城次数在5次以上的占36.6%。这说明农村女性的活动空间还非常狭窄。

关于宗教信仰。当问到"您的宗教信仰是什么"时，被调查者中信仰基督教的占15.9%，信仰佛教的占6.3%，"没有任何宗教信仰"者占75.9%。由此可见，在当前农村的已婚女性中，信仰宗教者仍为数不少（占样本总体的22.2%），从中看出女性精神依托之不足。

关于困难求助。当问到"您遇到困难时主要向谁求助"时，回答依次是：丈夫（59.3%）、亲戚（43.2%）、自己（27.4%）、邻居或熟人（22.5%）、社会或政府（2.7%）。这说明农村女性的社会交往圈非常狭小，本土的熟人社会仍是她们主要的支持网络，社会和政府在她们精神生活中所起的作用是微不足道的。

（七）贫困的感知：贫困女性的自我评价与未来行动意向

关于生活状况满意度。对于她们的当前生活，回答"非常满意"的占9.1%，"比较满意"的占36.4%，回答"一般"的占27.0%，"不太满意"的占20.7%，"很不满意"的占5.7%。调查数据反映出农村女性的贫困感知度不高。

关于男女地位的定位与评估。当问到"是否同意'嫁出去的姑娘泼出去的水'的说法"，同意的占31.0%，不同意的占52.0%。通过深度调研，笔者了解到，尽管有一半以上的被调查者不同意"嫁出去的姑娘泼出去的水"的说法，但在内心深处，她们还是有些重男轻女思想的。如问卷中有一个判断是否重男轻女的问题："如果您有一男一女两个孩子，他们学习成绩相当，但由于经济条件限制，您只能供养一个孩子上学，您愿意供养谁？"有71.6%的人回答愿意供男孩，愿意供女孩的只有13.9%

当问及"您觉得在您的村子里，妇女和男子地位平等吗"，有3.4%的女性认为女人地位高，36.1%的女性认为"男女地位平等"，32.1%的女性认为男子地位高，有28.1%的人选择了"说不清"。这说明女性对自身贫困的把握还没有完全上升到社会性别的理性高度。关于生活困扰与未来打算。当问及"你们面对的生活困扰"，答案五花八门，但主要集中在以下几个方面：跟金钱有关的生存困扰，比如子女上学，没钱盖房子，没有钱看病，家庭开支大，经济来源少等；发展的困扰，比如缺乏致富信息与渠道，个人文化程度低，能力有限，想做生意缺资金等；其他的困扰，比如家人的健康状况不佳，夫妻感情不和等。

当问到"你们曾经为改善生活做过什么尝试"，答案主要有：承包土地；种经济作物；从事家庭养殖；参加技术培训，尝试科学种田；外出打工；供子女读书；从事农产品加工等。而她们对于未来生活的打算，无非也是上述几种途径：把希望主要寄托在子女身上，全家省吃俭用供子女上学；把希望主要寄托在丈夫身上，靠丈夫外出打工或者做生意等来挣钱；有的也把希望主要寄予自身，希望通过自己的辛勤种田、科学养殖等来挣钱。

以上调查揭示了河南农村已婚女性的贫困现状，包括政治的贫困、经济的贫困、文化的贫困、婚姻家庭生活的贫困、精神的贫困以及她们自身对贫困的感知等。调查说明，河南农村已婚女性要想走出贫困，实现真正的男女平等，还有很长的路要走。

二 农村已婚女性贫困的原因及脱贫对策建议

导致这部分女性贫困的原因是多方面的，归纳起来主要如下。

（一）主观因素

首先是社会性别意识的缺失。社会性别意识理论告知我们，女性并非生来就是第二性的，而是社会文化和制度造就了女性的从属地位。女性和男性一样是社会的平等主体。因此，女性应该和男性一样是独立的个体，而不能依托男性来生活。女性的独立性就体现在独立的个体意识、独立的价值追求、独立的人生体验等方面。但综上所述，我们明显地感到河南农村已婚女性缺乏这种平等的社会性别意识，大部分女性仍将自己简单地定位于"贤内助"的角色上。

其次是自身人力资本的不足。农村已婚女性的人力资本包括文化素养、能力素养、技术素养、健康素质等严重不足，成为制约女性向前发展的现实障碍。前述调查已进行了较为充分的展示，此不赘述。

（二）客观环境

第一，传统性别观念的盛行，遏制了女性的全面发展。"男主外、女主内"的传统社会分工模式，使整个社会和家庭对女性的家庭角色的期待远远大于对其社会角色的期待。重男轻女的传统思想，使女性从小处于弱势地位，进而使女性获得的教育资源比男性要少，从政意识和行为严重不足，经济创收能力也无法企及男性，这就从根本上决定了在贫困的农村，女性更贫困于男性。

第二，农村经济运行环境的贫瘠，使农村已婚女性缺乏脱贫致富的物质基础。当前，我国农村经济运行环境整体较贫瘠。城乡经济的巨大落差，推动着农村精英分子（绝大部分是男子）走出农村进城务工，而农村已婚女性独自外出打工或随丈夫外出打工的机会相对较少。由此，农村已婚女性多成了留守妇女，成了种田的主力军，承担起了解决全家口粮的重任。农业的女性化趋势，进一步加剧了农村经济运行环境的贫瘠，使农村女性缺乏有力的物质基础来支撑她们摆脱多重的贫困。

第三，家庭照顾者的角色，制约了女性向前发展。与城市女性相比，农村已婚女性家务劳动社会化的发展速度比较缓慢，再加上近年来大量农村男性流入城市打工，女性在家务劳动和农业劳动中的付出就更多。养育子女、赡养老人的角色，从客观上也决定了农村已婚女性不可能在婚后有更多的机会去获得一技之长，这就限制了女性谋生致富的途径。

第四，择业支持网络的薄弱，使农村女性牵头致富无门。受传统的"男主外、女主内"的思想影响，农村已婚女性在家庭中想牵头致富，往往得不到家人的支持。家人们总是认为"女人头发长，见识短"，干不成什么大事，出头露面是非多。尤其是，农村已婚女性想独自外出打工，婆婆和丈夫一般来说都不会同意。其他的像亲属支持、同辈人及朋友支持、邻里支持等支持形式就更少了。

第五，社会政策运行环境，还没有为农村女性走出贫困提供更好的机遇。从社会性别视角来审视，现行的某些社会政策并没能很好地体现扶助弱势群体、谋求社会公正的作用。作为农村中的已婚女性，她们逐渐变成弱势群体中的最底层。只有社会政策适当向她们倾斜，才有望让她们尽快走出贫困之境。

为改变当今农村已婚妇女的贫困状况，我们提出以下对策建议。

（一）主观方面

首先，农村女性应加快强化自我的社会性别意识。俗话说，意识指导行动。农村已婚女性只有树立了平等的社会性别意识，才有可能在行动上谋求平等和发展。因此，农村已婚女性应该努力从传统的远离政治的政治意识、懒于拼搏的经济意识、无才是德的文化意识、生儿育女的生育意识、听从夫命的家庭意识等落后性别意识中解放出来，努力通过各种途径来塑造自我的平等、向上、积极、有为的新型社会性别意识，以指导自我在不断实现人生价值的过程中，走出生活中的多重贫困。

其次，农村女性应不断提高自身的知识水平和技术能力。为此，农村已婚女性应从社会变迁的脉络中认识到终身学习的必要性和重要性，应主动、积极地寻找各种机会学习文化知识和科技技术，使自己在实践中培育出良好的人文素养、致富技能，锻炼自己的体魄，使自己的人力资本达到一个新高度。只有这样，才能把脱贫致富的主动权把握在自己手中。

（二）客观方面

首先，基层政府应加强对农村女性和男性的社会性别意识培训。这是目前社会主义新农村建设中需要特别关注的问题。为此，需在农村普遍建立社会性别培训基地。培训员可定期深入农村，借助于参与式教学模式，向农村女性和男性宣传社会性别意识，唤起全体村民特别是女性村民的性别平等意识，增强女性走出多重贫困的主体自觉性。同时，在社会性别意识推广的过程中，尤其需要电视、广播等媒介积极介入，形成倡导性别平等的良好社会氛围。

其次，要改善农村社会综合运行环境，包括政治、经济、教育、婚姻家庭生活等环境因素。具体来说包括以下几点：

一是改善农村经济运行环境。农村发展的根本出路在于农村经济的繁荣。在社会主义新农村建设中，要改善农村现行的经济运行环境，关键一点是政府应加大对农村的投资力度，推动农村市场的繁荣，加快农村城镇化的进程，以便最大限度地发挥农村已婚女性的生产潜能，推动农村已婚女性尽快走出经济地位下滑的贫困之境。

二是改善农村政治运行环境。农村已婚女性政治地位的提升，除了依托自我参政意识的提高，还要依托自我参政能力的提高。这一切都与农村政治运行环境的改良直接相关。在农村实行村民自治后，农村社会更应切实推进民主化进程，通过各种宣传活动，调动村民特别是已婚女性的民主参政热情，并从制度上为农村已婚女性参政、议政提供保障，让广大农村已婚女性在民主选举、民主议政的过程中，提升自我的参政意识和参政能力，走出政治地位的绝对贫困状态，并带动农村社会政治更为民主化。

三是改善农村文化教育运行环境。农村已婚女性致贫的原因之一，就在于她们所拥有的文化资本严重不足。因此，大力发展农村教育事业，是解决问题的根本出路之一。为此，必须从教育的源头抓起，重视农村女童教育，防止农村女童辍学、失学，避免她们未来成为新的农村文化贫困群体。对农村已婚女性来说，继续教育对她们走出贫困更是直接相关。因此，在农村，尤其应加大对已婚女性的免费实用技术培训，增强她们脱贫致富的技能。在提升农村已婚女性文化素质的同时，也应始终关注她们的精神生活。因此，当前农村基层组织领导者，应把组织有利于女性身心健康的休闲娱乐活动视为一项重要的任务来抓，以尽快帮助农村女性走出精神的贫困状态。

四是改善农村婚姻家庭运行环境。农村已婚女性的居家地位，直接与她们所处的婚姻家庭状况相关，也间接地与她们所处的农村社会的婚姻家庭状况相关。因此，家庭和社会需要共同去营造平等、和谐、积极向上的婚姻家庭运行氛围。只有这样，农村已婚女性才有可能给自己留出更多的学习机会，摒弃生育的性别偏好和多子多福的错误观念，免于计划生育罚款对自家生活造成的巨大冲击，给自己营造更多的发展空间；同时，在家庭中才有可能谋求家务劳动的公平化和社会化、家庭管理权的平等和脱贫致富机会的均等化等，防止家庭暴力的持续上演，把自己从婚姻和家庭生活的贫困化状态中解放出来。

五是改善农村卫生医疗运行环境。对于农村已婚女性来说，健康更是生存之本。农村已婚女性个人和家庭经济收入微薄，小病不看，大病看不起是经常的事，而经常性的卫生保健就更谈不上了。正如前述，在农村，对于事关性命的生孩子安全一事，农村已婚女性也往往是睁一只眼、闭一只眼。平时自愿进行妇科检查的人数非常少，在家生孩子是常有的事。因此，在农村建立健全各级医疗卫生保健医院、完善医疗卫生保健制度势在必行，而积极推进农村医疗保险制度的建立，则是问题得以解决的关键环节。

社会性别视角下河南省
老年人的养老保障问题研究[*]

　　作为一个农业人口数量众多、地区经济发展不平衡、老龄化形势严峻的中部大省，河南省老年人的养老保障问题尤为凸显。在有关老龄化问题的研究中，关注老年人的养老保障问题还需采用社会性别视角观察分析，才能更全面地反映老年男性和老年女性的养老保障现状及其存在的问题，进而在此基础上，提出更切实有效的、提升包括老年女性在内的全体老年人保障水平的政策建议。

　　对此，本课题组在河南省内对老年人的养老保障问题展开了深入的调查。调查从 2011 年 4 月开始，2011 年 10 月结束，历时半年时间。本次调查共发放问卷 350 份，有效回收问卷 322 份，有效回收率达 92%。问卷内容包括基本信息、生活现状与养老、经济状况与养老、城乡体制与养老、社会性别意识与养老、养老保障的认知情况六个部分，期望能较为全面地获得河南省老年人养老保障的相关资料。本次调查样本分布于河南省 18 个地市的城市和农村，并收集个案访谈资料 20 篇，有效地弥补了问卷资料中存在的不足。调查结束后，利用 SPSS 统计软件对问卷资料进行数据处理、检验和分析，并与定性方法相结合，对老年人的养老保障问题进行了具体的解读。

---

　　* 原载《2012 年河南社会形势分析与预测》，社会科学文献出版社 2012 年版，作者为蒋美华、王献峰，收录本书时有所修改。

一 调查样本的基本情况

本次调查回收的有效样本为 322 份，样本的基本情况如下：

（一）性别分布

男性被调查者为 157 人，所占比例为 49%；女性被调者为 165 人，所占比例为 51%。男女两性被调查数量基本处于平衡态势。

（二）年龄构成

由于我国实行男女不同年龄退休政策，现行的法定退休年龄是男 60 岁，女干部 55 岁，女工人 50 岁。对此，本次调查从社会性别视角出发，将 50—59 岁的人群作为参照群体纳入了调查样本，希望能更全面地反映老年男性和女性的社会保障境况。本次调查中，50—59 岁的被调查者为 81 人，占 25%；60 岁及以上的被调查者为 241 人，占 75%。其中，71—80 岁的老年人为 71 人，占 22%；81 岁及以上的老年人为 19 人，占 6%。值得关注的是，在其他年龄段，老年男性和女性的比例差别不大。但在 81 岁及以上的老年人中，老年女性所占的比例高达 68%。由此可见，从社会性别视角出发，高龄老年女性的养老保障问题尤其需要引起社会的关注。

（三）受教育水平

本次调查中，初中及初中以下被调查者所占的比例为 77%。可见，被调查者普遍的学历较低，文化水平不高。而男、女老年人相比较，女性老年人受教育水平大大低于男性。

（四）职业类型

本次调查中，就老年人现在或以前的身份而言，农民所占比例为 50%，是这次调查的主体人群，事业单位员工所占比例为 16%，其他职业类型所占比例较少，且处于均衡态势。男女老年人相比较，老年男性在国家企事业单位供职的较多，老年女性多是民企或外企员工、个体经营者和农民等。

（五）户口类型

本次调查中，城市户口所占比例为34%，农村户口为66%，基本符合河南省城市农村人口分布的总体状况。男女老年人的性别比例分布也基本符合河南省的实际情况。

（六）婚姻状况

本次调查中，离异或丧偶的老年人为62人，所占比例为19%。在男女两性比较中，女性老年人离婚或丧偶的比例大约是男性的2倍，这部分老年女性尤其需要从社会性别视角出发给予更多的福利关照。

二　社会性别视角下河南省老年人的养老保障现状

2009年9月，国务院颁布了《关于开展新型农村社会养老保险试点的指导意见》，确定从2009年10月起开展新型农村社会养老保险试点，同年河南省的21个县（市、区）参加全国的首批试点工作。2011年7月1日，城镇居民社会养老保险试点工作也已经展开。在这种背景下，河南省老年人的养老保障模式、态度、方式是否有所改变？他们的晚年生活是否得到了真正意义上的保障？他们对新型的养老保险制度有何预期、评价和建议？通过调研，笔者从社会性别视角出发，发现河南省老年人的养老保障呈现出以下境况。

（一）家庭养老仍然是老年人养老的首要选择，但已经呈现弱化趋势

中华民族几千年以"孝"为核心的文化传统的影响和老年人对"老有所养，含饴弄孙，儿女承欢膝下"梦想的渴盼，使得家庭养老

仍然是河南省老年人养老方式的首要选择。这种养老方式具体表现出以下两种情况：一种是老人与儿女生活在一起，帮助照顾孩子和料理家务，子女给予经济供养和精神慰藉；另一种老人与儿女不在一起生活，儿女按时给生活费用于保障老年人的日常所需，平时给予一定程度的日常照顾。

本次调查显示，河南省老年人在回答"您更愿意和谁一起居住度过晚年"的问题时，有50%的被调查者选择了"与老伴、儿子共同居住"，39%的被调查者选择了"和老伴一起居住"，8%和3%的被调查者分别选择了"自己单独居住"和"到养老院居住"。调查结果表明，家庭养老在河南省老年人养老方式中仍占据主要地位，仍有89%的老年人会选择家庭养老作为自己的养老方式（包括与老伴及其儿子共同居住和与老伴一起居住），有大约11%的老年人选择了自己单独居住或到养老院居住。

在居住形式的选择上，男女老年人没有明显的性别差异，在选择家庭养老的方式中，男性所占比例为46.1%，女性为42.9%。但在对养老机构的态度方面，女性老年人对入住抵触情绪明显高于男性，竟达到了62%（见图1）。值得关注的一个现象是，无论男女，都有相当一部人在面对这一选题时选择了说不清，我们认为，可能的解释是，当下已经有相当多的人意识到家庭养老的不足，认识到家庭养老将给年轻一代带来很大的压力，所以他们已经从理智上做好了接受新型养老模式的准备；但是，由于受到传统观念的制约，他们从感情上

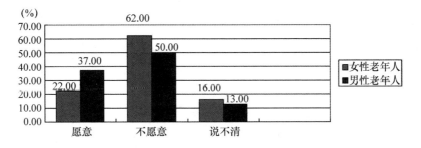

图1 男女老年人有关"您是否愿意到养老机构居住"的情况

一时又难以接受"养儿不能防老"的现状。虽然家庭养老在河南省老年人养老方式中仍占有很大比例,但在我们的访谈过程中,很大一部分的老年人已经预想到在今后社会成员高速流动的情况下,与子女居住在一起已经不太现实,他们也逐渐接受了在没有子女的陪伴下和老伴一起居住或者到养老院居住等其他的养老方式。可以预测,在未来的一段时间内,家庭养老在河南省老年人养老方式中的主体地位将会受到很大冲击,将会呈现明显弱化的趋势。

在我们的访谈过程中,周口市扶沟县 A 村的一位男性老人的谈话具有一定的代表性:"我们是一辈子和土地打交道,把子女供养大,上完学,参加工作,我们也就大半截入土了,我们也不指望到城市和儿子住在一起,到时候连个说话的人都没有。再说到城市后我们也不知道如何讲究卫生,到时候总是遭到儿媳妇的白眼。顶多他们有孩子,没人看护,我们帮着带带孩子,我们也只能做这些了。他们要是有时间的话,逢年过节的时候带孩子回老家看看我们就心满意足了,孩子也不容易,养活一家人压力挺大的。"他的老伴又补充了一句,"不能常回家,但不忙的时候多打打电话,别让我们挂念"。

可见,虽然老年人从内心仍然盼望和子女生活在一起,但由于生活方式、生活成本、养老观念的影响,许多老年人还是无奈地选择了自己居住或到养老院居住的养老方式。

(二) 老年人养老观念的变化:养儿不一定防老,女儿一样能防老

自古以来,"养儿防老"是中国人亘古不变的养老观念,"养儿防老"也就成了我国最传统、最主要的养老模式。"多子多福""儿子是自己的,女儿早晚是别人家的""嫁出去的姑娘泼出去的水"等养老观念的盛行也导致了男女性别比例的失衡和对女孩的性别歧视。在调查中,我们发现,近年来,养儿防老的养老观念受到了前所未有的冲击,"养儿防老"不再是老年人养老观念中的主流意识,"养儿不一定防老,女儿一样能防老""自己依靠自己养老"的新的养老观念开始初露端倪。调查结果显示,对于"养儿防老"一说,有

24.3%的被调查者选择了"比较赞同",33.3%选择了"赞同",25.2%选择了"无所谓",13.3%选择了"不赞同",3.8%选择了"不太赞同"。可见,57.60%的被调查者选择了"比较赞同"和"赞同",刚刚超过半数,说明养儿防老的传统观念在河南省老年人的养老意识中已经开始松动。老年男性和女性在养儿防老观念上,基本趋向于一致,并没有突出的性别差异。一般来说,老年人的养老包括三个方面:经济上的供养、日常生活中的照顾和精神上的慰藉。经济供养是老年人养老的基础和核心,而随着生活水平的提高,日常生活中的照顾和精神上的慰藉也开始受到重视。由于女性自身的特点,女儿相比儿子承担得更多,在一定程度上也更适合承担养老的责任。这主要表现在三个方面。

1. 儿子在父母经济供养上的比例有限,老人自养十分普遍

老年人养老保障中经济供养主要是指为老年人提供稳定的收入,保障老年人的日常生活开支和人生发展需要。本次调查显示,在"您养老的主要经济来源"一题中,有69.3%的被调查者选择了依靠自己的劳动、积蓄和保险;选择"依靠子女给予"的为27.4%,选择"依靠亲友补贴"的为1.8%,选择"依靠政府帮助"的为1.5%。可见,河南省老年人养老经济来源中"依靠子女给予"占的比例并不高,再去掉"依靠女儿给予"所占的比例,"依靠儿子给予"所占的比例就会更少,而"依靠自己的劳动、积蓄和保险"却占了很大的比例。由此说明,河南省老年人在很大程度上还是依靠自己的劳动、积蓄和保险进行自我保障,"养儿防老"在实际生活中更多的是一种情结,在老年人的晚年生活保障中能够给予的经济支持并不是很多。

2. 在日常生活中的照顾和精神上的慰藉方面,女儿比儿子更具有优势

日常生活中的照顾主要是为老年人的衣、食、住、行提供帮助。对于那些长期患病、丧失生活自理能力和高龄老人来说,日常生活中的照顾显得尤为重要。而精神上的慰藉主要是渗透到经济供养和日常生活的照顾中。在"您感觉自己身体怎么样"的调查中,有20.5%

的被调查者感觉自己身体很好，52.4%的被调查者感觉自己身体一般，25.7%的被调查者感觉身体不太好，1.4%的被调查者感觉自己身体很不好。"不太好"和"很不好"所占的比例达到27.1%，这是一个相当大的比例，说明河南省老年人的日常生活照顾面临着比较严峻的形势。在精神慰藉方面，俗话说"女儿是娘的贴心小棉袄"，一语道破女儿在父母精神慰藉中的重要地位。

在我们的访谈中，尤其是在农村，大部分都是儿子不孝顺，很少有女儿不孝顺的。再加上农村同村结婚或近村结婚的现象十分普遍，女儿也具备对父母进行日常照顾和精神慰藉的客观条件。因此，经常见到女儿隔三差五地到父母家照顾父母，给父母添置衣服，购买吃喝，或者把父母接回自己家进行照顾。可以预测，在未来的一段时间内，女儿在父母的养老中将会扮演越来越重要的角色，"养儿防老"的观念也会逐渐淡化和消退，"养女一样能防老"的观念将会被越来越多的老年人所接受。

（三）养老方式和内容逐步多样化，养老保障意识正在增强

为了更好地应对老龄化社会提出的挑战，政府、社会对老年人的养老保障问题给予了越来越多的关注，河南省老年人在养老方式上面临着更多的选择。在"目前主要靠什么养老"的调查中，有36.2%的被调查者选择了"离退休金及养老保险金来养老"，26.2%的被调查者选择了依靠"个人积蓄"来养老，1.9%的被调查者选择了"以房养老"，20.5%的被调查者选择了"家人供养"，1.4%的被调查者选择了依靠"商业保险"来养老。商业保险、以房养老、个人积蓄、离退休金及养老保险金都是自我养老的一种方式，并且被越来越多的老年人所接受。可见，在传统的家庭养老和以地养老的养老方式受到挑战的状况下，越来越多的老年人会选择多样化、组合型的新型养老方式来抵御晚年生活的风险。

然而，女性老年人和男性老年人在养老方式的选择中具有一定的性别差异性，38.1%的男性更注重选择离退休金，女性只占34.3%，

男性选择个人积蓄的占27.6%，而女性则只有24.8%，需要家人供养的女性高达23.8%，而男性只有17.1%。这说明女性老年人在养老保障方面更多的是依靠家人或外来力量，而自我供养的比例并不高，养老缺乏自主性和独立性。

目前，随着经济水平和劳动收入的增加，对于相当比例的老人来说，养老内容已经在一定程度上超越了经济供养、生活照顾和精神慰藉三个方面，向着提高生活质量、充实晚年生活和追求自我发展的趋势进行。特别是对于一些高学历、高收入、高职位（退休前）的"三高"老人来说，他们追求生活质量和自我心理满足的愿望更为迫切，他们不再满足传统的吃饱穿暖为基本内容的人道主义的养老方式，他们对个人的发展、精神世界的丰富和社会事务的参与都表现出了极大的积极性。在对郑州市金水区一位女性退休机关干部的访问中，她这样说："对于我来说，晚年生活没有什么后顾之忧，我有存款，有公费医疗，儿女孝顺，我现在身体还很好，我不能每天靠买买菜、做做饭、看看孙子来打发我的晚年生活。但我现在已经退休了，我不知道我剩下的大把时间能做什么？"

由于我国的社会养老保险制度还不健全，不能覆盖到所有适合入保的老年人。随着市场经济的发展，无法预测的天灾人祸、收入的不稳定、家庭养老功能的弱化、子女养老负担的加重等都对老年人的晚年生活保障造成了很大的冲击，这也促使老年人养老保障意识的增强和选择多元化的养老方式来抵御这种冲击。在对"您是否参加了社会养老保障"的访问中，有47.6%的被调查者选择了"是"，说明河南省老年人的养老保障意识正在增强。

三　社会性别视角下河南省老年人养老保障存在的问题

目前，中国正处于社会转型的加速期，而在养老保障制度的改革进程中，河南省老年人在养老保障方面还存在着诸多问题亟须加以解决。

（一）养老保障水平较低，仅能保障老年人的基本生活需要

河南省作为一个农业大省和人口大省，在老龄化的社会背景下，老年人的养老保障工作面临严峻的形势。老龄人口数量大、经济发展欠发达、农村人口比例过高都给河南省老年人的养老保障工作带来了重重压力，也使得河南省老年人的养老保障仅仅维持在保障基本生活需要的水平。就以养老保障中的医疗卫生保障为例来说明，医疗卫生保障是否充分，对老年人的晚年生活幸福具有重要的影响。在我们对周口市某个农村的访谈中得知，参加新型农村合作医疗登记手续本身就很烦琐，而报账手续更为烦琐，一般来说，都是农民自己先拿钱看病，然后到报账中心或信用社去报销，但有些村庄距离保障中心和信用社很远，来回需要花费很长时间，再加上有些农民对报销范围不太了解，跑了几十里路去了，却被告知这个病不在保险范围之内，理赔程序给农民增加了许多不必要的麻烦，降低了农民的满意度。在"如果您生了小病，您通常会怎么办"的调查中，有37.5%的被调查者选择了"及时看医生"，其中，男性老年人占到53.6%，女性只有46.4%；55.4%选择了"不去看病，吃点药"；7.1%选择了"不去看病也不吃药"，其中，男性老年人所占比例为33.3%，而女性的比例达到66.7%。在"如果您生了大病，您通常会怎么办"的调查中，有10.0%选择了"不去看病，能拖就拖"，37.0%选择了"简单看一下，不住院"，35.0%选择了"及时去看病"，15.0%选择了"去条件好的医院"，3.0%选择了"其他"。在"您在看病方面，最大的困难是什么"的调查中，有35.7%的被调查选择了"医疗费太高"，"附近没有好医院"所占比例为23.3%。从以上几组数据分析可以看出，河南省还普遍存在着看病难、看病贵的问题，这从一个侧面说明河南省大部分老年人的养老保障还处于维持基本生活需要的较低水平的养老阶段。而女性老年人相比男性，在看病难、看病贵的问题上面临着更为严峻的形势。

（二）老年人对养老保障认识不足，相关宣传工作尚不到位

对养老保障认识不足，这在农村老年人中表现得尤为明显。在
"国家对于老年人养老保障的政策，您了解多少"的调查中，其中
"没听说过"所占的比例为30.5%，"了解一点"的比例为66.2%，
"比较了解"的比例仅为3.3%。在养老保障认识不足这一方面，呈
现出鲜明的性别差异。女性老年人对养老保障的了解程度明显低于男
性老年人（见图2）。在"您了解养老保障有关信息主要渠道"的调
查中，通过"大众媒体宣传"的比例为29.5%，"政府社会保障机构
或保险公司的宣传"的比例为21.9%，"朋友或家人介绍"的比例则
为35.2%。可见，河南省老年人在了解养老保障有关信息的渠道中，
"朋友或家人的介绍"作为一个非正式的渠道，所占的比例却超过了
"大众媒体的宣传"和"政府保障机构或保险公司的宣传"正式渠道
的宣传，反映出在养老保障信息的宣传中，相关宣传工作尚不到位。

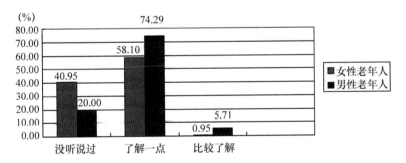

图2 男女老年人有关"老年人的养老保障政策，您了解多少"的情况

（三）养老保障政策存在性别差异，老年女性养老处于弱势地位

单从政策层面来看，中国的养老保障政策对于每一个劳动者都是
公平的。从社会性别视角来看，虽然男女两性在养老保障上都受到了
同样的关注，但男女两性在养老保障政策中的先天条件和后天收益并
不是相同的，女性老年人在养老保障政策中处于弱势地位。根据中国
目前最新的养老金缴纳和发放办法，基础养老金和个人账户养老金的

多少都和本人缴费工资和缴费年数有直接关系，本人缴纳工资越多，缴费年数越多，养老金待遇水平越高。从缴纳工资来说，从计划经济到市场经济的转变，各行各业竞争日趋激烈，女性在就业中的不利地位，造成女性就业率低，有相当一部分女性没有工作或没有正式工作，因而在领取养老保险金方面大打折扣。即使有相当一部分女性参加了工作，缴纳了养老保险金，但就目前我国男女两性工资水平来说，女性平均工资水平低于男性是不争的事实。因此，从缴费工资上，男女两性就不是处于平等的地位。

从缴费年数来说，根据中国的养老保险金领取办法，男职工年满60周岁，女工人年满50周岁，女干部年满55周岁，可以按月领取养老保险金。但男女退休年龄的不同，直接造成了男女在养老保险上收益的不同。男女退休年龄最多相差10年，也就意味着女性老年人比男性老年人的个人养老金账户上少了10年的积累。根据世界卫生组织发布的《2007年卫生报告》，中国人均寿命男性为71岁，女性为74.1岁，女性平均寿命长、退休时间早，因此女性的受保时间也相对较长。而按照现行的规定，个人账户领取的金额是个人账户的总积累金额除去计发月数，女性平均寿命的增长将使女性领取时间长，计发月数多，从而在同等条件下女性个人账户的养老金发放金额大大低于男性。

我们在调查中还注意到一个现象，在一定数量的家庭，女性的养老保障是依附于配偶或其他人的。在这样的家庭中，家庭成员中多有重大疾病需要人长期照料，或配偶工资较高，可以养活一家人，不会投身于家务劳动。因此，女性便承担起了照顾重病家庭成员、料理家务的责任。由于女性的这些付出都是非付薪式的劳动，在社会评价标准上没有被正式认可，一旦她们的依附对象发生重大变故，她们的养老顿时就失去了保障，成为养老保障政策中的边缘群体。

案例1：王奶奶的丈夫生前是一个企业员工，因为在单位上班期间遇到意外撞击而全身瘫痪。因此，王奶奶便从原来上班的工厂辞职不干，回到家里专门照顾老伴。几十年就是靠丈夫单位的赔偿金和补助金来维持生活。2009 年，丈夫因病逝世，王奶奶的生活一下子失去了经济来源，每月仅靠子女给的几百元生活，生活顿时陷入了困苦境地。

案例2：李大娘家在农村，老伴于十几年前已经去世。前两年经村里人介绍，和邻村的王大爷结婚，住到了一块儿。儿子强烈反对她再婚，认为是丢人现眼，以不再赡养进行威胁。女儿比较支持，认为晚年有个伴，可以互相照应。因为现在农村十年一动地，李大娘在邻村没有土地，只能靠王大爷的一亩薄田和女儿的接济生活。

可见，在现行的养老保障政策中，并没有注意到男女两性在政策中的差异性和女性自身的发展特点，导致老年女性陷入贫困的概率远远高于男性。养老保障政策中性别盲点的存在，迫切需要在养老保障政策制定和实施中引入社会性别视角，确保男女两性在养老保障政策中的公平和公正。

四 社会性别视角下解决河南省老年人养老保障问题的对策建议

养老保障关系到每一个劳动者的晚年生活的幸福安康，关系到社会的和谐稳定。为此，针对前述问题，我们提出以下建议。

（一）推进适度普惠制养老保障制度建设，制定和完善养老保障的法律法规

对于河南来说，在很长一段时间，和全国各地一样，养老保障仍是一种"补缺型"制度。随着经济发展和老龄化社会的到来，补缺型的养老保障制度越来越不能满足全省老年人养老保障需求，需要其向适度普惠制的方向转型。

适度普惠制的养老保障就是从社会公平、公正的视角出发，把养老保障的受益人群从一些特殊人群扩展到所有老年人，提高所有老年人的生活质量。把救济为主的养老保障措施转向公益性的社会养老保

障服务，在城市和农村的最低生活保障制度建立以后，老年人的养老保障就不应该仅仅局限于经济和物质的救助层次，而应该起到为老年人晚年幸福生活服务的职能。养老保障为经济建设服务的目标也应该转向促进社会公平公正，让全部老年人，特别是农村老年人和老年女性能够享受到改革开放带来的丰硕成果。这需要重点解决两个问题：一是农村老年人的养老保障需求的满足问题，应进一步把广大农民纳入社会养老保障的范围之内；二是对社会弱势群体养老保障需求的满足问题，应进一步关注老年女性参与养老保障的境况及其受益情况。这就要在现有社会养老保障制度的基础上，坚持低门槛的保障原则，扩大社会养老保险的覆盖范围，在制定参保政策、规定缴费金额时，考虑到不同群体的实际状况和需求，对于高龄老年女性、离婚丧偶老年女性等一些困难群体，给予适当的照顾政策，以满足养老保障中不同群体的多样化需求。

目前，我国养老保障的相关法律法规还不完善，迫切需要在总结现有经验和教训的基础上，进一步加大改革力度，不断加以完善。从养老保障关系到每个劳动者的切身利益这一点看，相关法律法规的不完善也不利于保障包括女性在内的劳动者的晚年生活。

（二）建立老年群体的利益表达机制和协商机制，确保养老保障政策能够真正满足老年人的养老需求

养老保障政策的有效制定，需要有科学的发展观加以引导。长期以来，我们在制定和实施养老保障政策的时候，简单地认为，对于老年人来讲，只要保障他们衣食无忧、吃饱穿暖和身体健康就可以了，却忽略了他们晚年生活自身的发展能力，以及提高生活品质的需要。在制定和实施养老保障政策和措施的时候，老年群体也常常处于一种缺位的状态，导致许多本身是为了照顾老年人、提高老年人福利水平的政策和措施却得不到老年人的欢迎和认可。从社会性别视角来看，老年女性尤其是农村老年女性的社会参与度明显低于男性，她们的养老需求往往更是不能得到及时有效的表达。因此，在今后的养老保障工作中，亟须建立老年群体的利益表达机制和协商机制，充分发挥包括老年女性在内的全体老年人参与社会建设、参与社会管理的主动性和积极性，认真倾听老年人的意见和建议，确保养老保障政策能够真正满足包括老年女性在内的全体老年人的养老需求。

（三）加大将社会性别意识纳入决策主流的力度，缩小养老保障政策中的性别差异

针对目前国内养老保障政策中存在的性别差异和性别盲点，我们可以在借鉴西方发达国家以及一些发展中国家经验的基础上，在养老保障制度设计及其整个运作过程中，进一步将社会性别意识纳入决策主流，使养老保障政策更能兼顾老年女性的利益，体现性别的公正性和平等性。譬如，针对女性因为承担生育和哺育子女的重任而导致在养老保障方面利益受损的情况，有的国家就建立了"家庭照顾的责任补偿政策"和"遗属津贴制度"来弥补这一缺憾。"家庭照顾的责任补偿政策"就是把女性生育、照顾小孩和做家务等非付薪式的劳动贡献，让专门机构进行评估和认定，确定其价值，由其配偶代其缴纳养老保障金。"遗属津贴制度"是西方国家针对男性工作、女性做家务的状况，在家庭的主要经济来源——丈夫死亡后，配偶和未成年子女可以获得遗属金，避免家庭基本生活陷入困境而制定的制度。由于女性平均寿命比男性长，因此这一制度的主要受益者是丧偶的妇女。在这一方面我们可以根据自己的情况加以借鉴。

此外，从社会政策运作的系统性出发，除了需要在养老保障政策中注重性别平等，还需要在退休政策、就业政策、教育政策等一系列政策中进一步强化社会性别意识，以提高女性在劳动力市场的竞争力和就业率，避免养老保障政策以外的性别歧视，形成全方位的体现性别公正和性别平等的社会政策运作体系，从而更好地提升包括老年女性在内的全体老年人的水平，促进整个经济社会又好又快地向前发展。

专题五　妇女社会工作

社会转型期的妇女社会工作[*]

我国传统妇女工作对促进妇女发展和国家进步起到了积极的作用，然而时至今日，传统的妇女工作已不能适应急剧转型的中国社会。社会的急剧转型引发了大量新的妇女问题，要求妇女工作以新的工作模式去应对。本文将重点论述转型期我国妇女社会工作整体推进的思路，即妇联组织的工作模式需进行现代转型，高等院校需强化对妇女社会工作的教研投入，社会力量特别是民间妇女组织需深度介入妇女社会工作，妇女社会工作的社会政策法规运行环境需进一步优化等。在此过程中，应努力构建"专业化、职业化、社会化"的三位一体模式，并朝着本土化的方向不断发展。

一 概念的提出及初解

当今中国社会正处于社会转型的加速时期，在此过程中，一切既有的事物都在现代理性的冲洗下回应着社会的变迁，谋求着自身的发展。社会工作与传统妇女工作的有机结合就是对转型中的中国社会的有力回应，也是中国社会转型的必然要求。在中国社会急剧转型的背景下，我们提出了"妇女社会工作"这一具有可操作性的、与时俱进的新概念，旨在使"妇女工作"实现由传统到现代的转型，更好地切合时代的要求。而研究中国"社会转型期的妇女社会工作"就

* 原载《妇女研究论丛》2004 年第 3 期，收录本书时有所修改。

更有其重要的现实意义。

那么，什么是妇女社会工作？学术界对此没有统一的定义。有的学者认为妇女社会工作是以妇女为案主的社会工作。有的学者认为妇女社会工作有狭义和广义之分：狭义的妇女社会工作，是指运用社会力量，对因生理、心理、天灾、人祸等因素造成的肢体残缺、功能缺损、患病无靠、流离失所的一般妇女提供人道主义援助，使她们医治创伤、减少损失、安居乐业，像正常人那样（或接近正常人那样）生活；广义的妇女社会工作，是指动员社会力量，创造有利条件，消除性别歧视，吸引妇女参与政治、经济、社会、文化和家庭等各方面生活，在社会实践中提高自身素质，增长才干，逐步实现自身彻底解放，达到真正的男女平等的工作。也有学者认为凡以女权主义为指导思想开展的社会工作或受性别主义观点影响开展的社会工作均可称为妇女社会工作。还有学者认为，所谓妇女服务是以妇女为发展主体，针对她们的需要，旨在提高妇女对自己的潜能及需求的认识，发展其独立自主、自决及自信的人格，并提高及扩展她们在生活上选择的服务。①

笔者认为，妇女社会工作也就是妇女服务，也就是在妇女自我成长过程中，在参与政治、经济、社会、文化和家庭生活过程中，一方面重点针对妇女遇到的群体或个体问题开展社会服务性工作，另一方面要为全体妇女的全面发展创造有利的社会条件和社会环境，其目的是为妇女的生存和发展提供服务。在具体运作上分为三个层次的工作，即救助、帮助和发展。救助是救妇女于危难的活动，舍此受助者就可能陷入深刻危机，如妇女的贫困、犯罪、吸毒等。帮助是就一般困难而言的，即一般意义上的服务。发展则是在受助妇女自认为面对未来能力不足的情况下社会工作给予的帮助，包括知识的增长、处理人际关系能力的增强、社会适应能力的提高等。其中，发展是最高

---

① 朱东武：《妇女社会工作》，载王思斌主编《社会工作概论》，高等教育出版社2001年版，第202页。

目标。

妇女社会工作以解决妇女问题和预防妇女问题发生为基本任务，理所当然地应以妇女问题为实践基础。只有把社会工作的视角引入妇女工作中，才能找到解决和预防妇女问题的有效办法。同时，只有从解决和预防妇女问题出发来开展妇女社会工作，以妇女问题作为妇女社会工作的实践基础，才能保证妇女社会工作的坚定根基和旺盛的生命力。

在此，应将"妇女工作""妇联工作"和"妇女社会工作"区别开来。这是三个既相联系又相区别的概念。一般地说，妇女工作是指"以妇女为对象，以为妇女服务为宗旨，主要依靠妇女来做的工作。它是包括党政及群众团体在内的社会各界都应当承担的一项工作"。妇联工作则是"主要由妇联组织去开展的工作"。所以说"妇联工作是妇女工作的一个重要组成部分，而非全部"。① 我国传统的妇女工作实际上包含两个层面的工作："宏观的社会政治层面的工作"和"微观的社会服务层面的工作"。② 我们今天不妨称为妇女政治工作和妇女社会工作。但在实际运作中，妇女政治工作被拔得较高，并凭借长期积累起来的宝贵的妇女政治工作经验，使这方面的工作开展得有声有色、卓有成效。而妇女社会工作却不能受到同样的重视，并因为没有介入专业社会工作，使这方面的工作开展起来不能得心应手，工作成效大打折扣。因此，"妇女社会工作"正是针对我国传统"妇女工作"内涵不足而提出的一个次属新概念。正如前述，妇女社会工作更强调"社会"二字，即专业社会工作的介入和民间社会力量的介入。因而，也就更强调为妇女服务的质量，即深度性、细致性和适时性等。所以说，"妇女社会工作"是对"妇女工作"的补足，是新时期"妇女工作"发展的内在要求。"妇女社会工作"因其所蕴含的社会工作的理念、方法与技巧而使妇女工作实现了从传统到现代的转

---

① 贾秀总：《对新形势下社会化妇女工作格局的思考》，《中华女子学院学报》2002年第1期。

② 朱东武：《妇女工作与社会工作之我见》，《中华女子学院学报》1996年第3期。

型，切合了转型社会的要求。当然，在此尤其需要作为妇女工作重要组成部分的"妇联工作"进行现代转型。

有鉴于此，我们说妇女社会工作的全新倡导就赋予了新时期妇女工作新的内涵。就工作理念而言，新时期妇女工作应在以马克思主义妇女观为根本指导思想的前提下，注意借鉴吸收西方女性主义的有益思想，并充分引入社会学、心理学等社会工作的基础理论，实现工作理念的现代转型。就工作方法而言，新时期妇女工作应在吸收传统妇女工作有效方法的基础上，积极引入社会工作的方法包括个案工作、小组工作、社区工作、社会工作行政与社会工作研究等，并将这些方法与中国的具体国情相结合，在本土化的推进过程中，创建出一套有中国特色的现代妇女工作方法体系。

在中国社会急剧转型的今天，大力倡导妇女社会工作不但会将妇女工作推进到一个新时期，而且更会直接有利于受助妇女和整个社会。对于受助妇女而言，妇女社会工作主要发挥着救难、解困和促进妇女发展等多种功能；对于社会而言，妇女社会工作主要发挥着维持社会秩序和推动社会进步的积极作用。也就是说，妇女社会工作主要通过解决妇女问题、预防妇女问题与介入相关政策等方式来推进社会的有序运作与协调发展。

二　传统妇女工作的回审与出路

目前中国大陆的妇女工作机构主要有以下几种：各级妇女联合会（简称妇联）系统、各级工会女工委员会、各种妇女工作委员会和民间妇女组织等。但长期以来，中国大陆的传统妇女工作是在缺乏民间妇女组织介入的情况下，由妇联工作一统天下，给人的感觉是"妇女工作"就等于"妇联工作"。这种工作模式带有很强的政治一统性，缺乏灵活的民间多元性，虽有助于在特定时期强力推进某项妇女工作，却不利于长期、广泛、全面、深入、细致和科学地开展妇女工作。

尽管存在上述缺憾，但长期以来，传统妇女工作却能根据国家不同时期的不同任务和妇女的不同问题大张旗鼓地开展工作，对促进妇女发展和国家进步起到了积极的作用，体现出与社会的一定程度的切合性。正如前述，我国传统的妇女工作实际上可以归纳划分为两大类："一类是宏观的社会政治层面的工作，主要包括代表妇女群众参政议政，争取男女平等、妇女解放；围绕党和政府的中心工作开展工作，团结、动员妇女投身于改革开放和社会主义现代化建设，促进社会发展；加强各族各界妇女的团结，维护和促进世界和平、祖国统一等。另一类是微观的社会服务层面的工作，主要是围绕妇女在自我成长、就业、婚姻家庭、子女抚养教育、赡养照顾老人等方面出现的困惑、问题或危机，向求助的妇女提供具体帮助，发挥她们的潜能，促进妇女的发展。"① 可以说，传统的妇女工作在发动妇女参加社会建设、在教育、引导妇女"四自"、在维护妇女合法权益、在家庭文化建设和为妇女提供服务等多方面取得了较大成绩，促进了妇女发展和国家进步，这是不能否认的。

然而时至今日，传统的妇女工作已不能适应急剧转型的中国社会。一方面是社会急剧转型引发了大量新的妇女问题，要求妇女工作以新的工作模式去应对。如网络中的妇女问题、离婚问题、"包二奶"问题、女性吸毒问题、女性自杀问题、妇女养老问题、媒介中的性别歧视问题、女职工生育价值的社会补偿问题，包括拐卖妇女、逼迫妇女卖淫、家庭暴力、性骚扰妇女、农村妇女土地承包权等问题在内的妇女权益受损问题、妇女劳动权益保护问题、女工下岗与失业问题、女大学生就业难问题、妇女参政议政问题、妇女贫困问题、流动妇女问题，等等。另一方面是传统妇女工作模式未能及时转型，面对蜂拥而至的妇女问题，显得力不从心、举步维艰。中国社会的急剧转型内在要求大力发展社会工作，提升为妇女服务的质量和水平，以从容应对层出不穷的社会问题对妇女的行动困扰和心灵困扰。这一功能

---

① 朱东武：《妇女工作与社会工作之我见》，《中华女子学院学报》1996 年第 3 期。

是传统的"偏重政治建构、淡化社工服务"的妇女工作模式所不充分具备的。因此,强化传统妇女工作模式中的社会服务功能是传统妇女工作实现现代转型的关键,也就是说强化妇女社会工作是妇女工作模式转化的关键。

传统妇女工作要实现现代转型必须克服其既有的弊端。目前要跨越的主要现实障碍如下。

一是妇女工作人员缺乏对社会工作的正确了解和认识,缺乏对妇女工作与社会工作关系的了解。这主要是因为社会工作专业在中国尚处于新兴发展阶段所致。

二是妇女工作人员缺乏社会工作专业训练,专业化水平整体较低。因为长期以来妇女工作主要是由妇联系统的职能工作所代替,从事这一工作的人员绝大多数没有受过社会工作的专业训练,缺乏社会工作的基本价值观、理论知识、方法、技巧。这就影响了她们进行社会工作的质量和效果,有时甚至事倍功半或事与愿违。

三是民间社会力量特别是民间妇女组织未能充分介入妇女工作中,学院培养出来的专业社会工作人员也未能充分介入妇女工作中,致使妇女工作不能有效整合社会资源,发挥出最大的工作潜能。

四是理论总结和研究工作的不足。尽管目前妇女工作者在长期的实践中积累了一定的实践经验,但这些实际部门的理论总结和研究工作仍比较滞后,致使妇女工作常常缺乏务实的理论指导,影响了工作的进程和质量。与此同时,高等院校和科研机构的妇女工作研究却往往因为缺乏社会工作的理论视野和妇女工作的实践运作而难以成为指导妇女工作的先进理论武器。

五是对社会政策和法律法规的介入不足。在社会转型中涌现了大量妇女的新问题,需要相应的社会政策和法律法规及时予以规范,妇女工作对此应该有效介入。但传统妇女工作对转型社会不能积极回应,在为妇女服务方面拓展得还不够深入,因而发现问题不及时,事实把握不充足,对提请和修改政策法规缺乏敏锐的介入,致使相应的政策法规难以及时优化,有效地服务于妇女。

当然，从宏观的社会运行视角和微观的妇女工作运行视角来看，传统妇女工作中所存在的缺憾远不止上述这些，如果我们能使社会工作深度介入妇女工作中，就可以以点带面地开拓妇女工作新局面。

三 转型期妇女社会工作的整体推进

转型期的妇女社会工作是一个动态的开放系统。我们知道，随着社会的进步和人们对社会问题认识敏锐度的提高，妇女问题将不断涌现，妇女社会工作的领域也将不断扩大。妇女社会工作的加盟将使妇女工作的范畴更为宽泛，一些不被传统妇女工作列入视野或有所轻视的问题也将被纳入妇女社会工作的重点范畴内，例如遭遇性骚扰的妇女的心理治愈问题、家庭暴力侵害中的妇女的心理康复问题等，这无疑会加深妇女工作的力度。因此，在新时期将"妇女社会工作"整合进"妇女工作"的概念之中，就会使"妇女工作"更具科学性和时代感。即一方面能突显妇女工作理论与方法的科学性和学科性，更好地吸纳妇女参与到这一工作领域中来，如妇女社区工作的广泛开展就是一个实例。另一方面，也能更好地与世界妇女工作的发展潮流相接轨，加快中国妇女工作的国际化进程。正是为了更好地服务于妇女，在社会转型期整体推进妇女社会工作就有了时代的紧迫感。

妇女社会工作的强力推进必然会使妇女工作出现社会化的工作格局，这也正是中国妇女"八大"提出的妇联工作的一项重要内容。在社会转型的新形势下，党和政府在构建社会化妇女工作格局中依然处于关键地位，起着保障作用，这是毋庸置疑的。但作为一项系统社会工程，妇女社会工作仍需要包括妇联在内的各级有关部门和包括妇女工作者在内的社会各界人士，共同去实践和思考。妇女社会工作的深入发展是一个长期的历史过程，既需要法制作保障，教育作基础，更离不开妇女自身在参与中寻求发展的内在需求。其中，妇联组织工作模式的现代转型是重中之重。

（一）妇联组织的工作模式需进行现代转型

在社会转型的新形势下，妇联组织应有新的工作思路，承担起新的任务，大力开展妇女社会工作，以满足不同阶层妇女的不同需求。为此，必须强化以下工作：

一是要在妇女工作人员中普及社会工作的一般知识，使妇女工作人员正确了解社会工作，了解妇女工作与社会工作的关系，逐步树立为妇女服务的专业社会工作思想。

二是要在妇女工作人员中大力开展有本土化特色的社会工作教育和训练，促使妇女工作人员在助人价值观上实现现代转型，并尽快掌握社会工作的理论、方法与技巧，创造性地运用于妇女社会工作之中。在此，"本土化"有两层含义，其一是与中国社会的实际情况相结合，其二是与妇女工作的实际情况相结合。只有这样，"本土化"才能落实，才能快速见效。在"本土化"的过程中，妇女社会工作者的助人价值观要吸纳西方社会工作助人价值观的适宜成分，将社会工作者尊重他人、平等对待求助者的助人价值观注入"妇女娘家人"的助人价值观中，根据不同案主的情况，灵活加以运用，以满足不同妇女的求助需求。当然，西方社会工作的"本土化"是一个不断摸索的过程，以个人主义和重视隐私权为基础的西方社会工作模式在应用时应极为谨慎。某些原则，如个人自决和非指导性等，必须按照中国案主的实际需求进行修正。刘梦等对妇女热线咨询的研究发现，指导性原则与西方的自决原则相反，在中国案主身上具有更大的适用性。因为中国传统文化从来不鼓励妇女有自决行为。现时的社会文化也要求人们尊重权威。这样，热线求助的妇女有理由相信，咨询员具有权威性，是有学问的人，她们能够为自己提出解决问题的方法。[①] 所以，中国妇女社会工作者应尽量为求助妇女提供她们需要的信息和资料，把握好指导的度，同时鼓励求助妇女寻求自我解决问题的途径。

---

① 刘梦、张叶芳：《中国社会工作本土化过程分析》，《新华文摘》2002 年第 3 期。

三是要大力开展理论总结和研究工作，促进妇女社会工作向专业化和学科化的方向发展。妇联在长期的妇女工作实践中有一些可行的经验值得去推广，有一些失败的教训值得去铭记，这些成败得失需要从理论的高度进行提炼，并将之与西方社会工作理论进行有效整合，系统梳理出中国化的妇女社会工作理论与方法体系。这样，才能更有效地指导妇女社会工作，收到事半功倍的效果。譬如妇联实践的"用活动去吸引、用服务去凝聚、用典型去带动、用协调争取支持、用联谊扩大团结"① 的群众工作经验就可以与西方以个人心理辅导为本的微观社会工作有机结合，升华为宏观—中观—微观相结合的中国化的妇女社会工作理论体系与方法体系。

（二）高等院校需强化对妇女社会工作的教研投入

目前，我国社会工作（包括妇女社会工作）在专业化、职业化、社会化等方面存在严重的不足与问题，这也与我国高等院校对社会工作（包括妇女社会工作）的教研投入不足有关。在我国高等院校，社会工作专业属于新兴的专业，一般都处于尚未被深度认可的地位，难以得到校方必要的财政支持和政策扶助。在这种情况下，专业建设所必需的专业实验室在不少院校尚未问世，实习基地建设严重不足，送师资出去培训开展不够，跨地区的专业学术交流也没有广泛开展，这就影响了社会工作的专业化水平。社会工作的现有专业化水平又进一步制约了社会工作的职业化水平和社会化程度。在这种大环境下，妇女社会工作的教研处于低水平状态，妇女社会工作的职业化和社会化举步维艰。一方面，许多设有社会工作专业的高等院校因为师资缺乏或重视度不够而没有开设妇女社会工作课程，不能为社会输送急需的专业妇女社会工作人员。另一方面，开设妇女社会工作课程的许多院校因为师资欠专业化和实训基地缺乏而不能为社会输送合格的专业

---

① 贾秀总：《对新形势下社会化妇女工作格局的思考》，《中华女子学院学报》2002年第1期。

妇女社会工作人员。因此，如何强化高等院校对妇女社会工作的教研投入，使妇女社会工作的教育和科研更好地为妇女社会工作的职业化和社会化服务，是摆在高等院校面前的时代重任。在这方面，中华女子学院做了有益的探索。据悉，中华女子学院与加拿大马尼托巴大学正在积极合作，联合全国妇联、中国社会科学院等开展为中国农村妇女社会工作培养人力资源的培训项目，并申请加拿大国际发展基金的赞助。项目计划用6年时间，在北京、四川和内蒙古三地试点，开展对县、乡和村镇妇女干部社会工作能力与服务素质的培训，以向农村女性提供更好的社会服务，并在全国推广，以改善农村妇女状况，推进男女平等和保护妇女权利。项目如果成功，必将对我国妇女社会工作的整体提升产生积极而深远的影响。

（三）社会力量特别是民间妇女组织需深度介入妇女社会工作

妇女社会工作需要广泛的社会支持网络才能生机勃勃地开展起来。转型期的妇女社会工作必须打破以往由妇联一统天下的局面，必须注入更多的民间力量，尤其要放手让民间妇女组织深度介入妇女社会工作中，让大学和科研机构中的社会工作学者和学生深度介入妇女社会工作中去，让现有社会工作人力资源都能找到为妇女服务的工作平台。比如，在当前的社会格局中，中国基层社区正逐步承担更多的社会服务职能，社会力量特别是民间妇女组织可以在社区建设中大有作为。社会工作者可帮助社区妇女从整体上评估自身需求，找出重点，获取技能，开发资源，组织相应项目和活动等，在促进社区发展和社区资源建设的过程中，促进妇女的发展。也可以从微观角度入手，为有需求的妇女个体提供咨询和辅导服务，以协助她们解决问题。多元化的民间社团的发展与介入必将有助于妇女社会工作广泛、深入地开展起来。

（四）妇女社会工作的社会政策法规运行环境需进一步优化

社会转型时期的妇女社会工作除了可以在中观、微观层面上有所作为，还可以在宏观社会政策的运作上有所作为。中国社会的急剧转型，使社会政策难以同步跟进，造成了政策运作上的误区和盲区。妇女社会工作者可以利用投入妇女社会工作的优势，及时发现与妇女有关的社会政策法规运作的不足，及时向有关部门进行信息反馈，推动妇女社会政策法规运作环境走向优化。

总之，中国妇女社会工作需本着"宣传普及、教育培训、实践创业"的发展途径，努力构建"专业化、职业化、社会化"的三位一体模式，[①] 并在本土化的运作过程中不断地寻求自我的发展，寻求社会工作的发展，以更好地服务于妇女，服务于社会。

---

① 王辅贤、王启智：《试论我国社会工作的专业化、职业化与社会化》，载王思斌主编《转型期的中国社会工作——中国社会工作教育协会 2001 年会论文集》，华东理工大学出版社 2003 年版，第 41—42 页。

倡导企业性别多元化
建构先进性别文化[*]

性别平等是一个历史的问题，也是一个世界性的问题。实现性别平等，已经成为促进社会进步和人类自身发展的需要，也是整个国际社会为之努力的目标。在我国，为了推进性别平等，在宏观层面上，党和政府将性别意识逐步纳入了决策主流，从立法及政策导向出发，通过维护女性的合法权益来促进性别平等；在微观层面上，各级政府和组织力图将性别平等的工作做到家庭乃至个人；然而在中观层面上，对于企业这一市场化主体，性别平等的工作还存在着更多的障碍，还有更长的路要走。而倡导企业性别多元化可以说是实现真正意义上的性别平等的有效途径。在此，我们有必要加以认真探讨。

一 企业性别多元化的理论意义

（一）企业性别多元化概念的界定

企业性别多元化指的是企业打破传统的性别刻板印象及性别分工界限，所有员工无论男女均享有平等的职业发展机会。

企业性别多元化的目的在于打破两性二元对立，模糊传统的严格的两性分工的界限，使男女两性享有充分的自由，根据自身的特点实现自我价值，即女性可以发挥所谓的"男性特质"，男性也可以发挥

---

* 原载《企业活力》2007 年第 11 期，收录本书时有所修改。

所谓的"女性特质"，而不受传统角色分工的束缚。

企业性别多元化的精髓在于尊重企业员工的个性，不管什么性别，让员工做他自己，从而使员工保持最好的状态，充分发挥其个人的才能。

企业性别多元化的意义在于，在市场经济的影响下，为了追求经济利益最大化，企业在人才招聘、员工使用与提升、福利待遇等方面往往将女性置于不利的境地，压制了女性潜能的发挥；与此同时，也从某些方面阻碍了男性潜能的挖掘。这种做法不但有悖于企业所担负的社会责任，而且严重损害了企业的形象和综合效益。因此，我们需要寻找新的突破口，运用社会性别视角来建构多元化的先进性别文化，从而引领企业走出传统性别建构下狭隘的人力资源开发困局，最大限度地调动企业员工的劳动潜能和劳动积极性，实现企业经济效益与社会效益双重目标的追求，最终带动整个社会的和谐发展。

（二）性别多元化与性别平等两个概念的比较与澄清

社会学界一般把性别平等定义为男女两性在群体、集体和社会中享有同等的地位、权利和声望。然而受传统性别文化的影响，即使在现阶段，女性在社会生活中还处于弱势地位。为了改变女性这种弱势地位，人们总是试图通过将女性"提升"至和男人同样的高度来实现两性的平等。然而，一提到"性别平等"，很容易使人认为：女人和男人一样即为平等。特别是在职场这些充满竞争的社会领域，"性别平等"往往意味着女性要忽略掉自身的特点向男性标准看齐，在能力、分工、职位、责任等方面和男性达到同一水平来实现所谓的"平等"。但这种"平等"事实上是以男性为坐标的平等，在本质上是一种伪平等。比如一个公司如果更赏识阳刚之气，那么女员工可能会为了得到赏识而压抑自己的本性来表现自己强硬的一面。但是这样做不仅会让员工戴上面具，隐藏个性，也会让公司在激发员工创造力、积极性上受到损失。

"性别多元化"的提法在尊重个体的特性和差异性的前提下，打破隐藏在"性别平等"概念中男女二分法的预设以及以男性为标准的预设，避免人们对于性别平等的错误认识。它通过颠覆非此即彼的传统性别思维模式，来促进人的自由全面发展，最终实现真正意义上的性别平等。而企业性别多元化则是企业在性别多元化思路引导下的人力资源管理的策略性措施，它有助于打破传统性别文化下的性别刻板印象及性别分工的壁垒，充分调动每个员工的积极性，在员工实现自我价值的同时也赢得企业的发展。

二　企业性别多元化的现实意义

在全球化背景下，市场经济成为社会经济体系发展的主要方向，企业发挥出越来越重大的作用，影响着社会生活的方方面面。因此，企业性别多元化也就具有了重要的现实意义。

（一）企业性别多元化对于企业层面的意义

许多人力资源管理学的研究者，如坎特、孔茨、罗宾斯等，他们均提出了组织应吸收不同的人员从而使其员工多样化的问题，其基本思想是，员工多样化可以带来工作的满足感，并激发工作效率。特别是罗宾斯，他一再强调女性在管理中的独特作用，他把组织包含适当数量的男性和适当数量的女性即员工的多样性看作组织的特征之一。

在全球化时代的今天，多元化和包容性已经成为人力资源管理的发展趋势。多元化团队以其属性的多样性为特征，有利于培养出多元化和包容性的文化氛围，而员工不同特质的碰撞又可以产生出巨大的行动力和创造力来促使企业目标的实现。企业性别多元化的人力资源管理策略便是基于此种理念，它在有效地消除性别隔离和"玻璃天花板"现象的同时，充分实现团队的异质性，达到员工和企业双赢的效果。

（二）企业性别多元化对于社会层面的意义

当今时代，企业作为市场的主体，作为社会的重要组成部分，任何人都不能忽视它的巨大影响力。"当多元化管理不是某个企业的孤立行为，而是众多企业的普遍行为时，企业多元化管理所产生的影响就不仅限于企业本身，而且会波及全社会，尤其是实行市场经济体制的社会。"企业通过性别多元化模式在提高自身经济效益和社会效益的同时，可以作为示范带动整个社会对两性人力资源的重新认识和挖掘。或许在不久的将来我们可以利用企业性别多元化管理的经验，来倡导公共部门和政治领域的多元化和包容性，继而将其推及更广的社会生活领域，最终促使整个社会实现真正意义上的性别平等和人性解放。

（三）性别多元化对于建构先进性别文化的重大意义

先进性别文化是指与时代发展和社会发展相适应的，有利于男女两性平等、公正、和谐生存与发展的文化。构建先进性别文化的目的是要以科学进步的性别观逐步取代人们普遍认同的传统性别观，扭转人们对男女两性认识的偏差，通过取得先进性别文化的社会认同，达到男女两性平等参与、共同进步、共享发展成果、共同促进经济和社会全面发展的目的。

"女性化""男性化"其实并不是女人或男人固有的本质，不是无限和普遍的，而是社会的、历史的、政治的和情境的建构物。在人身上本来就存在着两种性别的特质，或者说人在社会中本来是无男女之分的，只是父权制文化为巩固其地位，将男女两性塑造为它所需要的形象，压抑男性身上的女性因素，否定女性身上的男性因素。性别多元化正是从后现代解构主义的视角出发，打破这种传统性别文化所设置的男女二元对立，颠覆以男性为中心的文化霸权，冲击原有的男尊女卑的社会规则和框架。另外，性别多元化强调以人为本，充分尊重每个个体的特性和差异性，打破传统的性别文化对人性的束缚。同

时，性别多元化的概念还可以避免我们在追求性别平等的过程中陷入
"等同论"或"差异论"的误区。总之，性别多元化是人之全面发展
的要求，是对人类被压抑面、被分离面的整合。它本着人道主义平
等、博爱、自由的思想，结合了平等、差异两种倾向，构想出性别形
象的新模式，符合性别平等、公正、和谐生存与发展的需要，与时代
发展和社会进步相适应，是一种新的先进的性别文化。

三 企业性别多元化的实现路径

在传统的性别文化影响下，现阶段，女性还处于相对弱势的地
位。因此，企业性别多元化也应将关注的重点放在女性身上。在企
业性别多元化的实现路径方面，IBM 和 MOTOROLA 两家跨国公司
的性别多元化项目开展得卓有成效，以下几点非常值得我们参考和
借鉴。

（一）对员工的家庭生活提供帮助和支持

包括建立儿童护理中心，为员工子女提供全天的照顾和护理；开
设与家庭生活相关的课程，如烹饪课、运动课等，帮助员工提升生活
质量。同时，充分贯彻以人为本的理念，提供宽松的停工留岗方案，
尊重和支持员工的家庭生活，如母亲产假可以休息6周到8周，工资
全额支付；父亲和养父母可带薪休息两周；员工可以停职留岗2年至
3年。

（二）将性别视角纳入职业生涯发展的辅导中

以前，不管是企业还是员工在对职业生涯的辅导和规划的过程中
总是缺乏社会性别视角。而如今性别维度的介入使企业更加关注女性
的人力资源特点，在人力资源开发的过程中会考虑到女性的特殊需
求，考虑到女性的多重角色，会加强女性对资源的掌握、控制和利用
的保障，会更重视女性在企业中的参与，把女性作为企业发展参与的

主体来看待。IBM 公司在对女性员工的职业生涯辅导的过程中就特别引入了社会性别视角，其具体措施包括：（1）设立"女性读书会"。每一个季度公司组织女性员工聚在一起，彼此分享读书心得，共同提高自己的工作认识。（2）开展"女性职业生涯研讨会"。公司一般每两个月会请来一些 IT 界的高级主管来与女性一起分享成功经验，给女性提出针对性的建议，帮助女性员工明确职业生涯规划。（3）实行"导师制"。公司为每位员工配备一名导师，导师会定期与员工谈话，针对员工工作、生活中出现的各方面问题提出相关建议。导师制使得女性员工有不断学习、获取经验的机会，其工作能力、自我认识都处于不断地进步之中，而且有利于公司内部凝聚力的形成。

（三）为女性员工的职业提升提供政策性支持

IBM 公司建立技术女性项目，实施"接班人计划"，主要内容是一般一个经理人要选出三名接班人，其中必须至少有一名为女性。而与此同时，MOTOROLA 公司推出的性别多元化模式的目标是：管理层女性应达到管理层总人数的 40%。

除了上述可供借鉴的经验外，企业性别多元化还应将视野扩展到更新、更广的领域。如企业应鼓励有相应能力及兴趣的男性涉足所谓的传统女性工作领域，并为他们提供同等的机会与平台；此外，不仅是针对女性员工，企业应该加强对所有员工家庭生活的关注，在企业文化层面倡导家庭友好理念：无论男女承担家庭责任都要受到理解和尊重；再者，企业可以建立促进性别公正与和谐的社会组织，在扩大企业影响力的同时，积极组织两性参与各类有益的活动，推进性别多元化在更广的社会领域传播等。

总之，我们希望借助企业这一平台，将性别多元化的模式推广至整个社会，在全社会范围内建立起新的先进的性别文化，以科学进步的性别观逐步取代人们普遍认同的传统性别观，扭转人们对男女两性认识的偏差，最终实现包括女性在内的人的全面发展和整个社会的和谐发展。

下岗女工再就业的现实困境
及其社会工作的介入[*]

一　下岗女工：职业变动中的弱势群体

20 世纪 80 年代末，我国企业进行体制改革，一些行业开始出现女职工下岗的现象。20 世纪 90 年代以来，企业改革继续深化，不断调整内部产业结构，进一步改革劳动用工制度。这在把企业推向市场的同时，也将女职工推向了市场。在激烈的市场竞争环境下，女职工下岗问题已成为社会关注的热点问题。

女工下岗是指企业通过某种办法（如优化组合、鼓励提前退休、放长假等）使在岗女工离岗的现象，它包括硬性剥离（通过辞退手段）和某种形式的变通（停薪留职、休病假）行为。①

女工下岗有其社会运行的客观原因，也有女工自身（包括人力资本、社会资本等）的主观原因。下岗给女工带来的不仅是社会角色的改变，也带来了生活角色的改变；不仅产生了心理的冲击，也产生了对生活的冲击；不仅造成了近期的改变，也对长远造成了挑战。对于大多数女工来说，下岗给她们带来了阶层位序的下移和家庭地位的下降，影响着她们在劳动力市场的再就业。

下岗女工成为职业变动中的弱势群体。在遭遇了下岗这一巨大的

———————

　＊　原载《中华女子学院山东分院学报》2008 年第 2 期，作者为蒋美华、党曼，收录本书时有所修改。

　①　马大力：《试论社会转型期的女工下岗问题》，《学术交流》1995 年第 6 期。

职业变动之后，虽有一部分失业女工通过不同的途径实现了再就业，但还有相当数量的下岗女工没有或正在寻求工作。面对劳动力市场供大于求的竞争激烈的现状，下岗女工要想重获职业地位，重构社会地位和社会身份，顺利续接职业变动的链条，急切需要专业化、职业化、社会化、本土化的社会工作的介入，并卓有成效地开展相关服务。因此，关注下岗女工再就业的现实困境及其社会工作如何介入并为之服务便成为本文研究的重心。

二 下岗女工再就业的现实困境

下岗的出路是再就业。为了稳定社会秩序，帮助下岗人员再次走上工作岗位，我国政府在 1993 年 11 月提出了"再就业工程"。再就业工程启动以来，确实是为许许多多的下岗人员包括下岗女工提供了工作岗位，但我们也应看到仍有许多下岗女工在劳动力市场上处于尴尬境地。

这种尴尬处境首先源自下岗女工的再就业心理。在经受了下岗之初的巨大心理冲击后，下岗女工迫于种种压力，一般都有强烈的再就业愿望。除了身体有严重疾病者外，几乎所有的下岗女工都尝试过重新就业。然而在再就业过程中，不少下岗女工存在心理误区，表现为：一是苛求心理。下岗女工中有不少人在再就业过程中总是以苛求的心理来寻找工作。她们习惯于把原来从事过的工作定为再就业的参照标准，认为自己现在找的工作一定不能比以前的差，比如脏活累活不能干，待遇低的不能干，工作声望不高的不能干等。这种苛求心理在再就业的初期表现得尤为明显，这一方面降低了下岗女工再就业的积极性，另一方面也降低了再就业的成功率。二是从众心理。在再就业过程中，下岗女工从众心理较强，缺少个人主见。很多女工下岗后，不是主动地挖掘个人的工作潜力，不是创造性地开辟工作领域，而总是习惯于跟在别人的后面持观望态度，看别人干什么，自己就干什么，由此也失掉了很多可以把握的工作机会。三是依赖心理。在再就业过程中，有的下岗女工依赖心理较重，总是把再就业的希望寄托于政府的扶助，缺乏竞争就业、自主择业的精神。四是消极心理。部分下岗女工不愿参加相关职业培训，虽然有的是因为经济困难，但更多是认为都三四十岁的人了，学不会新知识，即使学会了，也不一定能用得上。以上种种心理，都影响了下岗女工在劳动力市场的再就业。

其次，下岗女工在再就业过程中因为自身的女性身份，不可避免地面临着劳动力市场的性别排斥。在中国社会转型的过程中，确实形成了一个下岗女工的社会排斥系统。其中社会保障体制缺失、劳动力市场失效和社会网络弱化，都使得下岗女工不断地被社会边缘化。同时在这三重因素的作用下，对下岗女工的社会排斥还呈现出一个动态的过程，下岗女工的物质（经济）资本、符号资本与社会资本在此过程中也不断降低。最终，在体制内的劳动力市场上，下岗女工在政策层面和利益层面均被边缘化。然而为了配合国有企业改革，下岗女工付出的代价不仅是被排斥出体制内劳动力市场，由于技术、年龄、性别等因素，她们也越来越多地受到来自体制外劳动力市场的排斥。下岗女工往往劳动技术单一、技术水平较低，很难适应新兴行业的需要；而且女工中年龄偏大者居多，大多处于35—45岁，这就更使得她们难以进入追求年轻化的体制外劳动力市场。因此，技术水平低和年龄较大成为阻碍下岗女工们再就业的关键因素。更重要的是性别的不利因素在技术因素及年龄因素作用下更为突出，成为影响下岗女工再就业的重中之重[①]。

此外，下岗女工在再就业过程中还面临着以下客观困难。

其一，对非公有制经济的信心不足。新增的就业机会主要集中于非公有制经济领域，然而非公有制经济发展的稳定性以及在劳动关系领域中存在的各种问题，在很大程度上影响着人们的选择。从总体上

---

① 石彤：《社会排斥：一个研究女性劣势群体的新的理论视角和分析框架》，转引自《中国社会工作研究》，社会科学文献出版社2002年版。

讲，我国的非公有制经济还处于起步阶段，规模普遍较小，市场竞争能力和抗风险能力还很弱，同时也不像国有经济能受到国家的特殊照顾，所以很难对它们的发展前景做出准确的预测。因此，下岗女工对在非公有制经济领域就业的信心不是很足。

其二，劳动力供需矛盾突出。下岗女工文化素质偏低，年龄偏大，缺乏专业劳动技能或劳动技能单一，在市场经济中处于弱势。她们所熟悉和工作过的行业主要是纺织、机械、食品、轻工等，而这些行业由于市场竞争激烈，容纳劳动力的能力呈下降趋势。有限的劳动岗位和市场对劳动者技能素质的要求都给下岗女工的重新上岗带来困难。

其三，社会保障制度尚不完善。这也是一些下岗女工滞留原企业中的根本原因。目前失业保障制度尚不健全，一些企业的失业人员只能领到很少的保险金。在这种情况下，有的下岗女工一边享受企业生活补贴和有关待遇一边从事其他经济活动，不愿意离开原来所在的企业，就是不希望失去基本的生活保障。由此，社会保障制度的不健全就成为下岗女工再就业的现实障碍。

其四，劳动力市场的需求主体不到位。国有企业改革至今困难重重，企业仍不能脱离各种羁绊而成为自主经营、自负盈亏的市场主体，因而也就不可能成为自主选择职工的劳动力市场的需求主体。与此同时，全国各地建立的职业介绍机构普遍存在不够规范和完善、效率不高、服务不到位等问题，对下岗女工再就业所起的作用非常有限。

其五，有关方面对下岗女工的安置工作重视仍不够。这突出表现在：认识不到位——大批下岗女工被推向社会，得不到安置，增加了社会、企业和家庭的不安定因素，严重影响了改革的整体利益；措施不到位——安置下岗女工的相关措施需要将如何维护女职工劳动权利考虑进去，使安置工作有法可依；监督不到位——当前与就业和再就业相关的规定相继出台，在实施过程中，工会及有关组织有义务监督检查，但在相当一部分地区和单位并没有把监督工作放到应有的位置①。

综上所述，下岗女工在再就业中面临的现实困境迫切呼唤着社会工作的介入与有效服务。

三 社会工作介入下岗女工再就业服务的相关运作情况

（一）各级妇联的妇女社会工作实务

就省市级妇联来说，由天津市妇联负责运作的天津市"小额贷款"项目非常值得思考和借鉴。此项目始于 1999 年 12 月底，截至 2000 年 12 月底，共分期分批向 302 名下岗女工发放了小额贷款，贷款总金额 122 万元。到目前为止，贷款回收率为 100%。从社会工作的角度分析天津妇联的小额贷款项目，其成效较为明显。其一，小额贷款项目在满足下岗失业妇女再就业资金需求的同时，其组织和活动方式为发展妇女的互助网络和沟通渠道创造了条件和可能。其二，小额贷款项目与以往许多政府部门提供的福利不同，其服务的色彩比较明显。项目工作人员通过类似社会小组工作的手法，建立与服务对象之间的联系，同时利用妇联组织的有利身份，去帮助服务对象与有关管理部门和人员协调，以解决服务对象的问题，维护她们的利益。上述做法对于改善服务对象生存状况具有重要的作用和意义。然而天津妇联的小额贷款项目也存在较为明显的不足。由于认识和素质的限制及专业知识的欠缺，项目工作人员在为服务对象提供服务时，往往并非出自自觉的意识和行为，一些做法的随意性很强，在一定程度上影响了服务的最终效果。从社会工作的专业视角来看，工作人员应将参与者自助能力的提升放在项目设计中的重要位置，项目应当全面考虑服务对象的发展和需要，而

---

① 王毅平：《城市下岗女工再就业问题探析》，《东岳论丛》1999 年第 5 期。

不仅是为其提供某一方面的帮助①。因此，在下岗妇女的再就业服务中，开展专业的社会工作助人实践具有宽广的空间和迫切的需求，应不断强化社会工作的理念和方法在具体工作中的推广和应用。

就城市基层妇联的妇女工作来说，济南市某区妇联创建的"知心大嫂"服务中心非常有代表性。"知心大嫂"服务中心是济南市某区妇联为促进下岗女工再就业而具体实施的"巾帼社区服务工程"之一。"知心大嫂"服务中心内设家政服务、"月嫂"服务以及相应的培训服务，它在为下岗女工提供再就业岗位的同时也解决了社区居民的生活难题。到 2002 年 11 月为止，已有 2000 人次下岗女工接受了家政服务的免费培训，1500 余名下岗女工实现了家政服务再就业。2003 年有 30 名下岗女工接受"月嫂"部免费培训后上岗就任。"知心大嫂"服务中心的工作得到了机构自身服务提供者、服务使用者、政府和上级妇联等社会各方面的较好评价，同时它也反映了目前中国大陆大多数基层妇联组织为下岗女工提供再就业服务的一般情形。但从专业社会工作的角度进行评估，就会发现"知心大嫂"服务中心为下岗女工开展服务与专业社会工作服务还相距甚远。具体来说，在服务理念上，"知心大嫂"服务中心体现的是"我为主体"的助人理念，而非专业的"助人自助"的社会工作理念。这种理念的限制只能使服务对象始终会依赖机构而不想独立，也不能独立，使得服务机构成为服务对象永远的"拐杖"。而专业社会工作所强调的"以人为本"、对人的自决和个人选择权的尊重等价值观，在服务中心针对下岗女工的服务过程中体现并不明显。如家政服务，其培训内容的选择和决定、工资以及一些相关政策的制定几乎全是由中心人员自己完成，而下岗女工并没有参与其中。从机构目标来看，服务中心关注的是短期目的、短期行为的"事工目标"（任务目标），而未关注社会工作"增强权能"理论中所强调的比"事工目标"更重要的"过程

---

① 方炼：《从小额贷款服务思考社会工作助人实践——以天津市妇联"扶助下岗女工再就业与创业小额贷款项目"为例》，转引自古学斌、阮曾媛琪《本土中国社会工作的研究、实践与反思》，社会科学文献出版社 2004 年版，第 343—375 页。

目标"，即提升社会意识和个人的权能感，发现人际技巧、强化批判性的思考、提升解决问题的能力以及对制度、政策等的挑战和干预。从服务过程的需求来看，下岗女工的主体需求，如工作价值需求、尊严的需求、参与的需求、心理的需求、适应需求、自我认知需求和增强权能需求等往往存在着被服务的真正接受者用户或机构所剥夺和侵犯的问题。从工作人员的专业素质来看，大部分人员都没有经过专业社会工作知识的学习和培训，因此在服务过程中，社会工作的价值观、理念、理论知识、工作的方法和技巧很难得到具体的运用；工作人员处理问题时基本沿用的是行政化的管理控制式和说服教育式，缺乏个案、小组等社会工作的方法与技巧。就服务介入的层面而言，服务中心只关注了个人层面的内容，而忽视了人际层面即下岗女工之间、女工与工作人员之间等支持网络的建立。另外，机构没有对中心项目实行定期的、相对完善的"以人为本"的、关注当事人权能增长的评估制度；培训的内容和整个过程也没有很好地体现出下岗女工的主体性和参与性；在宣传方面对社区居委会和每一个与此相关联的关系者开发动员还远远不够。

总之，从专业的社会工作角度出发，相当一部分基层妇联组织仍未能成功地转变自身的职能和角色，依旧按照传统的行政化的管理方式，忽视了服务主体的需求；同时，由于受到了市场行为的影响，各级妇联组织在服务理念上过于注重社会效益和经济效益，而忽视了人的发展，全人的发展[①]；最后，由于缺少专业的社会工作理论知识指导和社会工作者的专业技巧，导致实际工作中助人自助意识和方法的普遍缺失。

（二）民间妇女组织的社会工作实务

在我国，为下岗女工服务的民间妇女组织是基于社会需求的不

---

① 张洪英：《从专业社会工作的角度看城市基层妇联的服务工作——以"知心大嫂"服务中心为例》，转引自古学斌、阮曾媛琪《本土中国社会工作的研究、实践与反思》，社会科学文献出版社 2004 年版，第 279—309 页。

断增加而应运产生的，数量相对还较少。但它们作为妇联组织的有力补充，更能体现以人为本的服务理念和专业社工的助人精神。如上海市女子平民学校，对下岗妇女进行实用技术培训；河南省郑州市丰乐社区的社工服务站也尝试着用专业社工知识为下岗女工提供服务。另外，其他各地的民间妇女组织也通过各种方式为下岗女工提供就业辅导、心理咨询、生活帮助等多种服务。在实践运作中，民间妇女组织需要进一步强化以下方法与技巧的运用：其一，建立互助小组。民间妇女组织的工作人员可以将那些有着不同背景，但又有着共同需要和问题的下岗女工召集在一起，建立一个团体，通过团体内各种形式的互动（如座谈会、专题讨论等）彼此交流和分享各种资源（包括就业信息等）、求职技巧和维权经验。此外，还可以让那些曾经有过相似的问题但目前再就业已经取得成功的下岗女工加入团体中来，她们的亲身经历，更能加深下岗女工的理解和行动意识，大大提高其融入社会生活的信心。各种形式的互助小组显然可以调动下岗女工再就业的积极性和主动性。其二，提高社会网络支持系统。大多数下岗女工在遭遇下岗困境时主要靠血缘和地缘关系等先赋性社会资本来解决问题，而后致性社会资本（在中国文化背景下，可以狭义地理解为后致性的社会关系网络）极其缺乏。为此，民间妇女组织的工作人员可以首先通过社会工作专业知识的介入，使下岗女工获得初步的精神支持，不断改变过于依赖传统关系的意识。在此基础上，鼓励女工把更多的精力投入传统关系网络之外的网络建设之中，尤其是要注重与妇联组织、用工单位的管理部门、劳动部门等之间的沟通与联系，从而不断提高下岗女工的社会网络支持系统。一定程度上，这种新型的网络支持系统有助于下岗女工在面临问题和障碍时能够寻求到多元化的解决方式。现在，一些民间妇女组织正在进一步摸索服务于下岗女工的专业社会工作的方法与技巧。相信民间妇女组织在今后的运作中，一定能为下岗女工提供更有效的专业社工服务。

（三）多元整合下的妇女社会工作实务

多元整合一方面是指为妇女（包括下岗女工）服务的多种社会组织联手开展工作，另一方面是指将对下岗女工的再就业服务融入家庭、婚姻等服务领域中，让下岗女工与其他分享服务的群体共同成长。

比如由天津市妇联与北京红枫妇女心理咨询服务中心联合主持的"家庭问题社区干预实验项目"将妇女为本、社会性别平等作为工作的理念，并引入了社会工作的模式开展活动，它不仅为妇联在社区的工作开拓了新的局面，而且使妇女工作者在思想观念和工作方式上出现一系列的变化。天津市妇联主席王之球由此提出了"妇联工作社工模式化"的大胆构想。该项目从设计之初，就是按照专业的社会工作模式进行的，4 年的项目实践让我们看到了妇女工作的可喜变化。第一个变化是妇女工作理念的清晰化和具体化；第二个变化是妇女工作的对象更加明确化；第三个变化是妇女工作方式、方法的专业化；第四个变化是摆正妇女工作者的位置；第五个变化是强调妇女工作者自身的成长。这些变化不但提升了妇联组织的社会工作水准，也使得遭遇家庭问题的下岗女工和其他项目的受益人一起受益①。

再如，长沙民政职业技术学院民政、社会工作两个专业的学生组织成志愿者，主动联合长沙市妇联，运用社会工作方法对长沙市的妇女干部进行社会性别培训，改变了许多妇女干部和普通妇女对自身角色的错误认知，提高了广大女性的自信心，并进一步将社会工作的理念运用到对贫困人群及下岗失业人员的帮扶过程中。

由此可见，当前针对下岗女工的社会工作已出现了妇联、民间妇女组织等多元整合的实务运作局面，这必然有助于推进和谐社会建设的步伐。但其间也明显存在着专业社会工作在广度和深度上介入不到

---

① 王行娟：《引入社工模式的实践与思考》，2004 年 12 月 7 日，中国人力资源网（http：www. hr. com. cn. ）。

位、本土化运作模式不完善等诸多缺憾。此外，妇女社会工作者自身专业理念和专业能力（包括理论和实务能力）的欠缺也是一个十分重要的问题。这就需要我们充分贯彻党的十六届六中全会提出的"建设宏大的社会工作人才队伍"的战略重任的方针，努力构建"专业化、职业化、社会化、本土化"的社会工作服务模式，并在社会工作的实践中不断拓展对下岗女工再就业的服务领域，提升对下岗女工再就业的服务水准，以更好地为下岗女工服务。

农村老年妇女问题及其社会
工作方法的介入与运用[*]

在我国老龄化进程中，受男女两性预期寿命的差异以及传统男大女小婚姻模式的影响，老年妇女人口要远多于老年男性人口。目前，农村老年人口占农村人口的比例已接近60%，其中，农村老年妇女占农村老年人口的55%（根据1990年10月第四次人口普查1%抽样资料计算）。同时，由于历史的、社会的、文化的原因，农村老年妇女大多身处年龄、性别、身份（农民）的三重弱势地位，她们文化程度低、经济收入低、健康状况差、家庭和社会地位低，是老年人中最脆弱的群体。因此，不论是出于对老年妇女人口的数量考虑，还是出于对她们所处的弱势地位考虑，研究和解决农村老年妇女问题都显得尤为重要。

一 农村老年妇女面临的问题

农村老年妇女是老年人中最脆弱的群体，她们往往更少、更晚地从社会发展中受益，而社会和家庭的震荡产生出的各种冲击和困难却总是最先作用到她们身上。[①] 她们所处的弱势境遇给其晚年生活带来了一系列问题。

---

* 原载《中华女子学院山东分院学报》2010年第2期，作者：蒋美华、段新燕，收录本书时有所修改。

① 黄鹂：《关注老年妇女问题》，《安徽大学学报》2007年第4期。

（一）经济保障

农村老年妇女在经济状况方面的劣势具有深刻的社会历史根源。首先，我国长期存在的城乡二元结构使农村妇女缺少参与社会有酬劳动的机会。其次，由于传统的"男主外、女主内"的性别分工，农村老年妇女常常是家里的"后勤部长"，但家务劳动难以用货币衡量，导致老年妇女中的绝大多数在晚年都没有经济保障。

（二）健康状况

良好的健康状况是老年人维持正常生活的前提。虽然老年妇女的平均预期寿命长于男性，但是受传统"多子多福"观念的影响，农村老年妇女大都生育多个子女，再加上承担着沉重的家庭劳动，使得她们在进入老年期时大都"伤痕累累"。

（三）生活照料

受传统的性别角色分工的影响，日常照顾家庭和男性老人常常被视为女性的责任，农村老年妇女不仅没有成为被照顾的对象，而且还须承担照顾者的角色。此外，在农村，越来越多的青壮年"离土又离乡""进厂又进城"，与"留守父母"的联系日益松散，更谈不上对父母生活的照料，甚至有些农村老年妇女还要帮助子女照料孩子与家庭。

（四）精神状态

随着城乡生活水平的不断提高，老年人的精神需求日益成为养老服务的关注点。因为，精神状态的好坏直接影响着老人生活质量的高低。首先，中国传统的"重男轻女"思想剥夺了大多数农村妇女受教育的权利，从而使她们的精神生活简单，更多地把感情寄托于子女。其次，社会在强调"老有所养、老有所依"的同时，却忽视了"老有所爱、老有所乐"，这就使很多子女片面地认为对父母付出财与物便是尽到了赡养义务，常常漠视老人情感方面的需求。农村老年妇女亟须获得精神上的慰藉。

二 社会工作方法介入的可行性与必要性

由上述可知，农村老年妇女所面临的问题是多种多样的，导致农村老年妇女弱势地位的原因也是多方面的，其改善和解决是一个长期、系统、复杂的过程，涉及方方面面的内容。以实务性研究为特点的社会工作方法为研究农村老年妇女问题提供了一个崭新的视野，为改善农村老年妇女晚年生活提供了一种系统的实用的专业资源。

社会工作是一种专业的助人服务工作，它以利他主义为指导，以助人自助为基本原则，以弱势群体为重点服务对象，强调实践性。社会工作者的广泛介入，可以在社区大力倡导积极老龄化的理念，营造利于老年妇女发展的社会氛围；可以通过提升农村老年妇女的自养能力，有效地减轻、缓解政府解决养老问题的负担和压力；探索农村多样化的养老模式可以弥补现有的"儿子养老"和社会养老（敬老院、养老机构）的不足等。由此看来，社会工作积极参与到解决农村老年妇女问题之中，并及时把它纳入专业视野，既是历史赋予社会工作专业的神圣使命，也是专业发展的现实选择。

三 社会工作方法的具体运用

社会工作对农村老年妇女问题的介入是通过个案工作、小组工作和社区工作三大专业方法而直接介入的，它的目的是通过专业的工作方法，改善老年妇女的生存境况，增强老年妇女的自身能力。

（一）提供个案辅导和咨询，提高农村老年妇女健康生活意识和自养能力

社会工作者在专业价值观的指导下，对农村老年妇女提供一对一的专业辅导和咨询，从而帮助她们树立积极健康的老龄观，改变传统的养老观念，提升经济自主能力，增强维权意识，改善她们晚年的生活境况。

首先，提供心理辅导，帮助其树立积极健康的老年观。年老并不意味着无用，不意味着成为包袱，通过对农村老年妇女进行辅导，让其明白自己是对家庭和社会做出了一生贡献的劳动者。在辅导时，社会工作者要树立新的服务理念，不能仅把农村老年妇女看成年老体弱、需要帮助的对象。其次，转变"养儿防老"观念，积极探索农村妇女养老模式。在农村，老年妇女更多靠的是"种地自养"，维持着"能吃上饭"的生活水平。社会工作者应结合农村老年妇女的现实处境，采用专业的工作手法，在传统靠儿子养老的基础上，积极探索多种适合农村老年妇女的养老模式，如自养、老年互助养老、女儿养老等。再次，开发小型经济项目，增强农村老年妇女的自养能力。鉴于农村老年妇女的经济状况难以保障的问题，社会工作者应该结合当地的特点，收集并提供市场信息，帮助农村老年妇女找到适合她们的小型经济项目，改善她们的经济状况。最后，增强法律和维权意识，反对针对农村老年妇女的暴力。近年来，赡养纠纷案日益增多，在受虐待、被遗弃，甚至被迫自杀的老年人中，多数是丧偶、身体状况差、受教育程度低的农村老年妇女。面对儿子媳妇的不孝顺，老年妇女只是表现出极度的伤心与无奈，社会工作者应该给她们提供法律知识咨询服务，帮助她们维护应有的权利。

（二）建立农村老年妇女志愿服务和互助支持小组，提高她们的社会参与能力和抗压能力

培育农村老年妇女小组，有利于增强农村老年妇女社会参与的意识和能力，有利于拓展农村老年妇女参与社会的途径，有利于农村老年妇女利益的诉求和意见表达的制度化。

首先，建立农村老年妇女志愿者队伍，提升她们的社会参与能力。受传统"男外女内""男公领域女私领域"的性别分工的影响，再加上农村老年妇女所承担的繁重的家务劳动的制约，她们很少关注和参与社区里的公共事务。社会工作者可以运用农村老年妇女志愿者的资源和力量（如成立家庭纠纷调解小组）解决社区问题，从而增强农村老年妇女的凝聚力，提升她们的参与意识。其次，建立社区互助小组，用集体的力量改善农村老年妇女的处境。社会工作者应根据当地老年妇女的情况，协助成立互助小组，帮助她们解决由于体力、精力、智力等方面的限制所导致的问题。比如成立生产互助、家务互帮、精神互慰等小组。最后，建立农村老年妇女支持小组，为她们搭建沟通交流的平台。根据农村老年妇女所承担的角色及面临的困境，可成立丧偶小组、婆媳小组、照顾者小组、受虐妇女支持小组等。这些小组的建立，可给农村老年妇女提供一个交流经验、缓解压力、发泄情绪的平台，削减她们的焦虑与无助感。

（三）倡导积极老龄化的理念，营造利于农村老年妇女发展的良好社会文化氛围

社区工作方法的采用，积极老龄化理念的倡导，有利于推动社区规则的转变，有利于营造农村老年妇女发展的良好氛围。

首先，在社区倡导积极老龄化的理念，消除对农村老年妇女的歧视。符号互动论认为，人们是在他们的社会环境中，在与他人的交往中获得他们的自我概念的，换句话说，人们是根据他人对自己的评判、态度来思考自身的。[①] 如果家庭成员、社区民众把农村老年妇女看成是患有疾病的被照顾者，她们的能动性、积极性和创造性会被忽视，依赖行为会增加，从而阻碍农村老年妇女的发展。积极老龄化理

---

① 王思斌：《社会工作概论》，高等教育出版社 2003 年版，第 193 页。

念的倡导，有利于改变人们对农村老年妇女的错误认知，为农村老年妇女营造良好的生存发展环境。其次，在社区探索多种养老模式，推动社区规则的改变。单一的"养儿防老"模式已不能保障农村老年妇女的晚年生活。根据国情，完全的社会化养老还不现实。今后女儿养老、儿女共同养老、老年人自养、老年人互助养老等养老方式的有效实施，都需要修正现行的社区潜规则，比如"从夫居"婚居制模式的改变，就可以为女儿养老、儿女共同养老创造条件。

总之，我们需要探索积极有效的社会工作方法的运用模式，以帮助农村老年妇女树立积极、健康的老龄观，增强自养能力和社会参与能力，尽快解决目前面临的诸多影响农村老年妇女生存和发展的问题。